Forensic Accounting

フォレンジック
会計

会計と企業法務との連携

【編 著】

中島　真澄　片山　智裕
NAKASHIMA Masumi　KATAYAMA Tomohiro

東京　白桃書房　神田

まえがき

　本書は，フォレンジック会計の著書として日本で初めて公刊される研究書である。フォレンジック会計が教育的にも実務的にも本格的にまだ導入されていない日本において，なぜ今必要であるのか？それは，会計不正が新型コロナウイルス感染症（COVID-19）流行時には減少したものの，2019 年までは日本では増加しているからである。われわれは，フォレンジック会計を導入し，現在会計不正と対峙している米国の歴史的背景を教訓として真摯に学ぶべきである。そして，日本の会計不正やガバナンスの実態を解明し，フォレンジック会計士がいない日本においてどのように解決しているかを理解した上で，社会全体で会計不正根絶に向けて舵取りしていく必要がある。また，フォレンジック会計の重要なテーマである営業損害の算定には管理会計と法律学である損害論の素養と知見が必要不可欠になるが，日本ではその理論と実務が十分に発展，普及しているとはいいがたい。公認会計士・企業の財務・会計担当者等と民事訴訟に携わる会計専門家と弁護士・裁判官等の法律専門家との共通の理解を醸成する学問領域が確立されるべきである。

　序章では，フォレンジック会計の定義から始まり，米国でのフォレンジック会計の歴史的背景を概説し，フォレンジック会計を理解する上でのフレームワークを示している。第 1 部第 1 章では，会計不正に焦点を合わせて日本の実態から実際の会計不正事例について述べたあと，第 2 章でフォレンジック調査において利用可能な不正検出手法を提示している。第 3 章では，会計不正を防止する責任のある人の観点からガバナンスを論じている。第 4 章では，会計不正は営利組織だけではなく，非営利組織でも発生していることを理論に依拠して解説している。第 5 章では，日本では現在のところ，会計不正や情報漏洩などの事件が発生した後に利用されることが多いデジタル・フォレンジックを具体的なツールを示して説明している。第 6 章では，企業における不正の発見から調査，そして不正をめぐる責任まで事例を取り上げて解説している。これまで会計不正や粉飾決算についてケース・スタディなどで調査した著書は多いが，本書は，研究と実務を通して多くの事例を用いて普遍的な説明を行っている点が特徴となっている。

　第 2 部では，まず，第 7 章で，会計士が弁護士と協働，支援する案件や業務を概観するため，株式価値算定，組織再編（mergers and acquisitions：

M&A），倒産処理，会計不正の調査と責任追及訴訟，商業的損害を取り上げ，法律専門家と会計専門家が互いに共通理解を得ておくべき要点を中心に整理して概説する。第8章では，会計士が訴訟に関わるために必要な基本的知識と証拠の収集・提出を解説する。第9章では，営業損害の算定に関する理論と実務について裁判例を紹介しながら解説する。日本では法律と会計が交錯する分野を横断的に解説する入門書・基本書がほとんどなく，本書は，そのような業際的な分野に焦点を合わせて，会計専門家が法律の分野を，法律専門家が会計の分野をそれぞれ理解するための手解きとして基本的な知識と考え方を概説する点に特徴がある。さらに，第10章補論では，実際にフォレンジック会計を担当している教授による米国のフォレンジック会計科目のケースを含めている。補論によって米国のフォレンジック会計や実務を具体的にイメージし理解していただけると思われる。

　現代の資本主義経済社会における負のスパイラルであるホワイトカラー犯罪や会計不正を発生防止するためには，会計学研究と法律学研究の知見の融合を図り，日本の「フォレンジック会計」を創成し，会計不正の発生機構等の理論や実務を研究で解明していく必要がある。フォレンジック会計領域においてわが国における学術水準を向上させることは，国際経済社会において世界を牽引してきた日本にとっては急務といえよう。

　本書が会計不正防止の制度設計および会計不正研究に対する議論のきっかけになり，会計不正の発生しない経済社会の形成へ本書が貢献できることはこのうえのない喜びである。また，近年，企業法務を中心に会計と法律が交錯する分野の裾野は広がっており，本書が学生，企業の担当者，公認会計士，税理士，弁護士，裁判官等の方々に利用され，会計と法律の業際的な専門家の活躍の一助となれば幸いである。

本書の読み方

　本書は，まだ日本では一般的に知られていない領域であること，法律と会計が交錯する分野を横断的に解説するものであることから，ある特定領域に対する目的から本書を入手された方に対して効率的かつ効果的な読み方を示すこととする。

フォレンジック会計の概要を知りたい方

　これまで日本企業の会計監査や内部統制監査に従事され，フォレンジック

会計について知りたい方は，序章から第1章，第2章，第5章，そして第10章補論と読み進めていただきたい。米国を中心に発展してきたフォレンジック会計の歴史，現在のフォレンジック実務，教育が明らかになるであろう。

日本の事業会社での会計不正の防止策と対処策について関心がある方
　第1章で会計不正の基本的知識を理解したあと，第2章，第3章，第6章および第7章第5節を読み進めていただきたい。

日本の非営利組織での会計不正や防止策について関心がある方
　第1章で不正理論を確認されてから，第4章を読み進めていただきたい。

会計と法律の業際的な分野の概要を知りたい方またはこれから業際的な専門家を目指す方
　第7章から第9章を読み進めていただくことをおすすめする。

会計専門家として訴訟に関わる方や，営業損害の主張・立証・判断に携わる方
　第7章第6節から第8章，第9章と読み進めていただきたい。

謝辞
　本書を上梓するまで実に多くの方のご支援を賜った。本書の原点は，特別プロジェクト「法廷会計学の創成―会計不正理論と実務教育との融合―」にあり，日本ディスクロージャー研究学会（現，日本経済会計学会）2016年度特別プロジェクトの助成を受け，研究をすすめることができた。当該プロジェクト成果を報告する機会を与えてくださった薄井彰先生（早稲田大学）に感謝申し上げる。
　さらに，われわれはフォレンジック会計を理解するために米国で最もテキストとして採用されている著書を修熟することから着手した。著者のDr. Larry Crumbley教授には貴重なご教示を賜り，日本にフォレンジック会計が導入されることを支援してくれた。ご厚情に感謝申し上げる。また，当時の特別プロジェクトメンバーである正田繁先生（元明治大学），上野雄史先生（静岡県立大学），阿部孝先生（元東北大学国際会計政策大学院）と毎回の研究会での議論は有益だった。貴重な知見を賜ったお礼を申し上げたい。

　フォレンジック会計を日本の学会員の方に知っていただくため，日本経営分析研究学会（現 日本経済会計学会）第33回秋季大会関東研究部会セクションで「フォレンジック会計の創成」という報告の機会を賜った。準備委員長の森久先生（明治大学）および国際化プロジェクト委員長福多裕志先生（法政大学）に感謝申し上げる。また，第35回日本経営分析学会年次大会において海外招聘セッションを設けてくださり，Dr. Connie O'Brien 助教授がフォレンジック会計のケースを報告できるように采配してくださった，準備委員長増子敦仁先生（東洋大学），吉岡勉先生（東洋大学）に改めて感謝したい。また，同年フォレンジック会計をテーマとして法政大学経営学ワークショップを開催してくださった坂上学先生（法政大学）にもお礼を申し上げる。学会およびワークショップにおいて報告した O'Brien 助教授は，フォレンジック会計の日本への導入というわれわれのミッションを理解し，本書の著者にも加わってくださった。改めて感謝申し上げる。

　大学院時代から長きにわたってご指導いただいている八田進二先生（大原大学院大学）には，第2章のもととなっている不正検出手法の研究を『会計・監査ジャーナル』で公表する機会を賜った。八田先生には改めて感謝申し上げたい。また，本書第2章に含まれるテキスト分析は，Nakashima et al.（2022a）が基礎となっている。平井裕久先生（神奈川大学），廣瀬喜貴先生（大阪公立大学）との共同研究は有意義であり，先生方との共同研究が中島のテキスト分析研究の源となった。感謝申し上げたい。

　喜多見康先生（文京学院大学）には，第1章図1-13の「不正に関する氷山理論」のために，氷山を描いていただいた。氷山理論のイメージどおりに描いていただき，読者の理解促進に貢献してくださったと思われる。深く御礼を申し上げたい。

　そして，最後に，本書公刊まで辛抱強くわれわれをご支援していただいた株式会社白桃書房取締役社長大矢栄一郎氏には，研究会にもご参画賜り，本書の構成においても貴重なご助言を賜った。さらにフォレンジック会計を日本に導入するわれわれの熱意を応援し続けてくださった。改めて記して心より感謝申し上げる。

　なお，本書序章から第2章は，文部省科学研究費補助金（科研費）基盤研究「経営者の裁量行動と会計不正に関する理論と実証の融合的研究」19K02000（2019-2021年度）および「不正表示の利益の裁量行動およびトーン・マネジメントの理論と実証研究」22K01813（2022-2024年度）の助成を

受けた成果である。科研費の支援があったからこそ本研究を構築することができた。ご支援に感謝したい。

2023 年 4 月　　　　　　　　　　　中島真澄・片山智裕

付記：第 2 章は、「CEO レターのトーンと財務ファンダメンタルズからの不正検出—米国上場日本企業における実証」『会計・監査ジャーナル』808: 104-113 および Fraud detection method by textual analysis of CEO letters in the perspective of obfuscation hypothesis: Evidence from Japanese firms listed on the U.S. Stock Exchange,『経営論集』32(1): 83-99 に基づいている。

目　　次

まえがき　i

序　章　**フォレンジック会計の概要**……………………………………1

　0.1.　はじめに………………………………………………………… 1

　0.2.　フォレンジック会計の定義……………………………………… 1

　0.3.　フォレンジック会計士に必要な知識およびスキル…………… 5

　0.4.　フォレンジック会計と不正調査………………………………… 6

　0.5.　フォレンジック会計誕生までの歴史的展開…………………… 7

　0.6.　フォレンジック会計と監査の有効性…………………………… 9

　0.7.　フォレンジック会計教育の実態………………………………… 13

　0.8.　不正検出に対する会計士の役割を取り巻く米国における議論・・17

　0.9.　おわりに………………………………………………………… 19

第1部　日本における会計不正の実態分析

第1章　**会計不正の実態と不正理論**………………………………27

　1.1.　はじめに………………………………………………………… 27

　1.2.　不正の定義……………………………………………………… 27

　1.3.　不正の実態……………………………………………………… 30

　1.4.　会計不正に関するスキーム…………………………………… 34

　1.5.　不正理論………………………………………………………… 39

　1.6.　不正を検出するツールとしての理論………………………… 46

　1.7.　アーニングス・マネジメントと
　　　　　プリンシプル・ベース・アプローチ………………………… 48

　1.8.　おわりに………………………………………………………… 52

第2章　不正検出手法 ·· 59

2.1. はじめに ·· 59

2.2. 財務諸表数値から不正を検出する方法 ························ 60
　2.2.1 利益と営業活動によるキャッシュ・フローとの関連性からの不正検出　60
　2.2.2 不正のトライアングル理論のファクターから不正を検出する研究　63

2.3. テキスト情報から不正を検出する方法 ······················ 64

2.4. テキスト情報と財務諸表数値との関連性から
不正を検出する方法 ·· 66

2.5. トーン・マネジメントと
アーニングス・マネジメントとの関係性 ················ 70

2.6. おわりに ·· 71

第3章　ガバナンス責任者視点からの不正対応策 ········ 75

3.1. はじめに ·· 75

3.2. コーポレートガバナンスと企業内のガバナンス体制 ·········· 75

3.3. 日本のコーポレートガバナンス体制 ························· 76

3.4. 社内ルール・規定の整備・監査体制など ···················· 78
　3.4.1 社内権限責任規定（RASIC）　78
　3.4.2 コンプライアンス体制　79
　3.4.3 リスクマネジメント体制　79
　3.4.4 子会社（海外子会社を含む）管理体制　81
　3.4.5 企業内における監査　82
　3.4.6 内部通報制度　84
　3.4.7 内部統制報告制度　86
　3.4.8 コーポレートガバナンス体制の構築と改善　87
　3.4.9 会計不正・不祥事を防ぐための手段のまとめ　89

3.5. コーポレートガバナンス体制と会計不正 ···················· 89

3.6. コーポレートガバナンス体制と会計不正の研究 ············· 90

3.7. 経営者の倫理的価値観と企業文化の醸成 ···················· 91
　3.7.1 経営陣の倫理的価値観（tone at the top）と企業文化の醸成　92
　3.7.2 仕組みの継続的な改善　93

3.8. おわりに……………………………………………………………………94

第4章　非営利組織における不正………………………97

4.1. はじめに……………………………………………………………………97

4.2. 日本の非営利組織における会計不正に関する理論………………98
4.2.1　研究報告第19号の構成　98
4.2.2　研究報告第19号の目的　99
4.2.3　社会福祉法人におけるガバナンス等の特徴と不正　99
4.2.4　社会福祉法人で発生し得る不正　100
4.2.5　不正な財務報告による虚偽表示に関する要因　101
4.2.6　資産の流用による虚偽表示に関する要因　103
4.2.7　（参考）米国の非営利組織における会計不正に関する理論　104
4.2.8　非営利組織における会計不正に関する理論に関するまとめ　105

4.3. 日本の非営利組織における会計不正に関する実例………………106
4.3.1　A社会福祉法人における不正に関する第三者委員会調査報告書　106
4.3.2　A社会福祉法人の概要　107
4.3.3　A社会福祉法人の運営する施設における不正　107
4.3.4　A社会福祉法人における不正　理事会議事録等に関する問題点　110
4.3.5　A社会福祉法人の運営する施設における不正に関する分析　110
4.3.6　A社会福祉法人における不正に関するまとめ　113
4.3.7　B社会福祉法人における不正に関する裁判例　113
4.3.8　B社会福祉法人における事案の要旨　113
4.3.9　B社会福祉法人の概要　114
4.3.10　B社会福祉法人における事案に関する前提事実　114
4.3.11　B社会福祉法人における事案に関する裁判上の争点　116
4.3.12　B社会福祉法人における事案に関する裁判所の判断　117
4.3.13　B社会福祉法人における不正に関するまとめ　118

4.4. おわりに………………………………………………………………119

第5章　デジタル・フォレンジックの活用…………123

5.1. はじめに……………………………………………………………123

5.2. デジタル・フォレンジックの概要…………………………………124

5.3. 電子的証拠の脆弱性と保全の重要性………………………………126

5.4. デジタル・フォレンジックにおける調査手法……………………128

　　　5.4.1　デジタル・フォレンジックの手順　128
　　　5.4.2　デジタル・フォレンジックで利用されるツール　129
　5.5.　デジタル・フォレンジック活用事例（第三者委員会調査報告書）‥‥‥130
　5.6.　おわりに‥‥‥‥‥‥‥‥‥‥‥‥‥‥‥‥‥‥‥‥‥‥‥‥‥‥135

第6章　**不正をめぐる対応と責任**‥‥‥‥‥‥‥139
　6.1.　はじめに‥‥‥‥‥‥‥‥‥‥‥‥‥‥‥‥‥‥‥‥‥‥‥‥‥‥139
　6.2.　不正の通報‥‥‥‥‥‥‥‥‥‥‥‥‥‥‥‥‥‥‥‥‥‥‥‥‥139
　　　6.2.1　通報者　140
　　　6.2.2　通報先　142
　6.3.　不正の公表‥‥‥‥‥‥‥‥‥‥‥‥‥‥‥‥‥‥‥‥‥‥‥‥‥144
　　　6.3.1　法令や自主規制に基づく特定の措置を講じる義務　144
　　　6.3.2　取締役の善管注意義務に基づく公表義務　149
　6.4.　不正をめぐる責任‥‥‥‥‥‥‥‥‥‥‥‥‥‥‥‥‥‥‥‥‥‥153
　　　6.4.1　民事責任　153
　　　6.4.2　刑事責任　154
　　　6.4.3　行政処分　155
　6.5.　損害賠償責任‥‥‥‥‥‥‥‥‥‥‥‥‥‥‥‥‥‥‥‥‥‥‥‥155
　　　6.5.1　債務不履行責任　156
　　　6.5.2　不法行為責任　158
　6.6.　おわりに‥‥‥‥‥‥‥‥‥‥‥‥‥‥‥‥‥‥‥‥‥‥‥‥‥‥161

第2部　会計と法律の連携

第7章　**会計士と弁護士の協働**‥‥‥‥‥‥‥‥‥‥‥165
　7.1.　はじめに‥‥‥‥‥‥‥‥‥‥‥‥‥‥‥‥‥‥‥‥‥‥‥‥‥‥165
　7.2.　株式価値算定‥‥‥‥‥‥‥‥‥‥‥‥‥‥‥‥‥‥‥‥‥‥‥‥165
　　　7.2.1　価格と価値　166
　　　7.2.2　評価対象と評価方法　166
　　　7.2.3　価値概念　168
　　　7.2.4　評価目的　170
　7.3.　組織再編（M&A）‥‥‥‥‥‥‥‥‥‥‥‥‥‥‥‥‥‥‥‥‥174

7.3.1　スキームの選択　175

7.3.2　価格の決定　178

7.3.3　契約書の作成　180

7.4.　倒産処理 ·· 182

7.4.1　倒産処理の概要　182

7.4.2　財産評定　184

7.4.3　資金繰り表　185

7.4.4　弁済計画　185

7.5.　会計不正の調査と責任追及訴訟 ································ 190

7.5.1　会計不正の調査　190

7.5.2　会計不正の責任追及訴訟　192

7.6.　商業的損害 ·· 195

7.6.1　民事訴訟と損害の認定　195

7.6.2　商業的損害　197

7.7.　おわりに ··· 198

第8章　**会計士の訴訟関与** ·· 201

8.1.　はじめに ··· 201

8.2.　刑事訴訟と民事訴訟 ··· 201

8.2.1　刑事訴訟　202

8.3.　民事訴訟 ··· 204

8.3.1　処分権主義　204

8.3.2　自由心証主義　205

8.3.3　弁論主義（主張立証責任）　208

8.3.4　証拠の収集　210

8.3.5　非訟事件（株式価格決定申立事件）　215

8.4.　会計知識の提供 ·· 217

8.4.1　監査の独立性との関係　217

8.4.2　裁判例　217

8.5.　おわりに ··· 221

第9章　**営業損害の算定** ·· 223

9.1.　はじめに ··· 223

9.2. 現在の裁判実務 ·· 223

9.2.1 現在の裁判実務における問題点　223

9.2.2 裁判例　224

9.3. 営業損害の算定 ·· 229

9.3.1 差額説へのあてはめ　229

9.3.2 営業損害と限界利益（貢献利益）との関係　230

9.3.3 限界利益を用いた営業損害の算定　235

9.3.4 裁判例　236

9.4. 賠償すべき営業損害の範囲 ··· 240

9.4.1 損害賠償の範囲　240

9.4.2 営業損害の算定期間　241

9.4.3 裁判例　241

9.5. 減少した売上高の算定 ··· 244

9.5.1 減少した売上高の算定方法　244

9.5.2 現実の売上高　244

9.5.3 加害原因がなかったならば得られたはずの売上高　244

9.5.4 基準とする売上高　245

9.5.5 売上高の増加傾向や減少傾向による調整　245

9.5.6 算定期間の違いによる調整　246

9.5.7 裁判例　246

9.6. 負担を免れた費用の算定 ·· 246

9.6.1 負担を免れた費用　246

9.6.2 減少した売上高に対応する変動費　247

9.6.3 負担を免れた固定費　248

9.6.4 裁判例　248

9.7. おわりに ··· 250

第10章　**補論：米国におけるフォレンジック会計の実務** ··· 255

10.1. はじめに ··· 255

10.2. 問題の所在 ·· 255

10.3. MRI ネズミ講事件 ·· 257

10.4. フォレンジック会計の定義 ··· 263

10.5. フォレンジック会計士の目的・役割 ·························· 263

10.6. ホワイトカラー犯罪の種類……………………………………… 265

10.7. 必要なスキル…………………………………………………… 267

10.8. フォレンジック会計士の採用情報………………………… 268

10.9. 専門家組織……………………………………………………… 269

10.10. 関東興産事件………………………………………………… 270

10.11. おわりに……………………………………………………… 272

索　引　　277

序章

フォレンジック会計の概要

0.1. はじめに

　本章では，米国では一般に知られている，フォレンジック会計（Forensic Accounting）の概要を説明し，本書全体を理解する上でのフレームワークを提示する。まず，第2節で，フォレンジック会計の定義はどのようなものなのか，第3節でフォレンジック会計士にはどのような資質が必要か，第4節で，フォレンジック監査は，不正検査とどのように異なっているのかを解説する。第5節で，米国においてフォレンジック会計がどのように展開されてきたのか，そして，財務諸表不正と対峙する際のフォレンジック会計士の役割を説明する。第6節では，フォレンジック会計と監査との有効性を述べ，第7節では，フォレンジック会計が世界でどの程度浸透しているのかを考察する。第8章では，不正検出に対する会計の役割を取り巻く米国における議論を示す。この米国での議論展開が日本での不正検出における議論の参考になるであろう。

0.2. フォレンジック会計の定義

　フォレンジック会計とは，現在および将来の法的な紛争を解決するために，過去の財務データあるいはその他会計活動を識別，記録，確定，抽出，ソート，報告および証明したり，あるいは，法的な紛争を解決するために将来の財務データを予測するために過去の財務データを用いたりする行為のことである（Crumbley and Fenton 2021, 1-5）。フォレンジック会計は，会計士を専門家証人やコンサルタントとして認識する訴訟サービスと，調査サービスという大きく2つの要素から構成される。したがって，フォレンジック会計士には，会計および捜査スキルに加えて，法廷で専門的な証言を遂行し，訴訟支援契約を支援するための，法制度や秀逸な定量分析に関する生き

1

た知識，およびコミュニケーション・スキルが必要となる（Crumbley and Fenton 2021, 1-3）[1]。

フォレンジックおよび評価サービス実行委員会（Forensic and Valuation Services（FVS）Executive Committee：FVSEC）[2]は，フォレンジック・サービスの質の維持，強化によって公共の利益を保護するために，フォレンジック・サービスを行う会員に対して法的強制力のある基準としてフォレンジック・サービスに関する基準第 1 号（*Statement on Standards for Forensic Services No. 1*：SSFS1）を公表した（FVSEC 2020）。

SSFS1 において，フォレンジック・サービスとは，一般に，専門的な知識と捜査能力を適用し，特定の証拠事項を収集，分析，評価し，その発見を解釈・伝達することと示されている（FVSEC 2020）[3]。当該フォレンジック・サービスは，訴訟または調査業務で構成される。訴訟とは，当事者間の紛争の解決に関連して，専門家証人，コンサルタント，中立者，調停者，または仲裁者として，事実審理機関または規制機関の前で行われる実際または潜在的な法的手続きのことである。なお，本書で使用される訴訟という用語は，紛争およびあらゆる形態の代替的紛争解決を含むものである。調査とは，不正行為に関する特定の懸念に対応して実施される案件のことであり，具体的には，クライアント，取締役会，会計監査人，または規制当局などの利害関係者を支援するために，特定の証拠となる事柄を収集，分析，評価し，または解釈する手続きの実施に従事することである（FVSEC 2020, 第 1 項）[4]。

次に，専門領域としてフォレンジック会計を考えてみると，フォレンジック会計がかかわる領域は，図表序 -1 で示しているように会計学，犯罪学，法律学，監査調査手法の 4 つの分野であり，当該すべての領域において，コンピュータの知識が必要となってくる。それぞれ専門が異なるフォレンジック会計士は，4 分野の一連の知識を組み合わせながら，独自の能力を身に着けていくことになる（Crumbley and Fenton 2021, 2-3）。さらに，フォレンジック会計は，法律学，犯罪学，社会学，心理学，諜報活動，サイバー犯罪，デジタル証拠，データ・マイニング，IT システムおよび管理などの情報技術，コンピュータ・フォレンジック，およびその他のフォレンジック科学の領域と相互に係る（Crumbley and Fenton 2021, 1-18）ことから，学際的な学問領域といえる。

図表序 -2 は，フォレンジック監査が不正検査・不正監査と，財務諸表監

2

図表序 -1　フォレンジック会計士に必要な知識

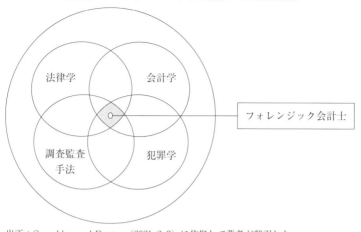

出所：Crumbley and Fenton（2021, 2-3）に依拠して著者が翻訳した。

　査とどのように異なっているかを示したものである（Smith and Crumbley 2009）。不正検査・不正監査は，財務諸表監査や内部監査の結果，何らかの情報源から潜在的または実際の不正の疑いが生じた場合に，不正行為を詳細に調査するために行われるものである（Singleton and Singleton 2010, 12-15）。不正検査士（fraud examiner）は，法制度と直接関係しない不正の防止と抑止の取り組みを支援することが多く，フォレンジック会計士は損害賠償請求，評価，法的問題などに取り組んでいるとされている（Crumbley and Fenton 2021, 1-6）。ここで，フォレンジック会計士と不正監査人（fraud auditor）の区別をしておきたい。フォレンジック会計は，不正監査よりも広い領域を有している。不正監査人は，監査領域に加えて特別なスキルのある会計士が，一般的に不正の検出と文書化および不正防止に対して，ある見解をもって監査に従事する監査人のことである。一方，フォレンジック会計士は，不正監査契約を結び，実際には不正監査人となることもあるが，より広範囲な契約における不正監査のために持ち合わせなければならない会計および捜査スキルに加えて，法制度や有用な定量分析に関する知識，およびコミュニケーション・スキルで法廷での専門的な証言を遂行し，その他訴訟支援契約を支援する人である（Crumbley and Fenton 2021, 1-5, 6）。
　フォレンジック会計士はまた，不正防止にも従事する。ちょうど医師が健

図表序 -2　フォレンジック監査と不正検査，財務諸表監査の比較

特　徴	フォレンジック監査	不正検査・不正監査	財務諸表監査
時間的視点	将来および過去	過去	過去
主要な焦点	遡及的かつ継続的	対応	定期的
調査範囲	広範囲な領域	狭い	項目の一部をサンプリング
主要な作業完成物	フォレンジック監査報告書	不正事例報告書	監査意見
主要な責任者	依頼人あるいは第三者団体	被害を受けた団体	監査契約企業および一般社会
指針	原則主義（Principles-based）	原則主義 監査基準のもとでは，細則基準	細則主義（Rules-based）
報告書の目的	不正リスク評価と戦略サービス	不正実行者の識別	GAAP に準拠しているかどうかを保証
専門的な立ち位置	敵対者相互間関係あり・なし	敵対者相互間関係あり	敵対者相互間関係なし

出所：Smith and Crumbley（2009, 69）に依拠して筆者が作成した。Singleton and Singleton（2010）は，不正検査を不正監査と同義語として示している。

康な患者にたいして予防的な健康指針を推奨するように，フォレンジック会計士は，先制攻撃的な往診をして不正リスクを管理することもある。フォレンジック会計士は，将来のリスクに備えての企業からの要請がない場合でも，フォレンジック会計士の権限として企業内の広範囲なリスク管理構築のために契約，雇用されることもある。たとえば，フォレンジック会計士は，内部統制レビューや不正検出領域の識別などのように，通常の営業活動における予防アプローチをとることもある（Crumbley and Fenton 2021, 1-5）。

　次に，フォレンジック監査と財務諸表監査とを比較して考察する。財務諸表監査は，一般的に，すべての取引を監査するわけではなく，項目の一部をサンプリングして実施される。また，財務諸表監査では，監査人は細則基準に依拠し，一般に公正妥当と認められた会計原則に準拠しているかについて監査意見を述べる。一方，フォレンジック監査は，記録の特定局面について詳細をみるため，その調査範囲は広範囲となり，原則主義に依拠してフォレンジック監査報告書を提出する。したがって，フォレンジック監査は，通常の財務諸表監査よりも時間がかかるし，費用もかかることになる（Smith and Crumbley 2009）。

0.3.｜フォレンジック会計士に必要な知識およびスキル

　それでは，フォレンジック・サービスを実行する人，すなわち，フォレンジック会計士に必要な知識およびスキルとはどのようなものなのであろうか。図表序 -3 に示すように，フォレンジック会計士にとって必要な知識やスキルは，3層となっている。まず，基礎的な層には確固たる会計の知識，次の層には，監査，リスク評価と統制，および不正検出に関する知識，最上の層は，法的環境に関する知識である。そして，当該3つの層の知識を保全し，質を向上させうるものとして文書や口頭によるコミュニケーション・スキルが必要となるのである（Crumbley and Fenton 2021, 2-2）。特に，フォレンジック会計を構成する不正検出と訴訟支援に必要な資質として，探求心と細部へのこだわりが必要となる（Crumbley and Fenton 2021, 2-2）[5]。

　これまでフォレンジック会計士に必要な知識やスキルについて言及してきたが，ここでは，倫理的側面をみてみることとする。フォレンジック・サービス[6]の専門職の一般的な基準は，「一般基準規則」に記載されており，会員が行うフォレンジック業務を含めてすべての業務に適用される。フォレンジック・サービスに適用される内容は，**専門的能力**（professional competence），**専門家としての十分な注意**（due professional care），**計画と監督**（planning and supervision），**十分に目的適合的データの入手**（sufficient relevant data）となっている。すなわちフォレンジック会計士は，実施する専門的業務に関する結論または勧告の合理的な根拠となる，十分な関連データを入手しなければならないのである（FVSEC 2020, par. 6）。

　また，フォレンジック会計士は，AICPA の職業行動規範に依拠して，**誠**

図表序 -3　フォレンジック会計士に必要な資質

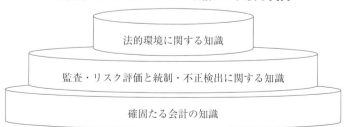

出所：当該イメージ図は，Crumbley and Fenton（2021, 2-2）の内容を基礎として，筆者が作成した。

実さ（integrity）と客観性（objectivity）をもって依頼者にサービスを提供しなければならないとされている。すなわち，フォレンジック会計士は，自己の意見を他のいかなる当事者の意見にも従属させてはならないのである（FVSEC 2020, par. 7）。さらに，フォレンジック会計士は，誠実さと客観性を維持しながら，クライアントとの相互理解によって確立された目的を達成するよう努めることで，クライアントの利益に貢献するという，追加的な一般的な基準にも従わなければならない。これらの基準は，「基準遵守規則」に基づいて規定されている（FVSEC 2020, par. 6）。

　誠実さとは，顧客の機密保持が求められるという制約の中で，正直かつ率直でなければならないということである。そして，サービスおよび社会的信用を，個人的な利益に従属させてはならないということである。客観性（objectivity）とは，公平であること，知的に誠実であること，利益相反がないことを義務づけるものである。クライアントとの相互理解とは，両当事者の責任，および実施されるサービスの性質，範囲，および制限について，書面または口頭で理解することである（FVSEC 2020, par. 6）。クライアントとのコミュニケーションとは，専門職としてのサービス，関係性あるいは事柄が利益相反につながるかどうかを判断する際，合理的で十分な情報を得た第三者が利害の対立があると結論づけるかどうかを考慮し，専門的な判断を下すべきであるということである（FVSEC 2020, par. 8）。

0.4. フォレンジック会計と不正調査

　それでは，本節で，実際のフォレンジック・サービスを米国公認会計士協会（The American Institute of Certified Public Accountants：AICPA）が2014年に，実務指針として公表した「フォレンジックおよび評価，フォレンジック会計と不正調査」からみてみることにする。AICPAは，実務指針のなかで，フォレンジック・サービスには，以下のようなものがあることを示している（AICPA 2014）。それは不正や違法行為のリスクの評価，内部統制システムの適切性の評価，監査業務または一般コンサルティング業務における取引の実質的なテスト，内部統制手続の設計・実施，不正の疑いがない場合の遡求的なモニタリング，分析およびテストの実施，企業倫理・行動規範の作成，企業のコンプライアンスプログラムの策定である。

　また，AICPAは，不正行為の規定がある法律や規制の対象となる分野の

例としては，以下のものを示している（AICPA 2014, 12）。独占禁止法，銀行業，破産，コンピュータ技術，環境保護，財務諸表，政府契約の調達，健康管理，保険，知的財産権，暴力団・腐敗組織，証券，税金である。これらの不正行為に関する法律や規制の指針は，コンピュータ技術の急速な進歩によって新たな不正スキームが発生しているので，固定化されたものではなく，常に進化し続けているものである（AICPA 2014, 12）。

0.5. フォレンジック会計誕生までの歴史的展開

　本節では，米国でフォレンジック会計が誕生するまでを歴史的に振り返ってみる。企業の財務諸表は，実質的な独立監査が義務づけられる以前には，米国，カナダ，欧州では会計士によって作成されてきた。独立した外部監査が，あらゆる利害関係者に対して財務諸表の適正性を保証するという外部監査を伴って財務報告を行うという現行制度は，比較的近年になってからである。財務諸表が外部監査人によって監査される以前は，紛争が発生すると会計士が法廷に入り，問題となっている紛争に関し各種の証言を行っていたのである。したがって，外部監査人が監査契約において財務諸表の適正性を保証することが要請される以前においては，法廷において適用される会計という意味でのフォレンジック会計実務が一般的であったのである（Crumbley and Fenton 2021, 1-6, 7）。

　世界ではじめてフォレンジック会計士が必要であることに至ったきっかけとなったのは，サットヤム・コンピュータ・サービス（Satyam Computer Service）社の不正と言われている（Crumbley and Fenton 2021, 1-7）[7]。また，フォレンジック会計士として初めて宣伝した文書が，フォレンジック会計士の起源ではないかと言われている（Nunn et al. 2006）。ジェームス・マクレランド（James McClelland）という名の会計士が1824年3月12日にグラスゴー，スコットランドでビジネスを始め，請け負って作成できるさまざまな業務を宣伝する案内状を発行した。この業務には，「会計帳簿や紛争中の帳簿についての財務諸表，報告書および記録の作成や，裁定，法廷あるいは審議会の前に並べる目的のための請求」が含まれていたと言われている（Crumbley and Fenton 2021, 1-7）。

　それでは，ここで，フォレンジック会計研究の軌跡を振り返ってみよう。不正研究は，Watson（1884）が最初の研究であった。捜査に関する最初の

研究は，Creke（1889）であった。フォレンジック会計研究領域では，当時は会計士の専門家証人としての役割に関心が集まっていた。最初の専門家証人に関する研究は，Shawcross（1989）であった。*The Journal of Accountancy* が創刊された年に，クリーブランド・ビイコン（Cleveland Bacon）弁護士は，「裁判官は，専門家証人だけが複雑な財務諸表の真実の意味にたどりつくことができることを認識している」と示している（Bacon 1905, 100）。また，グラスゴーの会計士アレックス・ムーア（Alex Moore）は，専門家証人としての会計士がときおり刑事事件に，よりしばしば民事事件や裁定で必要となると述べた（Moore 1907, 881）。

　フォレンジック会計という語を文献で示したのは，Peloubet（1946）である。Peloubet（1946）は，「公認会計士および産業会計士それぞれが戦時中からフォレンジック会計実務に従事してきたが，現在は両者がフォレンジック会計の実務に従事している。また，最近まではフォレンジック会計は，法廷内だけで実施されていたものであったが，財務諸表の作成は，フォレンジック会計の一部であり，すべてではない」（Peloubet 1946）と示した。そして，規制当局の数および権力が増大するにつれて，会計士は，しだいにデータを作成や開示だけではなく，会計原則の適用に対する証人のようなフォレンジック実務により関与するようになっていった（Peloubet 1946）。Peloubet（1946）は，証人という用語を使っただけではなく，証言から捜査にまでフォレンジック実務を拡大させ，今日のフォレンジック会計の本質を示しているといえる（Crumbley and Fenton 2021, 1-9）。

　NY最高裁判所に雇用された弁護士であるマックス・ローリー（Max Lourie）は，1953年にフォレンジック会計という語を発案したことを示した（Lourie 1953），これは，モーリス・E・ペロウベット（Maurice E. Peloubet）がフォレンジック会計という用語を造ったあと7年後に提示されたものであるが，ローリーは，フォレンジック会計についての歴史および概要を見事に示したのである。そのなかで，ローリーはまた，次の3つの重要な位置づけを示した：会計士は，証言技術を修学するためにロー・スクールに入学する必要はない。大学は，フォレンジック会計に関する訓練を提供すべきである。フォレンジック会計のテキストは学生のために出版されなければならない（Dykeman 1982）。

　法廷で証言する会計士から不正捜査会計士までとフォレンジック会計の定義が拡大されるようになっていったのは，FBI（Federal Bureau of Investi-

gation）が会計士を用いたり，フォレンジック会計技術を用いたりすること
が明白になってきたころからである（Crumbley and Fenton 2021, 1-10）。

　最初のフォレンジック会計の著書は，1982 年に公認会計士かつ弁護士で
あるフランシス・C・ダイクマン（Francis C. Dykeman）によって書かれ
たものである。この著書には，司法手続き，訴訟でクライアントを弁護する
弁護士（trial attorney）の事例，法廷制度，行政団体，曖昧な環境での作
業，訴訟で用いられる会計情報の作成および管理，直接的証言の例，相互検
証，学際的なチームメンバー，陪審員，裁判官とのコミュニケーション，和
解の交渉と報償の支払い，裁判などが示されている（Dykeman 1982）。

　2 番目のフォレンジック会計の著書『捜査会計（*Investigative Account-
ing*)』は，1986 年に，カルマン・A・バーソン（Kalman A. Barson）によっ
て公刊された（Barson 1986）。彼は，婚姻関係訴訟，パートナーシップ解
散，少数株主訴訟，保険請求，さまざまな支店あるいは事業部について内部
監査人による監査あるいは調書，買収または合併が捜査業務であると述べた
（Crumbley and Fenton 2021, 1-11）。

　歴史的には 3 番目の著書『不正監査と法廷会計：その手段と技法（*Fraud
Auditing and Forensic Accounting: New Tools and Techniques*)』（Bologna
and Lindquist 1987）では，専門家証人を取り扱っており，そのなかで不正
行動は氷山のうちの表面に出ている部分であり，不正行動の多くは表面の下
に隠されているという氷山理論を示したのである（Crumbley and Fenton
2021, 1-11）。この氷山理論は，第 1 章で説明する。

0.6. | フォレンジック会計と監査の有効性

　公共監視委員会（Public Oversight Board：POB）は，1998 年 10 月に，
当時の SEC 委員長であるアーサー・レヴィット（Arthur Levitt）の要請に
応じて，監査の有効性に関する委員会を立ち上げた。すなわち，監査の有効
性に関する委員会（the Panel of Audit Effectiveness）は，公開企業の財務
諸表に対する独立した監査を検討，評価することによって，近年の監査実務
における新しい傾向が公共の利害に資するかどうかを評価する責任を担うこ
とになったのである（POB 2000, 1）。当委員会は，監査モデルに関して徹底
的な調査を行った後，2000 年 9 月 6 日に，「監査の有効性に関する委員会の
報告と提言（The Panel on Audit Effectiveness Report and Recommenda-

tions)」と題された報告書を提出した（POB 2000）。当該報告書において，目標は，財務諸表の信頼性を回復，強化し，投資者からの信頼に寄与し，さらには資本市場の効率性を改善するようなより効果的な監査を促進することにあると示している。そして，最も重要な提言としては，監査人は，重要な財務諸表不正を検出する可能性を高めるとともに，不正に対する抑止力を確立するために，あらゆる監査において「フォレンジック型」手続きを実行すべきであると示したのである（POB 2000, x）。

　この新しいフォレンジック型フィールドワークの段階は，従来の監査の計画段階，中間段階，最終段階，レビュー段階と異なり，いつ，どのように実施するかについて慎重に検討し，監査の不可欠な部分となるべきである。

　フォレンジック型フィールドワークのフェーズは，伝統的な監査から「不正監査」への転換を意味しているわけではない。むしろ，この監査フェーズをフォレンジック型フェーズとして特徴づけることによって，監査人の職業的懐疑心（skepticism）を精神レベルから姿勢レベルへとシフトさせていくことを目指しているのである（Crumbley and Fenton 2021, 1-13）。

　こうして，当委員会によるフォレンジック型フェーズへの提言によって，監査人は，職業的懐疑心に基づいた姿勢で監査を実施することになり，共謀，内部統制システムの無効化，書類の改ざんなど，さまざまな経営者レベルでの不正の可能性を想定する必要があるであろう。そして，当委員会は，監査人がたずねるべき重要な質問としては，「経営者が財務諸表不正に関与したくなった場合，財務諸表不正に対して脆弱な企業はどこにあるのか？」としたのである（POB 2000, 89）。そして，監査基準で，このフォレンジック型フェーズにおいて，経営者による内部統制システムの無効化を検出するテストを含み，不正の可能性に焦点を合わせた実体的テストの実施を要求すべきと示している（POB 2000, 89）。

　公共監視委員会（POB）の監査の有効性に関する委員会によってなされた研究と提言に応えて，2002 年に，AICPA は，監査基準書（SAS）第 99 号：財務諸表監査における不正の検討（AU 316）を公表した。SAS 第 99 号は，現在は，PCAOB AS 2401 になっている。当該基準書の主要な点は以下のとおりである（Crumbley and Fenton 2021, 4-7）。

　　□　職業的懐疑心に対する強調を強化する：監査チームメンバーは，不正
　　　　リスクに対応した監査テストを計画できるように，どのように不正が

発生するかについてメンバー間で意見交換したり，ブレイン・ストーミングをしたりしなければならない。

- [ ] 経営者とのコミュニケーション：監査人は，クライアントである経営者その他従業員に，不正リスクおよび不正が組織内に存在することを知っているか否かをたずねなければならない。
- [ ] 抜き打ちのない監査テスト：監査人は，抜き打ちテストを計画すべきであり，さもなければ，通常はテストされない領域，場所，および勘定をテストしなければならない。
- [ ] 経営者による内部統制システムの無効化への対処：監査チームは，経営者によって内部統制が無効化していないかをテストしなければならない。
- [ ] ブレイン・ストーミング：監査チームは，現在，不正がどのように発生し，その企業においてどのように隠蔽されているかについて考察するための会合を開くことが要求されている。

SAS 第 99 号（AU 316）に関する考え方は，次のとおりである。法的責任の見地からすると，この基準書を適用することは，監査基準書と，監査人が財務諸表の威信を維持するために果たす役割について投資者，裁判官および陪審員の信念との間に広がりつつある期待に関するギャップを減らすための重要なステップとなる。長年，監査人以外の人は，もし監査人が不正を検出するためにいるのではないとすれば，彼らはそこに何のためにいるのか？と問い続けてきた。今や，監査人は，人々が期待している不正検出という責任を果たさなければならなくなったのである（Crumbley and Fenton 2021, 4-8）。

公開会社会計監督委員会（Public Company Accounting Oversight Board）と日本の CPAAOB

公開会社会計監督委員会（Public Company Accounting Oversight Board：PCAOB）は，2002 年のサーベンス・オクスリー法施行後に監視団体として新規に設立された[8]。この委員会は，公開企業の監査人を規制し，監査基準書を設定し，違反を調査する広範囲な権限を有した，頑強で，独立した，フルタイムの人員から構成される監視機関である。メンバーのうち 2 人だけが公認会計士である。PCAOB は，SEC によるレビューに依拠し，公開企業の監査人に対して，監査，品質統制，倫理，および独立性の基準を設

定する。PCAOB の使命は，米国の証券市場における投資者を守ること，高い品質，独立性および倫理基準に準拠して公開会社の財務諸表が監査されていることを保証することにより公共の利益を守ることにある。委員会の財政は，公開会社からの手数料によって賄われている（Crumbley and Fenton 2021, 4-8）。

　PCAOB は，会計士に対する監査，品質統制および倫理に関する基準を設定する会計基準によって権限を付与されている。また，PCAOB は，民間の産業団体によって公表あるいは推奨された基準を適用あるいは修正したり，民間の産業団体の基準や提言とは独立した，自身の基準を適用したりすることもできる権限も付与されている。監査基準は，歴史的には AICPA によって作成されており，多くの人は，PCAOB が基準作成の権限を AICPA に委任するものと思っていた。それに反して，PCAOB は基準を自ら設定する意思を示している（Crumbley and Fenton 2021, 4-8）。

　また，PCAOB 委員長であるジェイムズ・R・ドティ（James R. Doty）は，「監査人が，不適切に収益認識を早めた可能性を示した複数の危険信号を見落とした場合，監査人はその問題の本質までたどり着かなければならない。」と述べている（PCAOB 2014）。PCAOB は，2014 年 12 月に，Grant Thornton Taiyo ASG, LLC のパートナーに，2010 年監査において，収益認識を早める可能性があることを認識していたにもかかわらず，多数の重要な虚偽表示のリスクに適切に対処しなかったことに対する懲戒命令の和解を発表した。パートナーは，決算期末に発生する後発取引は不正リスクにつながることを理解していなかった。その結果，これらの危険信号を認識していたにもかかわらず，パートナーは監査手続の性質，時期，範囲を変更すべきかどうかを検討することをしなかったのである（PCAOB 2014）。

　現在，米国においては PCAOB が，投資者を保護し，情報量が多く正確で独立した監査報告書を作成することで公共の利益を促進するという使命を果たすため，公開企業やその他の発行体，ブローカー・ディーラーの監査について，質の高い監査および関連する職業的実務基準を確立し維持することを目指している。米国の PCAOB に相当する組織としての日本には，公認会計士・監査審査会（Certified Public Accountants and Auditing Oversight Board：CPAAOB）がある。CPAAOB は，公認会計士法に基づき，2004 年 4 月 1 日に設置された。本審査会は，合議制の機関として金融庁に置かれ，常勤の会長 1 名と委員 9 名（うち 1 名は常勤）で構成されている。

本審査会の業務としては，(1)「品質管理レビュー」に対する審査および検査，(2) 公認会計士試験の実施，(3) 公認会計士等に対する懲戒処分等の調査審議の 3 つがある（公認会計士・監査審査会 2022）。

米国公認会計士協会（American Institute Certified Public Accountants：AICPA）の立ち位置

AICPA の訴訟紛争解決サービス下部委員会（Litigation and Dispute Resolution Services Subcommittee）は，2003 年に，『監査環境にフォレンジック手続きを組み込む（Incorporating Forensic Procedures in and Audit Environment）』と題した不正タスク・フォース報告書を公表した。当該タスク・フォース報告書は，SOX 法に焦点を合わせた監査環境における手続きを適用する際における実務家に対する指針を提示し，不正諸表監査における財務上の不正を考慮して，監査基準書第 99 号（Auditing Standard No. 99）に関する AICPA 実務指針を新たに公表した（AICPA 2002）。こうして，AICPA は，監査人は特定のフォレンジック手続きを実施する必要はなく，むしろ SAS99 のプロセスの中にフォレンジック技術をどのように含めるかについてガイダンスを提供するという立場をとっている（Crumbley and Fenton 2021, 1-13）。

0.7. フォレンジック会計教育の実態

これまで，フォレンジック会計士に必要なスキルやフォレンジック会計の歴史的展開など概要を述べてきたが，本節では，フォレンジック会計が世界でどの程度浸透しているのか，米国および英語圏諸国でのフォレンジック会計教育の実態を説明する。

英語圏諸国では，学部や経営大学院や会計大学院で科目としてフォレンジック会計が開講されているだけではなく，フォレンジック会計のための学位プログラムもある国も存在している（Nakashima 2018）。米国では，1990年代後半における会計不正の増加に伴い，フォレンジック会計のスキルを持つ専門家に対する需要が高まり，2000 年代に入ってから，資格や修士学位プログラムを提供する大学が増加した（Seda and Kramer 2014, 1）。米国でも公認会計士は，不正調査やフォレンジック会計の調査に取り組むための訓練や経験を有していなかったので，会計学専攻の学生が不正に対峙するため

には，不正に特化した教育が必要であるとされたのである（Seda and Kramer 2014, 1）。

Rezaee et al.（2004）によるサーベイ調査結果によれば，フォレンジック会計教育の有用性として，財務報告の信頼性強化，責任ある企業統治の促進，フォレンジック会計教育・スキルを有する個人に対する需要の増加，不正調査に従事する学生の養成，市場における学生の魅力向上，フォレンジック会計教育・実践に対する社会の要請の充足を示している。図表序 -4 は，研究者と実務家それぞれが認知するフォレンジック会計の有用性を示したものである。

図表序 -5 は，米国と米国以外の世界におけるフォレンジック会計教育の実態を示している。フォレンジック会計科目や資格や修士学位プログラム，フォレンジック会計専攻は米国ではそれぞれ 422，58，97 も設置されていることがわかる。図表序 -6 は，米国以外でフォレンジック会計教育を提供している大学のある国を示している。図表序 -6 から，海外 25 カ国のうち，

図表序 -4　フォレンジック会計教育の有用性

項目	実務家 平均値	研究者 平均値
専門家証人になるための準備となる	3.53	2.96
訴訟支援コンサルティングに携わることができるようになる	3.59	3.19
フォレンジック会計教育および実践に対する社会の需要を満たす	3.29	3.51
市場においてより魅力的な人材となる	3.23	3.62
不正調査に従事する学生を養成できる	3.71	3.75
フォレンジック会計教育およびスキルを持つ人材への需要が高まる	3.77	3.82
責任あるコーポレートガバナンスが推進される	3.34	3.87
財務報告の信頼性が強化される	3.61	3.95

出所：Razaee et al.（2004）図表 4 に依拠して筆者が作成した。

図表序 -5　米国および米国以外におけるフォレンジック会計教育

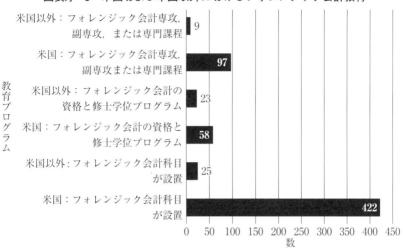

出所：Seda and Kramer（2014, 12）図表 1 に依拠して筆者が作成した。

図表序 -6　米国以外においてフォレンジック会計科目を提供している大学のある国

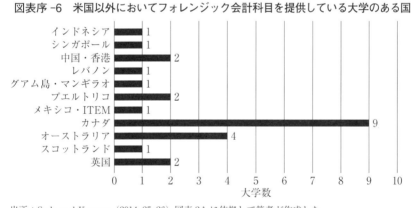

出所：Seda and Kramer（2014, 25-26）図表 2A に依拠して筆者が作成した。

フォレンジック会計を開講しているのは，カナダ，オーストラリアと英語諸国であることがわかる。また，図表序 -7 からは，米国以外でフォレンジック会計の資格や修士学位プログラムがある大学のある国は，英国，オーストラリアであることがわかった。現在，日本では，対面式のフォレンジック会計の講座を開いている大学はない。不正を防止するためにも，経営倫理や不正の理論を学修できるフォレンジック会計の教育が実施されることを望みた

15

図表序 -7　米国以外でフォレンジック会計の資格や修士学位プログラムがある大学

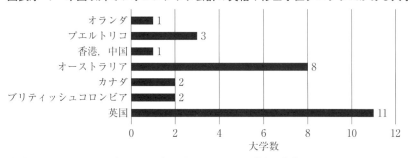

出所：Seda and Kramer（2014, 34-36）図表 3A に依拠して筆者が作成した。

い。

　フォレンジック会計の研究も，米国ではフォレンジック会計セクションが米国会計研究学会でも 1 セクションとして存在していることからもわかるように，日本より先行している。ここで，フォレンジック会計セクションがどのように創成されたのかを述べることとする。米国会計研究学会は，ラリー・クランベリー（Larry Crumbley）教授を代表とする 500 名の署名を受け止め，フォレンジックおよび捜査会計（Forensic and Investing Accounting：FIA）を新セクションとして容認した。2014 年には，FIA は，フォレンジック会計（Forensic Accounting）と名称を変更した（Crumbley and Fenton 2021, 1-18）。フォレンジック会計セクションは，使命として，効果的かつ効率的な指導に重点を置いた適切かつ革新的なカリキュラムを作成すること，フォレンジック会計プログラムに関連する知識の構築についての問題を探求すること，フォレンジック・捜査に関する学術的および実務的な研究の推進と普及を創出することを示している。この 3 つの使命を通して，フォレンジック会計の教育，研究，実務，継続的専門教育（CPE）コースおよびカリキュラム開発において卓越した人材を育成することを掲げている（American Accounting Association 2022）[9]。

　フォレンジック会計に関する国際学術雑誌および実務雑誌には，以下のものを示すことができる（Crumbley and Fenton 2021, 1-17, 18）。

　□　*FSI Digital Forensic Investigator* はコンピュータ化された世界での犯罪やセキュリティに関連する広い範囲の主題を取り扱っている。

　□　*The Forensic Examiner* は，米国のフォレンジック検査士協会のフォレンジック会計の論文を含んだ査読ジャーナルである。

☐ *Journal of Financial Crime* は，Emerald Insight 社によって公刊され，最も深刻な金融犯罪や関連する不正に関する統制および防止に関与する問題について実務的かつ詳細な洞察を提示している雑誌である。

☐ *Journal of Forensic Accounting Research* は，米国会計研究学会フォレンジック会計セクションから公刊される学術的なジャーナルである。

☐ *Journal of Forensic and Investigative Accounting* は，2009 年に始められた年 2 回刊行される電子版雑誌で，実務的論文を含み，創造的かつ革新的なアカデミック研究を，ラリー・クランベリー教授が公刊し，NACVA がスポンサーとなっている。

☐ *The Forensic and Valuation Services Center (AICPA)* は，利用可能な専門的な指針や手段の最新の情報源をメンバーに提供している。

☐ *The Value Examiner* は，企業評価，フォレンジック会計，不正リスク管理およびその他の問題についての実質的かつピアレビューの論文を含み，国立公認評価アナリスト協会によって隔月公刊されている，独立的で，専門的に展開された雑誌である（Crumbley and Fenton 2021, 1-17, 18）。

0.8. 不正検出に対する会計士の役割を取り巻く米国における議論

　監査人の役割は，企業が作成する財務諸表が適正に作成されているかについて意見を述べることとされてきたが，ここであらためて，監査人の役割について考察したい。米国では，1980 年代および 90 年代にオートメーション化が進み，取引数および取引の速度が増加することに伴い，企業は帳簿記録を行うためにコンピュータを使用し始めた。会計監査も事業の取引高の増大に伴いコンピュータによるリスクの測定，サンプリングが中心となった。また，監査人も企業の勘定を調査する集約的なプロセスの削減や監査契約の競争激化によって監査費用を減少せざるを得なくなり，企業側は，安価な監査契約が可能となったのである。それに伴い，外部監査人は，企業の内部統制システムにより依存するようになり，勘定残高や記帳をあまり見なくなったのである。と同時に，経営者たちは，内部統制システムを巧みに操作して無

効化することを覚え，帳簿を粉飾することができるようになった（Brown 2002）。このような背景が，2000年代初頭におけるエンロン社（Enron），ワールド・コム社（WorldCom）の会計不正事件と監査法人アーサー・アンダーセン（Arthur Andersen）の崩壊につながったのである。そのころから，SECや会計専門家も，アーサー・レヴィト（Arthur Levitt）が示した「利益の質が，徐々に，認知できるぐらい，劣化している」（Levitt 1998）という懸念を口にするようになった。そして，会計専門家は，不正検出に対する監査人の役割を議論するようになったのである（Crumbley and Fenton 2021, 1-14）。

　監査人の役割に不正の検出があるのかについての議論には，見解の相違があった。ほとんどの監査契約にはより疑義のある取引に関する精査を含んでいると考える人もいれば，不正に焦点を合わせた特別な契約だけが不正検出を担当していると考える人もいる（Crumbley and Fenton 2021, 1-14）。そこで，AICPAは，会計専門家たちが不正検出に対する姿勢を変化させる必要性を認識し，不正リスクのブレイン・ストーミング，専門家による職業的懐疑心の増加，経営者とのコミュニケーション，経営者による内部統制システムの無効化への対処，抜きうちの監査テストの利用に特に焦点を合わせた，SAS第99号（AU 316）を公表したのである。特に，AICPAは，今後，姿勢を変更しなければならない点として次の2つを示している。1つは，会計士の視野に専門家としての職業的懐疑心を増加させること，もう1つは，すべての米国企業にいえるものであるが，従業員に不正識別を奨励するとともに，不正を予防するために金融犯罪に対する気づきを向上させることである（Crumbley and Fenton 2021, 1-14, 15）。

　Big Audit Firmsは，すべての企業にフォレンジック監査を3年あるいは5年ごとに定期的に受けるよう義務づけるか，さもなければ抜き打ちで当該監査を受けることを提言している。フォレンジック監査人は，電子メールを含んだ企業のすべての記録を調査し，もし必要であれば，すべての従業員に質問をし，宣誓のもとで声明を要求することになる（Reilly 2006）。

　SOX法およびSAS第99号は，経営者，監査委員会，経営最高責任者（CEO），財務最高責任者（CFO），外部監査人および内部監査人に，彼らの業務にフォレンジック会計技法を組み入れるよう圧力をかけている（Crumbley and Fenton 2021, 4-21）。エンロン社等の会計不正事件が表面化する以前は，誰も不正を検出することに対して責任を受け入れていなかった。独立

監査人は，契約書において，その責任を否定している。内部監査人は，彼らの業務規定において免責条項を入れている。経営者は，不正検出を監査委員会に期待していた。監査委員会は，不正検出を独立監査人に期待していた。独立監査人は，不正検出を経営者に期待していたのである（Crumbley and Fenton 2021, 4-22）。

　それでは，不正検出は，フォレンジック会計士の責任になるのだろうか。あるいは，フォレンジック会計士は，内部監査機能において特別な役割を果たすのだろうか。監査委員会は，不正検出はフォレンジック会計士の業務であることを主張するのだろうか？現時点において，PCAOBは，全企業にフォレンジック監査を義務づけることに賛成しているわけではない。米国におけるSOX法に依拠した現在のアプローチとは，当該プロセスでのあらゆる方向，あらゆる段階において不正検出はすべての当事者の責任であり，すべての当事者が不正と対峙する責任があるというものである（Crumbley and Fenton 2021, 4-22）。

　フォレンジック会計士は，監査契約の常勤メンバーであることも，そうではないこともある。企業内のフォレンジック会計士は，SAS第99号（AU 316）に準拠する目的で，外部監査に投入されるかもしれない。AICPA不正タスク・フォースによる報告では，フォレンジック会計士は，監査基準書に準拠することが要請されていると示されている（Crumbley and Fenton 2021, 4-22）。フォレンジック会計士が不正の兆候が明らかに存在すると発見した場合には，当該監査はフォレンジックあるいは不正調査に変更されることもある。したがって，伝統的な監査の範囲を超えた調査技法が，フォレンジック会計士によって実施されることもあるのである（Crumbley and Fenton 2021, 4-22）。

0.9.　おわりに

　米国では，フォレンジック会計に関する知識，スキルおよび能力が蓄積され，フォレンジック会計という学問領域は確立している。また，フォレンジック・サービスが改良されるにつれて，フォレンジック会計士のスキルや能力が向上しつつあり，フォレンジック・サービス自体が標準化される可能性があるという状況にある。フォレンジック・サービスの専門性が改良されていけば，企業，監査委員会，内部監査人，および経営者がフォレンジック

会計士の特別なスキルやアプローチを評価し，フォレンジック会計士に対する需要は高まると思われる。フォレンジック会計士は，議事録の不正調査に投入される場合もあるし，独立監査人がリスク要素を測定し，一定の点数に達した場合にフォレンジック会計士を投入するという方針をとることもある（Crumbley and Fenton 2021, 4-22）。また，内部監査機能において，通常業務として，フォレンジック会計士をランダムに投入することもある（Crumbley and Fenton 2021, 4-22）。

　内部統制システム自体は，本来従業員不正を防止するために経営者が設定するものである。しかしながら，経営者による会社ぐるみの不正は，会計上の操作をした場合，「経営者が内部統制システムを悪用して不正を隠ぺい」しようとしてしまう。このように，経営者が内部統制システムを無効化した場合，インダイレクト・レポーティングを採用している日本の内部統制監査制度では検出することは極めて難しい。米国のように，内部統制システム自体を直接的に監査することによって不正検出が可能となるのである。こうした米国における，会計不正事件から内部統制報告制度の施行までに至る経緯を日本に内部統制報告制度を導入する際に教訓にすべきであった。日本で，現行の内部統制報告制度においてインダイレクト・レポーティングを継続するとするならば，不正検出のためには，米国において SEC ハーベイ・L・ピット委員長が主張していたように，企業に対して定期的なフォレンジック監査を義務づけることが必要になってくると思われる（Pitt 2002）。

（中島真澄）

〈注〉
1　AICPA は，フォレンジック会計において，会計，監査，財務，定量的手法，法律の特定分野，調査などの特殊技能の応用や，証拠資料の収集，分析，評価，調査結果の解釈や伝達のための調査技能が必要となる場合があると示している（AICPA 2004, 11）。
2　FVS 実行委員会は，米国公認会計士協会（American Institute of Certified Public Accountants：AICPA）会員が高度に専門的な形で価値あるフォレンジックおよび評価サービスを実行可能にするために情報，推薦，リーダーシップを提示することによって AICPA を支援する組織のことである。https://us.aicpa.org/interestareas/forensicandvaluation/community/forensic-and-valuation-services-executive-committee を参照されたい。AICPA 評議会は，基準に準拠のもとで専門的な基準を設定する団体として当該 FVS 実行委員会を任命している（FVSEC 2020）。
3　フォレンジックおよび評価サービス実行委員会（Forensic and Valuation Services Executive Committee）は，当該基準を，フォレンジック・サービスを行う会員の実

務の質を維持し，強化させることによって，公共の利益を保護するために公表された
ものである。

4　SSFS1は，2020年1月1日以降に受任する業務から適用される（FVSEC 2020）。

5　世界におけるフォレンジック会計教育の現状を考察した研究にNakashima（2018）
がある。

6　フォレンジック・サービスが提供するサービスを多い順に並べると以下のとおりと
なる（Crumbley and Fenton 2021, 1-3）：不正防止，不正検出，不正対応44%，企業
評価37%，経済的損失31%，その他29%，財務諸表不正表示27%，家族法16%，電
子データ分析13%，倒産および破産12%。

7　サットヤム・コンピュータ・サービス社は，国際的な大企業にサービスを提供して
いるインドの大手アウトソーシング企業であり，最高経営責任者（CEO）のラジュー
（Raju）氏は，「同社は，第2四半期末に資産として計上した536億ルピー（約11億
ドル）のうち，504億ルピーが存在しなかった。また，2008年9月30日に終了した
四半期の収益は，報告された270億ルピーよりも実際には20%低く，同社の四半期
の営業利益率はほんのわずかであった。すなわち，長年にわたり収益と資産を大幅に
水増ししていた」と述べたという（Timmons and Wassener 2009）。

8　公共監視委員会は，公開企業会計監視委員会の計画が公表された後，その憲章に基
づいて解体された。

9　AAA Website https://aaahq.org/Sections-Regions/Forensic Accounting

〈参考文献〉

公認会計士・監査審査会. 2022. Website. https://www.fsa.go.jp/cpaaob/shinsakai/
soshiki/index2.htm AICPA.（2023年2月19日閲覧）。

American Accounting Association (AAA). AAAWebsite. https://aaahq.org/
Sections-Regions/Forensic Accounting.

American Institute of Certified Public Accounting (AICPA). 2002. *AU Section 316
Consideration of Fraud in a Financial Statement Audit,* (Supersedes SAS No. 82.)
Source: SAS No. 99 ; SAS No. 113.

American Institute of Certified Public Accounting (AICPA). 2004. Forensic and Litiga-
tion Services Committee and Fraud Task Force. 2004. *Discussion Memorandum,
Forensic Services, Audits, and Corporate Governance: Bridging the Gap,* July 15.

American Institute of Certified Public Accounting (AICPA). 2014. *Forensic & Valua-
tion Services, Practice Aid, Forensic Accounting—Fraud Investigations.* https://
us.aicpa.org/content/dam/aicpa/membership/downloadabledocuments/forensic-.

Bacon, C. F. 1905. The accountant as an expert witness, *Journal of Accountancy* 1(2):
99-105.

Barson, K. A. 1986. *Investigative Accounting.* Van Nostrand Reinhold.

Big Audit Firms. 2006. *Serving Global Markets and the Global Economy: A Vision
From the CEOs of the International Audit Networks.*

Bologna, G. J., and Lindquist, R. L. 1987. *Fraud Auditing and Forensic Accounting:
New Tools and Techniques,* John Wiley & Sons.

Brown, K. 2002. Auditors' methods make it hard to uncover fraud by executives, *The
Wall Street Journal,* July 8, 2002.

Creke, F. 1889. Investigation of public companies' accounts and reports thereof, *The*

Accountant, January 5: 7–11.

Crumbley, D. L., and E. D. Fenton, Jr. 2021. *Forensic and Investigative Accounting,* 10th Edition, Wolters Kluwer.

Dykeman, F. C. 1982. *Forensic Accounting: The Accountant as Expert Witness,* John Wiley & Sons.

Forensic and Valuation Services Executive Committee (FVSEC). 2020. *Statement on Standards for Forensic Services No. 1.*

Levitt, A. 1998. *The "Number Game,"* NYU Center for Law Business, New York, September 28, 1998.

Lourie, M. 1953. *Forensic Accounting,* New York CPA: 696–705.

Moore, A. 1907. The accountant as an expert witness, *The Accountant,* June 29: 879–886.

Nakashima, M. 2018. Why should the forensic accounting be needed in Japan? –Toward a no accounting fraud community, 『経営論集』 65(1): 129–146.

Nunn, L., B. L. McGuire, C. Whitcomb, and E. Jost. 2006. Forensic accountants: financial investigators, *Journal of Business & Economics Research,* 4(2): 1–6.

PCAOB. 2003. *Release 2003-005, PCAOB Rulemaking: Proposed Rules Relating to Compliance with Auditing and Related Professional Practive Standards and Advisory Groups,* Securities and Exchange Commission.

PCAOB. 2014. PCAOB *Announces Settled Disciplinary Action Against Partner of Grant Thornton Japan for Audit Failures,* December 17, 2014, *PCAOB Release No. 105-2014-024,* http://pcapbus.org/News/Releases/Pages/12172014_Yoshida. aspx.

Peloubet, M. E. 1946. Forensic accounting, its place in today's economy, *Journal of accountancy,* 81(6): 458–462.

Pitt, H. L. 2002. *Public Statement by SEC Chairman: Regulation of the Accounting Profession. U. S. Securities & Exchange Commission,* January 17.

Public Oversight Board (POB). 2000. *The Panel of Audit Effectiveness: Report and Recommendations,* August 31.

Reilly, D. 2006. Auditing firms urge new ways to detect fraud, *The Wall Street Journal,* November 8. 2006.

Rezaee, Z., D. L. Crumbley, and R. C. Elmore. 2004. Forensic accounting education: a survey of academicians and practitioners, In *Advances in Accounting Education. Teaching and Curriculum Innovations,* 6: 193–231.

Seda, M., and B. Kramer. 2014. An examination of the availability and composition of forensic accounting education in the United States and other countries. *Journal of Forensic and Investigative Accounting,* 6(1): 1– 46.

Shawcross, W. H. 1989. How to receive and give evidence, *The Accountant,* 34, New Series, No. 1206, January 15: 73.

Singleton, T., and A. Singleton. 2010. *Froud Auditing and Forensic Accounting,* Four Edition, John Wiley & Sons.

Smith, G. S., and D. L. Crumbley. 2009. Defining a forensic audit, *Journal of Digital Forensics, Security and Law,* 4 (1): 61–79.

Timmons, H., and B. Wassener 2009. Satyam chief resigns over inflated assets, *New*

York Times, January 7, 2009.

Watson, A. T. 1884. Falsified accounts, *The Accountant*, October 10: 18.

会計不正は，なぜ社会悪なのであろうか。会計不正は，資本主義経済社会の根幹である証券市場に対する信頼性を失墜するだけではなく，経済社会，企業，そして多くの人々の生活に多大な経済的損害を与えるからである。米国でエンロン社およびワールド・コム社の会計不正が起こったあとに，サーベンス・オクスリー法（Sarbanes-Oxley Act of 2002：SOX 法）が議会で承認され，内部統制報告制度が施行された。大きな事件のあとに，制度変革が起こるのが社会における必然である。日本において 2008 年に内部統制報告制度が施行されたのは，米国と同じような歴史的経緯，すなわち，2005 年のカネボウ社の粉飾決算事件を受けての制度と言われてきた。しかしながら，日本における内部統制報告制度は，カネボウ社の粉飾決算事件を受けての具体的な再発防止策としての新制度施行というよりも，国際的なコンバージェンスに鑑み，海外の動向を踏まえて内部統制報告制度への導入を円滑にすすめるために施行された制度だったではないだろうか。そういう経緯で施行されたがゆえに，米国における不正発生から制度施行までの経緯を教訓とせず，2015 年に東芝に会計不正が起こってしまったと言うのは過言であろうか。

われわれは，2015 年の東芝の会計不正が起こったあと，日本における内部統制報告制度を議論すべきであった。日本で発生した大規模会計不正を検討し，再発防止策として自国の内部統制報告制度として変革すべきであった。そこで，われわれは，本書第 1 部を通して日本における会計不正およびガバナンスの実態をとらえた上で，どこに問題があり，なぜ日本にフォレンジック会計が必要であるのかをいろいろな視点から考察する。われわれは，読者の方々と

第 1 部

日本における会計不正の実態分析

ともに，本書を会計不正が発生しない社会の構築へと一歩踏み出す議論展開のきっかけとしたいと考えている。

　第1部第1章では，日本における会計不正の実態や会計不正のスキームを説明する。そして，発生主義会計において会計不正と経営者の裁量行動について解説することによって会計の基本的問題点を提起する。第2章では，フォレンジック会計が導入された場合に，フォレンジック調査に必要な不正検出手法として，財務諸表数値，テキスト情報，またその両方を用いる方法を提示する。第3章では，会計不正発生を防止する観点から現在のコーポレートガバナンス体制を説明するとともに，その体制を効果的に構築し，運用するために企業の中ではどのような対応，施策を実施すべきかを提言する。第4章では，日本の非営利組織における会計不正に関する理論を説明したあと，日本の非営利組織における会計不正に関する実例について，第三者委員会の調査報告書などに依拠して解説する。第5章では，デジタル・フォレンジックおよびその具体的な活用について，コンピュータ・フォレンジックとの比較を通して説明する。また，デジタル・フォレンジックにおける実施の手順やどのようなツールが利用されているかについて第三者委員会の調査報告書を示しながら解説する。そして第6章では，不正が検出されてから，不正関与者が負う責任に焦点を合わせて，日本において会計不正がどのように解決されているかを解説する。

第1章

会計不正の実態と不正理論

1.1. はじめに

　序章では，米国に導入されているフォレンジック会計の歴史的展開を概観し，フォレンジック会計の必要性について述べてきた。本章では，現在の日本における会計不正の実態を説明する。読者は，日本における会計不正を取り巻く現状を把握可能であろう。第2節では，日本における不正の定義について米国の組織における定義と比較しながら検討する。第3節で，日本における会計不正の実態，第4節で，会計不正のスキーム，第5節で不正理論，第6節で不正を検出するツールとしての理論を説明する。そして第7節で，発生主義会計において会計不正と経営者の裁量行動がどのような関係にあるのかについて述べる。

1.2. 不正の定義

　本節では，不正はどのように定義されているか各団体に依拠して述べることとする。日本公認会計士協会（JICPA）監査基準委員会は，財務諸表監査における不正への対応に関する，監査人がどのような責任を有するのかについての実務上の指針として，2022年10月に監査基準報告書第8号「財務諸表監査における不正」を公表した。

　まず，本報告書「不正の特徴」において，「財務諸表の虚偽表示は，不正又は誤謬から生ずる。不正と誤謬[1]は，財務諸表の虚偽の表示の原因となる行為が，意図的であるか否かで区別する」（JICPA 2022, par. 2）と示している。そして，不正と誤謬を区別して，不正を，「不当又は違法な利益を得るために他社を欺く行為を伴う，経営者，取締役等，監査役等，従業員又は第三者による意図的な行為」と定義している（JICPA 2022, par. 10）。そして，本報告書では，監査人が財務諸表監査において対象とする重要な虚偽表示の

原因となる不正に焦点を合わせていることを示している（JICPA 2022, par. 3）。

　不正には，不正な財務報告と資産の流用がある。特に，不正な財務報告とは，財務諸表の利用者を欺くために財務諸表に意図的な虚偽の表示を行うことであり、計上すべき金額を計上しないこと又は必要な注記を行わないことを含んでいる（JICPA 2022, 12, par. A2）。不正な財務報告は，次の方法により行われる場合がある。財務諸表の基礎となる会計記録や証票書類の改竄，偽造又は変造，取引，会計事象又は重要な情報の財務諸表における虚偽の記載や意図的な除外，金額，分類，表示又は開示に関する意図的な会計基準の不適切な適用（JICPA 2022, 12, par. A3）。

　本報告書 A2 で，「不正な財務報告は，企業の業績や収益力について財務諸表の利用者を欺くために，経営者が利益調整を図ることを目的として行われる可能性がある。このような利益調整は，経営者の些細な行為又は仮定や判断の不適切な変更から始まることが多い」とされ，「税金を最小限にするための利益の圧縮，又は銀行からの資金調達を確保するための利益の水増し」と具体的に不正な財務報告の例を示している。

　ここで米国における不正の定義をみてみることにする。米国証券取引委員会（Securities Exchange Commission：SEC）は，1934 年証券取引法に基づいて，重大な金融犯罪として証券詐欺に関する法律の制定，監視をしている。規則 10b-5（Rule 10b-5）では，証券詐欺について，以下の目的で，直接的または間接的に，州間商取引の手段や道具，郵便，または国内の証券取引所を利用することを違法としている。(a)さまざまな装置，スキーム，策略を用いて詐欺を働くこと，(b)重要な事実について虚偽の主張をすること，またはその主張がなされた状況に照らしてミスリードさせることがないように重要な事実の主張を省略すること，(c)証券の購入または販売に関連して，人々への詐欺を目的とする行為，慣行，または一連のビジネスに従事すること（SEC 1934）。

　米国公開会社会計監督委員会（Public Company Accounting Oversight Board：PCAOB）は，不正を次のように定義している。「不正は，広範囲な法的概念であり，監査人は，不正が発生したかどうかについて法的な意思決定を行わない。むしろ，監査人の関心は，特に，結果として財務諸表の重要な虚偽記載となる行為に関連している。不正と誤謬を区別する主要な要素というのは，財務諸表の虚偽記載となる基礎となっている行動が，意図的ある

いは非意図的かどうかである。当該選択の目的で，不正とは，監査の対象となる財務諸表において重要な虚偽記載となる意図的な行為である。2種類の虚偽の記載とは，監査人が不正と考えるものと適合している：すなわち財務報告から生じた虚偽の記載および資産の横領から生じる虚偽の記載である」（PCAOB 2003, pars. 05-06）。

　監査基準書2401「財務諸表監査における不正の検討」（PCAOB 2003）では，不正な財務報告から生じる虚偽記載を以下のように定義している。「不正な財務報告から生じる虚偽記載とは，財務諸表利用者を欺くために意図的に行われた，財務諸表における金額又は開示の虚偽記載又は省略であり，その影響により財務諸表がすべての重要な点において一般に公正妥当と認められた会計原則（GAAP）に準拠して表示されないものをいう」（PCAOB 2003, pars. 05-06）。

　PCAOB（2003）は，以下のように具体例を示している。「財務諸表の元となる会計記録や補助文書の操作，改ざん，または変更である。すなわち，事象，取引またはその他の重要な情報の財務諸表における虚偽の表示または財務諸表からの意図的な省略，金額，分類，表示方法または開示に関する会計原則の意図的な誤適用である。」ただし，PCAOB（2003, par. 06）は，不正な財務報告は壮大な計画や陰謀の結果である必要はないという。たとえば，経営陣が，重要な虚偽表示の妥当性として合理化に用いることがある。複雑な会計規則の解釈が難しく，攻撃的に解釈したり，中間財務諸表を含む財務諸表の一時的な虚偽表示として，後で経営成績が改善されれば修正すると考えたりすることがある（PCAOB 2003, par. 06）。

　資産の横領に起因する虚偽表示には，企業の資産が盗まれ，その影響により財務諸表がすべての重要な点において GAAP に準拠して表示されなくなることが含まれる。資産の横領は，領収証や資産の着服，または企業が受け取っていない財やサービスの代金を支払わせるなど，さまざまな方法で行われる。資産の横領は，場合によっては統制を回避して作成された虚偽または誤解を招くような記録や文書を伴うことがある。資産の横領に起因する虚偽表示は，不正流用の影響により，財務諸表がすべての重要な点においてGAAP に準拠して公正に表示されない原因となる資産の不正流用のみを含んでいる（PCAOB 2003, par. 06）。

　内部監査人協会（The Institute of Internal Auditors：IIA）[2] は，以下の定義を示している。「不正とは，詐欺，隠蔽あるいは信頼違反によって特徴

づけられた違法行為である。当該行為は，暴力あるいは物理的力には依存しないものである。不正は，貨幣，財産あるいはサービスを得る目的，あるいは，支払あるいはサービスの消滅を回避する目的，あるいは，個人的あるいはビジネス上の優位性を担保する目的で，団体および組織によって行われるものである」(IIA 2012)[3]。

　米国公認会計士協会（AICPA）と IIA は，不正を，「他人をだます目的で計画された意図的な行為あるいは省略のことであり，結果的に，被害者が損失を被ったり，不正行為者が不法に利益を得たりすることになること」と定義している（IIA, AICPA, ACFE 2008）。すなわち，不正の 4 つの主要な法的要素として，1. 重要な事実に関する誤った表示あるいは意図的な省略，2. 不正を行う者が，表示が誤りであることを知っていた。3. 被害者はこの不正を信頼していた。4. 被害者が損害を受けるか損失を被った，を示しているのである（Crumbley and Fenton 2021, 4-3）。

　以上の米国における組織による不正の定義に依拠すると，法的な観点から不正には次の 4 つの要素が含まれると考えられる。それは，第 1 に，重要な事実に関して虚偽記載したり，意図的に省略したりすること，第 2 に，不正行為者は，その記載が虚偽であることを知っていたこと，第 3 に，標的となった被害者はその虚偽記載自体を信頼していたこと，第 4 に，被害者は，（その不正により）損害を被ったり，（その不正に伴い）損失が発生したこと，である（Crumbley and Fenton 2021, 4-3）。

1.3. 不正の実態

　それでは，ここで不正の実態についてみてみることとする。4 大監査法人の 1 つである，PwC Japan グループによる『経済犯罪　実態調査 2020（日本分析版)』172 社からの回答結果）によると，過去 2 年間で経済犯罪および不正の被害に遭ったと回答した国際企業，日本企業はそれぞれ 49% から 47%，36% から 21% と，2018 年からそれぞれ 2%，15% 減少したことがわかる（PwC Japan グループ 2020）。

　また，図表 1-2 は，過去 2 年間において，経済犯罪および不正の被害に遭ったと回答した組織を示している。日本企業は，2020 年でサイバー犯罪，顧客による不正，資産の横領が，それぞれ 36%，33%，33% であり，財務報告に関する不正は 22% であった。2018 年と比べると，国際的には財務報告

図表 1-1 経済犯罪の国際比較

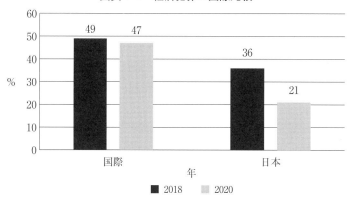

出所：PwC Japan グループ（2020）図表 5（過去 2 年間に経済犯罪の被害に遭っ
たと回答した企業の割合）に依拠して著者が作成した。

図表 1-2 経済犯罪実態調査

経済犯罪	国　　　際		日　　本	
	2018	2020	2018	2020
サイバー犯罪	31	34	21	36
顧客による不正	29	35	11	33
資産の横領	45	31	38	33
贈収賄・汚職	25	30	12	25
財務報告に関する不正	20	28	30	22
仕入れに関する不正	22	19	27	17
知的財産の侵害	7	11	5	17
人事に関する不正	12	17	6	17
競争法・反トラスト法違反	7	13	8	17
インサイダー取引	8	10	8	11
事業活動に関する不正	28	16	33	11
税金に関する不正	5	8	6	6
マネーロンダリング	9	11	3	6
その他	5	4	0	0

出所：PwC Japan グループ（2020）図表 1（過去 2 年間で被害に遭った経済犯罪）に依拠し
て著者が作成した。

図表 1-3　不適切会計件数の時系列推移（2007-2021 年）

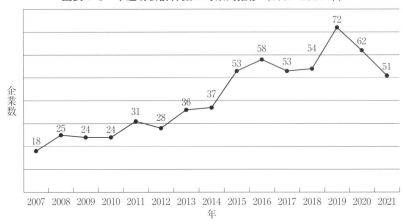

出所：東京商工リサーチ（2022）に依拠して筆者が作成した。

の不正は 20% から 28% と増加しているものの，日本は，30% から 22% と減少していることがわかる。これは，新型コロナウイルス感染症（coronavirus disease 2019：COVID-19）により，企業が在宅勤務となり，従来の内部統制では対応できないこと（木村 2021, 25），また，COVID-19 による業績の悪化により，人員削減がすすみ，親会社による監督の目が行き届かなくなっていることによる（田邊 2021, 35）。

　図表 1-3 は，2007 年から 2021 年までの不適切会計[4]に関与した企業数の時系列推移，図表 1-4 は，当事者別の会計不正の時系列分類を示している[5]。公益通報者保護法が 2006 年に施行されてから，不正は増加傾向にあり，2015 年以降，不適切会計が高水準にあること，特に会社ぐるみの不正が 2016 年以降増加傾向にあることがわかる（Nakashima and Ziebart 2019）。会社ぐるみの不正が多いのは，日本企業の特徴である。経営者が会社を守るために自分を犠牲にすることは，その人物にさらなる権力をもたらし，会社の役員や従業員からの評判を高め，間接的に自分自身の地位を維持することができるのである（三戸 1991, 55-59）。2020 年および 2021 年は，COVID-19 の影響により，リモートワークが増え，従来の内部統制システムでは対応できなくなったり，親会社からの監視が行き届かなくなったりして，不正自体は増加しているものの，現物確認や監査が難しくなり（木村 2021；田邊 2021），検出は減少したものと思われる。

図表 1-4　当事者別分類（2007-2021 年）

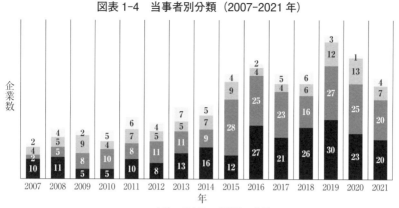

出所：東京商工リサーチ（2022）に依拠して筆者が作成した。

図表 1-5　財務諸表不正の時系列推移（2007-2021 年）

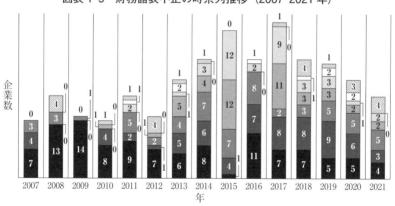

出所：東京商工リサーチ（2022）に依拠して筆者が作成した。

　図表 1-5 は，財務緒表不正別の分類での時系列推移を示したものである。
売上高，売上原価，資産に関する不正が多いことがわかる。

1.4. 　会計不正に関するスキーム

　主要な会計不正[6]のスキームは，図表 1-6 に示すとおりである。証券取引等監視委員会は，事例集として，開示検査によって開示規制違反が認められ，課徴金納付命令勧告を行った事例のほか，課徴金納付命令勧告は行わなかったものの，開示規制違反の背景・原因を追究した上でその再発防止策を会社と共有した事例，会社に対して訂正報告書等の自発的な提出を促した事例等，さまざまな会計不正に関する多くの事例を示している（証券取引等監視委員会事務局 2019）。

　以上の事例からもわかるように，利益を構成する勘定科目である，売上高，売上原価に操作を加えることが会計不正の手口となっている。具体的な会計不正のスキームは以下に示すとおりである。

架空の売上高および架空資産（Fictitious Revenues or Assets）および売上高および資産の過大表示（Overstated Revenues and Assets）

　会計不正としては，財務諸表の利益をかさ上げするために，架空の売上高あるいは資産を計上することである。たとえば，仕入れの戻りなど実際の売上高を低めている取引を記帳から除外する方法である。

　利益を過大表示するスキームの一つは，請求済未出荷販売（bill-and-hold）である。顧客は商品を購入することに合意し，売り手は顧客に請求書を発行するが，後の出荷日まで商品を物理的に売り手の倉庫で保管し続ける。そのような取引のすべてが不正に関与しているものではないが，それは悪用の濫用につながることから，当該実務は会計原則に照らして詳細に調査されなければならない（Crumbley and Fenton 2021, 3-7, 8）。

　棚卸資産は，「商品，製品，半製品，原材料，仕掛金等の資産であり，企業がその営業目的を達成するために所有し，かつ，売却を予定する資産のほか，売却を予定しない資産であっても，販売活動及び一般管理活動において短期間に消費される事務用消耗品等も含まれる」（企業会計基準委員会 2019a, 3）と定義されている。棚卸資産も，利益の裁量行動および不正な分類でよく関与されている勘定科目の 1 つである。企業会計基準第 9 号「棚卸資産の評価に関する会計基準」（企業会計基準委員会 2019a）[7] は，通常の販売目的で保有する棚卸資産は，取得原価をもって貸借対照表価額とし，期末における正味売却価額が取得原価よりも下落している場合には，当該正味売却価

図表 1-6　会計不正に関するスキーム

(1)　売上高
架空売上高の計上等 ·················
売上高の過大計上 ·················
(2)　売上原価
売上原価の過少計上等 ·················
リベートの過大計上 ·················
(3)　販売費及び一般管理費
営業関係費等の過少計上 ·················
(4)　営業外利益
グループ会社を連結の範囲から除外し，内部取引利益を連結決算で利益計上
(5)　営業外費用
貸倒引当金の過少計上 ·················
(6)　特別利益
匿名組合清算配当金の過大計上 ·················
(7)　特別損失
貸倒引当金繰入額の過少計上 ·················
減損損失の不計上 ·················
(8)　資産
ソフトウェアの架空計上 ·················
のれんの過大計上 ·················
投資有価証券の過大計上 ·················
棚卸資産の過大計上 ·················
(9)　負債
前受金の過少計上 ·················
(10)　純資産
純資産額の過大計上 ·················
(11)　非財務情報
大株主の所有株式数の虚偽記載 ·················
第三者割当予定先の状況等に係る虚偽記載 ···

出所：証券取引等監視委員会事務局（2019）。

額をもって貸借対照表価額とする（企業会計基準委員会 2019a, 7）。

　資金取引を伴う架空取引が行われた場合は，棚卸資産の残高が増加する傾向が表れる。架空取引により計上される資産は，当該取引が架空取引であることが発覚しないように，自然な取引となるように構築された架空取引に係

るスキームに基づいて計上される資産となる（宇澤 2012, 232-233）。多くの場合，原材料の仕入れ，外注費の発生，商品等の仕入名目で架空取引が行われ，期末に棚卸資産に付け替えられることになる（宇澤 2012, 232-233）。したがって，期末に貸借対照表に多額の棚卸資産が計上されている場合は，架空取引に係る架空原価等付け替えたものであり，架空資産であることから，現物確認による実在性の検証により，検出可能となる（宇澤 2012, 234-245）。

架空の費用と負債の過少表示（Fictitious Reductions of Expenses and Liabilities）

　ヘッジ対象に対する影響が認識される時に先物契約の時価評価が必要となるという，先物契約に対する会計基準（FASB 1984）[8] がある。通常，デリバティブの評価差額を繰延ヘッジ損益として翌期以降に繰り延べる会計処理がある（Crumbley and Fenton 2021, 3-9）。しかしながら，現金支出が必要なく，かつ帳簿にも現れてこないデリバティブで損失を創出させるような取引で埋め合わせる場合が不正である。当該不正は，実在する損失あるいは債務を隠ぺいするため，費用および負債を架空に減少させて，ボトムラインである当期純利益を改善することである。

収益の早期計上（Premature Revenue Recognition）

　収益の早期計上とは，売上が完了していないか商品が出荷されていない，あるいは対価が支払われていない前に，利益をかさ上げするために収益として認識し記録する手段である。実際の収益は，実現するか，あるいは実現可能で獲得されてはじめて財務諸表で認識される。企業会計基準第 29 号『収益認識に関する会計基準』[9] の規定に基づけば，出荷は実際には発生していない状況下では収益は認識すべきではない。当該収益の早期計上は，請求済未出荷スキーム，押し込み売上を示すこともある（Crumbley and Fenton 2021, 3-9, 10）。

収益と資産の不正な分類（Misclassified Revenues and Assets）

　不正の財務報告には，保有する有価証券を不正に分類することも含まれる。企業会計基準第 10 号『金融商品に関する会計基準』（企業会計基準委員会 2019b）では，金融資産を「現金預金，受取手形，売掛金及び貸付金等の

金銭債権，株式その他の出資証券及び公社債等の有価証券並びに先物取引，先渡取引，オプション取引，スワップ取引及びこれらに類似する取引（デリバティブ取引）による生じる正味の債権等」と定義している（企業会計基準委員会 2019b，Ⅱ 1.4.）[10]。

　有価証券は，「売買目的有価証券」，「満期保有目的の債券」，「子会社株式及び関連会社株式」，「その他有価証券」と分類するよう規定されている（企業会計基準委員会 2019b，Ⅳ 2）。時価の変動により利益を得ることを目的して保有される有価証券である「売買目的有価証券」は，時価で貸借対照表価額とし，評価差額は当期の損益として処理する（企業会計基準委員会 2019b，Ⅳ 2 (1)）。「満期保有目的の債券」は，満期まで所有する意図をもって保有する社債その他の債権であり，取得原価で貸借対照表価額とするが，債券を債券金額より低い価額又は高い価額で取得した場合には，取得価額と債券金額との差額の正確が金利の調整と認められる場合には，償却原価法に基づいて算定した価額で貸借対照表価額とする（企業会計基準委員会 2019b，Ⅳ 2 (2)）。

　「子会社株式及び関連会社株式」は，取得原価を貸借対照表価額とする（企業会計基準委員会 2019b，Ⅳ 2 (3)）。「その他有価証券」は，売買目的有価証券，満期保有目的の債券，子会社株式及び関連会社株式以外の有価証券と定義され，時価をもって貸借対照表価額とし，評価差額は洗い替え方式に基づき，(1) 評価差額の合計額を純資産の部に計上する，(2) 時価が取得原価を上回る銘柄に係る評価差額は純資産の部に計上し，時価が取得原価を下回る銘柄に係る評価差額は当期の損失として処理する，のいずれかの方法により処理することとなっている。なお，純資産の部に計上されるその他有価証券の評価差額については，税効果会計を適用することになっている（企業会計基準委員会 2019b，Ⅳ 2 (4)）。

　不正には，意図的に有価証券を異なる区分に振り替えることによって財務諸表表示を操作することが含まれる。そうすることで，収益の認識を早めたり，あるいは逆に損失の認識を遅らせたりするのである。たとえば，四半期における価値の下落を認識することを避けるために売買目的有価証券を満期保有目的と分類したり，逆に，以前認識されていなかった収益の認識が可能となるので有価証券を満期保有目的の債券区分から売買目的有価証券区分に変更したりすることであり，これらが不正となる（Crumbley and Fenton 2021, 3-10）。

資産の過大評価あるいは費用および負債の過少評価（Overvalued Assets or Undervalued Expenses and Liabilities）

　会計不正のスキームとしては，貸借対照表上の棚卸資産および有価証券等に係わる「評価損の不計上・過少計上」がある（宇澤 2012, 268）。棚卸資産または有価証券等の計上額が毎年増加している場合，実態と合わない場合には，滞留資産等の存在や滞留資産等に係る評価損の不計上・過少計上の可能性がある（宇澤 2012, 269）。

　棚卸資産は，棚卸資産の種別ごとの評価基準およびその内訳を把握する。特に評価基準については，正味売却価額等に恣意性が入る余地があると認められる場合には，正味売却価額等の算定等の合理的な根拠の有無を確認する。有価証券に係る評価損の不計上・過少計上は，子会社株式および関係会社株式，その他の有価証券のうち時価の把握が極めて困難と認められる有価証券に係る評価損の算定が問題となる（宇澤 2012, 270-271）。

負債の除外（Omitted Liabilities）

　負債の除外とは，都合の悪い負債を除外する目的で，財務諸表に負のイメージが含まれることを避けるために，負債を隠ぺいしたり，オフ・バランス・シート化したりすることである（Crumbley and Fenton 2021, 3-11）。

情報開示の除外および不適切な開示

　情報開示は，財務諸表で経営者が行う主張の一つである。情報開示には，財務諸表注記も含まれる。たとえば，担保として保有された資産や累積した優先株の配当といった特定の情報の記載が要求されている。貸借対照表に疑念を持たれること，あるいはバッド・ニュースが提示されることを回避する目的で情報開示の省略や不適切な情報開示が行われることもある。たとえば，偶発債務が過少に見積もられ，損失の可能性が過小評価され財務諸表に対する影響が最小であると記載されることを例として示すことができる（Crumbley and Fenton 2021, 3-12）。

　不適切な情報開示としては，企業あるいは製品の説明，インタビュー，アニュアル・レポートにおける誤った表現，意図的に不正確な表示，あるいは省略という形式がある。これらの意図的に不適切な開示は，有価証券報告書における非財務情報である，「経営者による財政状態，経営成績及びキャッシュ・フローの状況の分析」（Management Discussion and Analysis：

MD&A）など「事業の状況」でも起こりうることである（Crumbley and Fenton 2021, 3-12）。不適切な開示については第 2 章で詳細に述べることとする。

　以上で，会計不正のスキームを説明してきた。次節では，こうした会計不正がなぜ起こるのかを理論に依拠して考察する。

1.5.｜不正理論

　不正理論の代表的な理論は，不正のトライアングル理論，その発展的理論である不正のダイヤモンド理論である。この理論は，当事者が経営者でも従業員でも，会社ぐるみでも適用可能な理論である。一方，不正行為のメタモデル（Meta-Model of Fraud）および不正の氷山理論は，経営者，従業員などの個人による経済犯罪に適用されるものである。本節では，不正のトライアングル理論，不正のダイヤモンド理論，3Cs モデル，不正行為のメタモデルおよび不正の氷山理論を順に検討する。

不正のトライアングル理論（Fraud Triangle Theory）

　不正のトライアングル理論は，クレッシー（Donald R. Cressey）が提唱した理論であり，「インセンティブ・プレッシャー」，「機会」および「姿勢・合理化（正当化）」の 3 つのファクターが同時に存在すると，不正が発生するという理論である（Cressy 1953）。図表 1-7 は，不正のトライアングル理論を示している。クレッシーは，1950 年代に横領で有罪判決を受けた犯罪者 200 名と面談した結果，すべての横領犯には，動機やプレッシャー，個人的な倫理観である合理化，罪を犯すために必要な機会という 3 つの共通点があることを発見したのである（Singleton and Singleton 2010）。

　インセンティブ・プレッシャーとは，犯罪者の私生活に起きた，資金を必要とする，ストレスの原因となっているものであり，その結果，横領する動機となるものを指している（Singleton and Singleton 2010）。通常，その動機の中心は金銭的な必要性が多く，たとえば，ギャンブル常習者は，その習慣を維持するための経済的必要性が動機となる。財務に関する不正は，株価や業績，ボーナス，またはその両方に関連したインセンティブが動機となる（Singleton and Singleton 2010, 45）。一方で，経済的な生存の欲求を超えて，社会的あるいは政治的な生き残りや，自己中心的やイデオロギー的な動

図表 1-7　不正のトライアングル理論

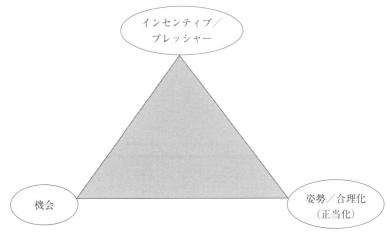

出所：Cressy（1953）に依拠して筆者が作成した。

図表 1-8　CFO の業績の不正表示に対するインセンティブ〈日本企業集計結果〉

業績を不正表示するインセンティブ	非常に重要（％）	あまり重要ではない（％）
1　株価対策	37.72	28.95
2　目標利益を達成するための外部からのプレッシャーがあるため	59.65	11.40
3　目標利益を達成するための内部からのプレッシャーがあるため	73.68	8.77
4　取締役の報酬に影響を及ぼすため	13.16	56.14
5　経営責任者は業績が悪い場合，今後のキャリアに傷がつくことを恐れているから	35.09	35.09
6　負債契約の破棄を回避するため	31.58	29.82
7　利益を平準化するプレッシャーがあるため	16.67	50.88
8　そのような不正表示は検出される可能性が低いと信じているから	30.70	16.67
9　経営責任者たちが自信過剰あるいは自信喪失的であるため	40.35	39.47
10　将来の利益への過剰な期待を最小にするため	7.08	63.72
11　得意先，仕入先および従業員などのその他利害関係者対策	20.35	41.59
12　他の企業も利益を不正表示していると考えているため	4.42	79.65

出所：Nakashima（2019）に依拠して筆者が作成した。

図表 1-9　インセンティブ・プレッシャーおよび機会の例

(%)

達成が難しい業務目標	47
仕事を失うことへの恐れ	37
個人的な成果による賞与を得るという欲求	27
最高責任者による望ましい財務業績を達成すること	25
今年支払われない賞与	23
財務制限条項の取消を回避するための財務業績の維持	18
内部統制システムへの資源投入削減によるスタッフの減少	62
事業の生き残りに向けた経営陣の注目点の移転	49
内部監査スタッフ業務の増加	34
外部からの侵入増加による IT 統制の脆弱化	22
新たな領域への運営の移行	22
製品の種類の多様化	15
規制監督の減少	12
その他の要素	6

出所：PwC Japan グループ（2009）に依拠して筆者が作成した。

機の形もインセンティブとなりうる。特に財務諸表不正では，見栄を張るため，あるいは地位を得るため，政治的に生き残るため，権力への強い欲求もあるのである（Singleton and Singleton 2010, 45）。Nakashima（2019）によると，最高財務責任者（Chief Financial Officer：CFO）に業績を不正表示するインセンティブをたずねたところ，内部からのプレッシャーがあるという回答が 73％ でもっとも多かった（図表 1-8）。

　図表 1-9 は，4 大監査法人の 1 つである PwC による 2009 年不正調査結果であり，インセンティブ・プレッシャーおよび機会の例がいくつか示されている。

　姿勢・合理化（正当化）は，個人的な倫理観が関係しており，個別事例においても考察することが難しいファクターである。本書では，合理化は，「不正実行者が自分の主観的な判断に社会的・普遍的な意義を付与し，不正や誤りを正当化すること」（Nakashima 2021）と定義しておく。たとえば，その状況下での犯罪を正当化するので，雇用主からお金を盗んだとしても「必ず返済する」「一時的にお金を借りているだけだ」と精神的に自分を納得させることが多い。また，「誰も傷つかないから，盗んでも大丈夫」と考え

る人もいる（Singleton and Singleton 2010, 46）。その他，「給与が安いから仕方なく不正をするしかない」，「私は自分のものをとっただけだ」，あるいは盗みの被害者を非人間化して「私は，上司からではなく，企業から盗んでいるだけだ」，「みんなやっていることだ」，「私はそれをしてもよい人間だ」（Crumbley and Fenton 2021, 3-17）などを合理化として示すことができる。さらに，盗んだ資金や資産を実際に保管せず，社会的な目的のために使用する，といった善意の言い訳もある（Singleton and Singleton 2010, 46）。

内部統制システム

　不正のトライアングル理論における3つのファクターの1つである，機会は，内部統制システムの不備としてとらえられている。インセンティブ・プレッシャー，合理化としての倫理観の欠如に加えて，内部統制システムの不備や機能不全が揃うと，不正のトライアングル理論の3つのファクターが存在することになり，不正が発生することになる。ここで機会としての内部統制について説明する。

　内部統制は，金融庁意見書において「内部統制とは，基本的に，業務の有効性及び効率性，財務報告の信頼性，事業活動に関わる法令等の遵守並びに資産の保全の4つの目的が達成されているとの合理的な保証を得るために，業務に組み込まれ，組織内の全ての者によって遂行されるプロセスをいい，統制環境，リスクの評価と対応，統制活動，情報と伝達，モニタリング（監視活動）及びIT（情報技術）への対応の6つの基本的要素から構成される」（企業会計審議会 2023, 9）と定義されている。

　日本における内部統制報告制度は，2007年に金融商品取引法[11]において導入されたが，内部統制報告制度が導入される社会的背景は，奇しくも米国と類似したものであった。サーベンス・オクスリー法（企業改革法）（Sarbanes-Oxley Act of 2002：SOX法）は，2000年に発生したエンロン社およびワールド・コム社の会計不正事件を経て施行され，日本の内部統制報告規制（Japanese Version of SOX：J-SOX）は2006年のカネボウの粉飾事件を経て2008年に施行されたのである。しかしながら，日本の内部統制報告制度は，米国で採用されていたダイレクト・レポーティング（直接報告業務）が日本では不採用となった点，内部統制の不備の区分が「内部統制の不備」と「開示すべき重要な不備」）の2区分になった点，財務諸表監査と内部統制監査の一体監査となった点で日米間で相違点が存在している。日本では，

評価・監査に係るコスト負担が過大なものとならないよう，インダイレクト・レポーティングおよび財務諸表監査と内部統制監査の一体監査が採用されたと示されている（企業会計審議会内部統制部会 2005）[12]。

　また，当該インダイレクト・レポーティングとは，「監査人が，経営者の評価結果を監査するための監査手続の実施と監査証拠等の入手を行うこと」である（企業会計審議会 2007）。内部統制監査において監査人が意見を表明するに当たって，監査人は自ら，十分かつ適切な監査証拠を入手し，それに基づいて意見表明することとされており，その限りにおいて，監査人は，企業等から，直接，監査証拠を入手していくこととなる（企業会計審議会 2007, 62）と示されているように，財務報告に係る内部統制の有効性に関する経営者の評価について，外部監査人は，経営者が準備した 3 点セットで監査することによりその適正性を確保することとされている。3 点セットとは，「業務の流れ図」，「業務記述書」，「リスクと統制の対応」（金融庁総務企画局 2011, 5）のことである。

　ダイレクト・レポーティングを導入した英語圏諸国において，内部統制報告制度導入前後における財務報告の質の分析結果からは，会計的裁量行動から実体的裁量行動へと裁量行動が変化している（Cohen et al. 2008; Zang 2011）。一方，米国に上場する日本企業では，裁量行動の変化はあったが，日本企業では J-SOX 前後において会計的裁量行動も実体的裁量行動も変化がなかったが，重要な欠陥がある企業では，裁量行動は増加したことがわかった（中島 2011 ; Nakashima 2015 ; Nakashima and Ziebart 2015）。この実証結果から，英語圏諸国におけるダイレクト・レポーティングは，経営者の裁量行動に対する監視を強化し，ガバナンスを向上させるが，ダイレクト・レポーティング不採用の日本では，ガバナンスが改善せず，経営者の裁量行動を抑制することが難しいということがいえる（Shishido and Osaki 2014）。

　日本公認会計士協会監査・保証基準委員会は，2022 年 10 月 13 日に監査基準委員会報告書 240「財務諸表監査における不正」を公表した（JICPA 2022）。当該付録には，さまざまな状況において監査人が直面する典型的な不正リスク要因が示されている。本付録では，まず監査に関連する 2 種類の不正，すなわち，不正な財務報告と資産の流用に分類し，さらに，それぞれについて不正による重要な虚偽表示が行われる場合に通常みられる次の 3 つの状況に分類している：(1) 動機・プレッシャー，(2) 機会，(3) 姿勢・正

図表 1-10　不正ダイヤモンド理論

インセンティブ・プレッシャー

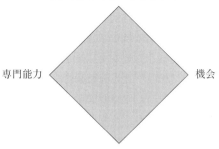

専門能力　　　　　　　　　　　　機会

姿勢・合理化（正当化）

出所：Wolfe and Hermanson（2004）に依拠して筆
者が作成した。

当化。不正な財務報告による虚偽表示に関する具体的な要因の例は，監査基
準委員会報告書 240「財務諸表監査における不正」（JICPA 2022, 30-32）に
示されているので参照されたい。

不正のダイヤモンド理論（The Fraud Diamond）

　不正のダイヤモンド理論は，Wolfe and Hermanson（2004）によって提
唱され，インセンティブ・プレッシャー，機会，合理化の 3 つのファクター
に専門能力という 4 つめの変数を加えた理論である。図表 1-10 は，不正の
ダイヤモンド理論を示している。Wolfe and Hermanson（2004）は，不正
を実行する人は次のような思考プロセスで不正を実行していることを示して
いる。まず，インセンティブとして「不正を行いたい，または行う必要性が
ある」と，機会として，「人が悪用できるシステムに弱点があるので不正は
可能である」，合理化として「私は，この不正行為はリスクに見合うもので
あると自分自身を納得させている」と，能力として「私は，不正を実行する
に必要な特性や能力を有しており，この特別な不正の機会を認識し，現実の
ものとすることができる」と考える。彼らは，不正のトライアングル理論の
ファクターに「専門能力」を加え，不正行為を行う能力を不正リスク評価に
おいて明示的かつ個別的に検討できる点が，不正のダイヤモンド理論の主な
貢献と主張したのである（Wolf and Hermanson 2004）。

図表 1-11　3Cs モデル

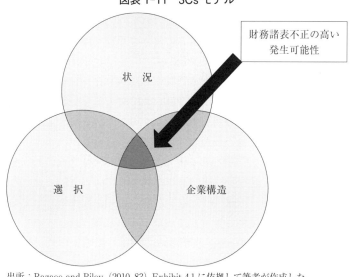

出所：Razaee and Riley（2010, 83）Exhibit 4.1 に依拠して筆者が作成した。

3Cs モデル（The 3Cs Model）

　これまでは，経済犯罪なども含めて個人の不正にも汎用可能なモデルを説明してきた。ここでは，経営者不正に適用可能なモデルとして 3Cs モデルを提示する。図表 1-11 は，3Cs モデルを示している。財務諸表不正は，従業員レベルではなく，むしろ，経営者や上級管理者レベルが関与しているものである。財務諸表不正に対して，インセンティブ・プレッシャー，機会，合理化に相当する，状況（conditions），企業構造（corporate structure）および選択（choice）という 3 つのファクターで考察する。すなわち，状況，企業構造，選択の 3 つが存在する場合に財務諸表不正が発生する可能性が高いといえる。

　財務諸表不正は，不正実行者の便益が，不正検出の可能性と結果を用いて算出されたコストよりも上回る場合に発生すると考えられている。この考え方からすると，財務諸表不正は，継続的な利益の減少から生じる経済的なプレッシャー，すなわち組織全体の業績の下落，所属産業の業績が継続的に低下すること，あるいは一般的な経済不況のような「状況」で発生すると考えられる（Razaee and Riley 2010, 79）。

　財務諸表不正は，経営者や上級管理者レベルが関与しているので，有効で

ないコーポレートガバナンスによって特徴づけられる環境となっている「企業構造」で発生すると示している。3Cs モデルの2つめの C は，「企業構造」を提示しているが，内部統制システムの有効性だけではなく，倫理的な風土を醸成すべきことを伝えている。すなわち，コンプライアンスが改善され，企業全体に倫理的かつ責任感のある行動が促進される「経営陣が共有する倫理的価値観」（tone at the top：TATT）が根付くような，健全な企業文化を醸成することが重要なのである。ただ，チェックボックスを埋めればいいというだけの法令遵守では不十分で，ガバナンスに責任があるすべての人が正当なことを実施し，自己利益と不正行動とのコンフリクトの抑制を要請できる，倫理的な企業文化を設定すべきであるとしている（Razaee and Riley 2010, 82）。また，「選択」は，経営者が，違法な利益の裁量行動を選択するか，高品質な利益を継続的に改良していこうとする倫理的な戦略を選択するかという裁量（discretion）と示している。特に，環境からのプレッシャーや企業文化のどちらも重要な影響力となっていない場合には，財務諸表不正は，目標達成に対する積極性，モラルの欠如，誤った創造性や革新性によって導かれる，経営者の裁量だけで発生してしまうのである（Rezaee and Riley 2010, 82）。

1.6.　不正を検出するツールとしての理論

　これまでは不正が発生する場合における理論を検討してきたが，本節では，不正を検出するためのツールとしての理論を考察することにする。ただし，当該不正の理論は，横領など個人的犯罪に適用する理論である。会社ぐるみの不正の検出手法は，第2章で検討する。

不正行為のメタモデル（Meta-Model of Fraud）

　不正行為には，行為そのもの，財務記録における不正の隠蔽，盗んだ資産を個人的用途に転化という3つの段階がある（Durtschi 2003）。不正の調査は，この3つの段階のどれかを調べることから始めることができる。たとえば，資産が盗まれるような不正の場合，調査を始める最も簡単な方法は，その資産の監視を行い，容疑者を現行犯で捕らえることである。もし，不正が負債の隠蔽であれば，まず財務記録を調べて，負債が隠されているかどうかを判断することから始める。もし，容疑者の経済的状態に予期せぬ変化が

図表1-12　不正行為のメタモデル

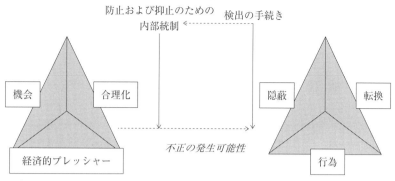

不正のトライアングル：不正実行者　　　　　　　不正の要素：犯罪

出所：Dorminey et al.（2012, 572）の不正実行者と犯罪のメタモデルに依拠して筆者が作成した。

あった場合，新たに得た富がどこからきたのかを調べる。こうして，1つ以上のフェーズを調査することによって不正が検出可能となる。

　Dorminey et al.（2012）は，不正トライアングルと不正行為とを結びつけ，図表1-12に示されているように，より包括的な手法で不正専門家が不正行為の防止，抑制，検出，調査，修正に役立つ，メタモデルを構築した。図表1-12の左の不正のトライアングルは，メタモデルの構成要素であり，潜在的な不正行為者の認知をとらえるものである。図表1-12の右は，不正行為モデル（The Triangle of Fraud Action）であり，構成要素は行為，隠蔽，変換である。行為とは，横領，小切手詐欺，重要な不正財務報告などである。隠蔽は，不正行為の隠蔽を意味し，例としては，虚偽の仕訳を作成する，銀行照合を改ざんする，ファイルを破壊するなどが挙げられる。変換とは，不正に得た利益を合法的に見せかけ，犯人が使用可能なものに変えることである。このモデルの付加価値は，証拠となる具体的な行為を示している点にある。すなわち，不正防止専門家は，行為，隠蔽，または変換を明らかにすることを通して特定の対策，制御，または監査を実施することができるのである。

不正の氷山理論（The Iceberg Theory of Fraud）

　フォレンジック会計の不正検出方法の古典として，「不正の氷山理論」（Bologna and Lindquist 1995）がある。この理論は，氷山の上位である水面

図表 1-13　不正に関する氷山の理論

© 喜多見康

　から出ている部分には，階級，金融資産，組織上の目標，個人的スキルや能力，技術の状態，業績測定などが見えているが，水面下には，個人の姿勢，恐れ，怒りなどの感情，価値観，相互作用，行動上の配慮，満足度が隠されているという理論である。フォレンジック会計士は，氷山の水面上に現れているものだけではなく，水面下に隠されている個人のライフスタイル，行動，感覚，規範，満足度に注意すべきであり，それが不正検出の手がかりとなる（Crumbley and Fenton 2021, 4-52）。

1.7. アーニングス・マネジメント（Earnings Management）とプリンシプル・ベース・アプローチ（Principles-Based Approach）

　これまで，日本における会計不正の実態，会計不正のスキームを説明したあと，不正を検討するための理論を解説した。ここで，日本でなぜ不正が減少しないのかに関連する基本的な考え方を考察したい。すなわち，本節では，日本に内部統制報告制度が導入されたときに提示されたプリンシプル・ベース・アプローチを説明する。

　一般に公正妥当と認められた会計原則（Generally Accepted Accounting Principles：GAAP）は，自社の経済的実態に適合した会計手続きを指針や

会計基準の範囲内で選択できる裁量を，経営者に与えている。アーニング
ス・マネジメント（earnings management）[13] は，企業が経済的実態を反映
させるためではなく，「ある私的便益を得るという意図をもって，財務報告
過程における目的をもった介入」と定義されてきた（Schipper 1989）。しか
しながら，アーニングス・マネジメントは，2000 年ごろには「ある私的便
益を得るという意図」の有無ではなく，GAAP の範囲内の裁量か，GAAP
を超える裁量かで区別されるようになってしまった。Dechow and Skinner
（2000, 239）も，GAAP の範囲内で経営者の裁量で会計の選択や見積りを行
い，会計処理を適用することをアーニングス・マネジメント，GAAP に違
反する会計の選択や見積りを経営者の裁量で行うことを不正会計と定義し，
アーニングス・マネジメントと会計不正とを区別している。こうして，いつ
のまにか，経営者，監査人，財務諸表利用者も，GAAP の範囲内のアーニ
ングス・マネジメントは会計不正ではなく，GAAP を違反したアーニング
ス・マネジメントが会計不正と思い込んでいると思われる。

　そこで，実際に日本企業の経営者は，アーニングス・マネジメントをどう
とらえているのかを探るために CFO を対象にサーベイ調査を実施してみた
（Nakashima 2019）。115 名の CFO の回答結果から，経営者の利益の質や
アーニングス・マネジメントに対する考え方が明らかとなった。第 1 に，日
本企業経営者は，経済的事実を反映させた利益，キャッシュ・フローに裏打
ちされた利益を高品質の利益としてとらえている。第 2 に，利益の質に影響
を及ぼすファクターの 31% が自社のビジネスモデル，所属する産業の動向，
マクロ経済などの非裁量的ファクターである。第 3 に，会計基準に関して高
品質の利益を生成するのは，より詳細な実施指針が公表される場合，実務か
ら展開された報告手続きを容認する場合，日本基準が米国会計基準や IFRS
基準とコンバージェンスする場合，より保守的な会計基準を適用する場合，
新しい企業会計基準の公表がほとんどない場合の順で高い。第 4 に，経営者
の裁量に関しては，日本企業のほぼ半数が GAAP 内で裁量を行っているこ
と，日本の上場企業は 2 割強の裁量を用いていることがわかった。当該サー
ベイ調査結果から，日本の経営者は，経済的実態を反映させる利益を真の利
益ととらえているものの，約半数の企業が GAAP の範囲内で裁量行動を実
施していることがわかった。

　ここで，プリンシプル・ベース・アプローチ（principle-based approach）
を考察する必要がある。1990 年代後半にかけて過年度訂正報告が増加する

(United States General Accounting Office 2022) という社会的背景を懸念
し，SEC 元会長のアーサー・レヴィット（Arthur Levitt）は，1998 年に，
The Number of Game と題したスピーチで次のように述べている。

　「アーニングス・マネジメントが，金融関係者の期待に応えようとして行
われており，その結果利益の質が低下していることを危惧している。通常，
財務報告には，企業の経済的実態が反映されなければならないのに，経営者
の願望や意向が反映されている。企業は時価総額を拡大し，ストック・オプ
ションの価値向上のためにアナリストの予想利益を達成させようとする。会
計基準は，状況の変化に柔軟に対応できるように策定されているが，アーニ
ングス・マネジメントは，こうした会計基準にある柔軟性を悪用したもので
あり，企業の経済的実態が覆い隠されてしまっている」（Levitt 1998）。

　こうした SEC 元会長の警告もむなしく，2000 年にはエンロン社やワール
ド・コム社の会計不正が発生してしまった。そしてその会計不正を契機に，
サーベンス・オクスリー法（Sarbanes-Oxley Act of 2002：SOX 法）が
2002 年 7 月に施行された。当該法施行前の 3 月に，ブッシュ元大統領
（George W. Bush）は，10 の計画（President's Ten-Point Plan）を明示し，
その 10 番目に「会計システムは，最低基準ではなく best practices と比較
すべきである」（Bush 2002a）と，示している。

　マルコム・ボルドリッジ国家品質賞授賞式での大統領によるスピーチにお
いて元大統領は，「監査人は最低基準で企業を評価するのではなく，企業の
財務諸表を業界の best practices と比較し，その結果を監査委員会に提出す
る必要がある」（Bush 2002b）と監査人に対する倫理基準も示している。

　FASB は，2002 年 10 月に「米国会計基準設定に対するプリンシプル・
ベース・アプローチ（Principles-Based Approach to U.S. Standard Set-
ting)」という提案書を提示し，コメント・レターを求めた。米国公認会計
士協会（AICPA）は，「われわれは，プリンシプル・ベースの基準への動き
を支持する。このような動きは，財務諸表が企業の経済的実態を忠実に示す
ために必要であり，その結果，財務諸表が投資や与信などの意思決定に適切
なツールであり続けることが必要だからである」と示している。PwC は，
「われわれは，会計基準の設定において，よりプリンシプル・ベースのアプ
ローチに移行することを奨励する。このようなアプローチは，多くの利益を
もたらすと考える。たとえば，取引の形式よりも経済的実態により焦点を合
わせることになり，その結果，財務諸表はより忠実な表現となり，意思決定

により役立つものとなる可能性がある」と示している。

　SEC は，2003 年 7 月に「2002 年サーベンス・オクスリー法第 108（d）条に基づく，米国財務報告制度によるプリンシプル・ベース会計システム導入に関する研究」（Study Pursuant to Section 108 (d) of the Sarbanes of Oxley Act of 2002 on the Adoption by the United States Financial reporting System on Adoption by the United States Financial Reporting System of a Principles-Board Accounting System）を公表した（SEC 2003）。2000 年に相次いだ会計不正は，経営者，監査人，監査委員会など財務報告制度内のガバナンス体制の不備，また，高品質と言われてきた米国会計基準が過度にルール・ベースになっており，基準の精神ではなく，文言に従う金融のプロフェッションに誤用された可能性があり，単に会計基準へ技術的に準拠するだけで，報告企業の経済的実態を公正に反映した財務報告につながっていないことが要因とされた。すなわち，ルール・ベースへの準拠自体が不正行為を助長していたのではないかということから，SEC は，プリンシプル・ベースの採用について調査を実施するとともに，段階別にプリンシプル・ベースへの移行をすすめたのである（SEC 2003）。

　「プリンシプル・ベースの基準とは，実質的な会計原則が簡潔に記述され，会計目的が基準の一部として組み込まれ，例外や内部矛盾がほとんどないような基準である。さらに，このような基準は，取引や事象の種類に応じた適切な量の実施上のガイダンスを提供し，明確な検証を排除するものでなければならない。最後に，このような基準は，財務報告の首尾一貫した概念的枠組みと整合し，そこから導き出されるべきものである」と定義されている（SEC 2003）。

　ルール・ベース基準の欠点としては，多数の明文化された検証が含まれ，最終的には文言に準拠するためのロードマップとして金融関係者に誤用されること，原則に多数の例外を含み，経済的実態が類似した取引や事象の会計処理に矛盾が生じること，基準の適用に詳細な指針の必要性を高め，基準の適用に複雑さと不確実性を生じさせることがある（SEC 2003）。SOX 法は，投資者に提供する財務情報が会社の財政状態，経営成績およびキャッシュ・フローを公正に表示することを保証する責任を経営者が負うことを要求している。さらに，経営者は，会社がすべての重要な情報を投資者に明確かつ透明性をもって開示できるよう，適切な開示統制を実施することが求められているのである（U.S. House of Represtatives, Committee on Financial Services 2002)。

　これまで国際財務報告基準（International Financial Reporting Standards：IFRS）[14] 適用が，利益の質をどのように変化させるかを分析した研究に，Barth et al.（2008），Lin et al.（2012），Ahmed et al.（2013），Christensen et al.（2015），角谷・池田（2021）がある[15]。英語圏諸国を対象とした研究では利益の質は向上したものの，日本企業を対象とした研究では利益の質が低下した結果を導出している。なぜ IFRS 適用によって日本企業の裁量が増加し，利益の質が低下したのであろうか。この結果は，経営者によるプリンシプル・ベース・アプローチに対する誤解が要因だと思われる。これまでルール・ベース・アプローチで会計処理を実施してきた日本企業は，IFRS 適用に伴い，プリンシプル・ベースに移行することにより，経営者は，GAAP の範囲内の裁量は容認されていると誤解し，その結果，会計的裁量行動が増えたのではないかと考えている。本来，プリンシプル・ベースとは，「業界の best practices をみながら，自社の経済的実態を反映させる会計処理を選択すること」（Bush 2002a；2002b）であり，GAAP の範囲内であれば自社の利益を最大化目的のための裁量が与えられているわけではない。IFRS をアドプションした英国企業の経営者や，SOX 法施行時にプリンシプル・ベースに関する指針が示された米国企業の経営者は，本来の意味でのプリンシプル・ベースで会計処理をしないことは，アーニングス・マネジメントととらえているのである。

1.8. ┃ おわりに

　本章では，日本の会計不正に焦点を合わせて考察した。まず，日本における会計不正の定義を説明し，実態を解明した。つぎに，フォレンジック会計領域で一般的な不正理論とその 3 つのファクターについて関連する内容を説明した。さらに，フォレンジック会計士にとって必要な不正検出のための理論を示した。最後に，1990 年代に増加した過年度訂正報告を背景にし，財務報告の信頼性を回復する目的で，米国で内部統制報告制度が施行される際に，経営者に提示されたプリンシプル・ベース・アプローチについて議論を展開した。

　もちろん，会計不正と，アーニングス・マネジメントとは区別しなければならない問題である。しかしながら，裁量行動が，赤字回避と減益回避と利

益目標値を達成する目的で行われていることが実証研究から明らかにされている（Suda and Shuto 2007）。われわれは，内部統制報告制度が施行された際の目的である「財務報告の信頼性」を確保するためには，GAAP 範囲内の裁量行動は容認されるという考え方ではなく，業界の best practices をみながら，自社の経済的実態を表す目的のために最適な会計処理を選択するという考え方へと転換していかなければならない時期が来たといえよう。

（中島真澄）

〈注〉

1　誤謬とは，「財務諸表の意図的でない虚偽の表示であって，金額又は開示の脱漏を含み，財務諸表の基礎となるデータの収集又は処理上の誤り，事実の見落としや誤解から生ずる会計上の見積もりの誤り，認識，測定，分類，表示又は開示に関する会計基準の適用の誤りを含む」（JICPA 2016）と示している。本章では，意図的である財務諸表の虚偽である不正に焦点を合わせるため，誤謬については省略する。

2　IIA は，1941 年 11 月に，V. Z. Brink, R. B. Milne, J. B. Thurston の 3 名が設立委員となって米国ニューヨーク州の法人として設立された団体である。IIA の主要な活動には，国際的に活躍するための内部監査専門職としての啓発活動，内部監査の実務基準の策定，公認内部監査人（Certified Internal Auditor：CIA）等の資格認定，内部監査・内部統制に関する世界的な知識・情報を会員及び社会に普及・啓発すること，会員，その他に対して世界各国の内部監査実務に関する教育のために会議を開催することが含まれている。詳細は以下を参照されたい。https://www.iiajapan.com/leg/iia/iia.html

3　International Standards for the Professional Practice of Internal Auditing, IIA, October 2012, Glossary.

4　東京商工リサーチは，不適切会計を開示した企業を「自社開示，金融庁・東京証券取引所などの公表資料に基づく上場企業，有価証券報告書提出企業を対象に，「不適切な会計・経理」で過年度決算に影響が出た企業，今後影響が出る可能性を開示した企業」と定義している。https://www.tsr-net.co.jp/news/analysis/20220427_02.html

5　不適切会計を開示した企業の時系列推移についてはすでに Nakashima and Ziebart (2019) で示しているが，本章では 2021 年と COVID-19 までと期間を延ばして検証している。

6　不正な財務報告（financial statement fraud）とは，特に投資者や債権者など財務諸表利用者を欺くために財務諸表の金額や開示を恣意的に不正表示したり，省略したりすることと定義されている（Wells 2017, 329）。不正な財務報告には，manipulation, misrepresentation, misapplication の 3 種類があり，これらの頭文字をとって財務報告不正の 3 つの M としている（Crumbley and Fenton 2021, 3-6）。1. 財務諸表が作成される裏付けとなっている帳簿記録や証票の操作（manipulation），虚偽，あるいは改ざん，2. 財務諸表上の事象，取引その他重要な情報の不正表示（misrepresentation）あるいは意図的な省略，3. 財務諸表表示あるいは開示上の金額，分類，方法に関連した会計原則を意図的に悪用（misapplication）。

7　企業会計基準委員会は，2006 年に「棚卸資産の評価に関する会計基準」を公表し

たのち，2019 年改正「棚卸資産の評価に関する会計基準」を公表した。

8　日本では「先物・オプション取引等の会計基準に関する意見書等について」において，米国では FAS80 において，「商品等の売買又は役務の提供の対価に係る金銭債権債務は，一般に商品等の受渡し又は役務提供の完了によりその発生を認識するが，金融資産又は金融負債自体を対象とする取引については，当該取引の契約時から当該金融資産又は金融負債の時価の変動リスクや契約の相手方の財政状態等に基づく信用リスクが契約当事者に生じるため，契約締結時においてその発生を認識することとした」(第 1 項)。FAS80 では，未決済の先物契約の市場価値の変動を損益として認識することを要請した基準である。特に，先物契約が公正価値で計上される品目をヘッジすることを意図している場合，直ちに損益を認識する必要がある (FASB 1984, Summary)。

9　企業会計基準委員会は，国際会計基準審議会 (IASB) および米国財務会計基準審議会 (FASB) の 2014 年 5 月に「顧客との契約から生じる収益」(IASB においては IFRS 第 15 号，FASB においては Topic 606) とのコンバージェンスに鑑みて，2018 年に企業会計基準第 29 号「収益認識に関する会計基準」を公表したのち，注記に関する情報について一部修正し，2020 年に改正「収益認識に関する会計基準」を公表した。

10　金融負債は，「支払手形，買掛金，借入金及び社債等の金銭債務並びにデリバティブ取引によって生じる正味の債務等」と定義されている (企業会計基準委員会 2019b, Ⅱ 1.5)。

11　企業会計審議会は，2007 年 2 月に，意見書「財務報告に係る内部統制の評価及び監査の基準並びに財務報告に係る内部統制の評価及び監査に関する実施基準の設定について」を公表した。この意見書に内部統制システムや内部統制報告についてが示されている。

12　経営者による財務報告に係る内部統制の有効性の評価は，その評価結果が適正であるかどうかについて，当該企業等の財務諸表の監査を行っている公認会計士等 (監査人) が監査することによって担保される。内部統制監査と財務諸表監査が一体となって行われることにより，同一の監査証拠を双方で利用するなど効果的でかつ効率的な監査が実施されるよう，内部統制監査は，当該企業の財務諸表監査に係る監査人と同一の監査人 (監査事務所のみならず，業務執行社員も同一であることを求めている) が実施することとした。

13　アーニングス・マネジメントは，利益に対する裁量行動を意味し，会計発生高を用いて利益を調整する会計的裁量行動，キャッシュ・フローを用いて利益を調整する実体的裁量行動の両者が含まれる。本書では，主に会計的裁量行動に焦点を合わせている。

14　SEC は，「IFRS を多くの人がプリンシプル・ベース・アプローチとしてとらえているが，SEC は，基準の多くはルール・ベースと呼ぶのが適切であり，IFRS がプリンシプル・ベースの会計基準のモデルであるという考え方は否定している」(SEC 2003, C)

15　これまで IFRS 適用によって透明性や比較可能性が高まるという利点が強調されていたため，IFRS 適用日本企業は財務報告に前向きな企業で，IFRS 適用によって利益の質が向上すると予想されていた。しかしながら，予想に反して，IFRS 適用によって財務報告の質が低下したという結果が導出された。(角谷・池田 2021)。

〈参考文献〉

稲垣浩二．2008.『不正会計防止プログラム～米国での実務を中心とした具体策と日本における導入の必要性～』税務研究会出版局。

宇澤亜弓．2012.『会計不正　早期発見の視点と実務対応』清文社。

角谷真生・池田翔真．2021.「IFRS 基準の適用は，財務報告の質を向上させるか？：IFRS 基準適用業の実証研究」第 6 回アカウンティング・コンペティション発表。

企業会計基準委員会．2006. 企業会計基準第 9 号「棚卸資産の評価に関する会計基準」。

企業会計基準委員会．2019a. 改正企業会計基準第 9 号「棚卸資産の評価に関する会計基準」。

企業会計基準委員会．2019b. 企業会計基準第 10 号「金融商品に関する会計基準」。

企業会計基準委員会．2020.「改正収益認識に関する会計基準」。

企業会計審議会．1990.「先物・オプション取引等の会計基準に関する意見書等について」。

企業会計審議会．2007.「財務報告に係る内部統制の評価及び監査の基準並びに財務報告に係る内部統制の評価及び監査に関する実施基準の設定について（意見書）」。

企業会計審議会．2023.「財務報告に係る内部統制の評価及び監査の基準並びに財務報告係る内統制の評価及び監査に関する実施基準の設定について（意見書）」。

企業会計審議会内部統制部会．2005.「財務報告に係る内部統制の評価及び監査の基準のあり方について」。

木村秀偉．2021.「不正リスクへの対処―内部統制・情報セキュリティを点検する」『企業会計』73（2）24-29。

金融庁総務企画局．2011.「内部統制報告制度に関する Q & A」問 32。

証券取引等監視委員会事務局．2019.「開示検査事例集」2019 年 10 月。

田邊るみ子．2021.「海外子会社対応―不正の防止・発見のための仕組みをつくる」『企業会計』73（2）：35-42。

東京商工リサーチ．2022.『2021 年不適切な会計・経理の開示企業データ』調査。

中島真澄．2011.『利益の質とコーポレート・ガバナンス―理論と実証』白桃書房。

日本公認会計士協会（JICPA）．2016. Website.「不正・誤謬（ごびゅう）」。

日本公認会計士協会（JICPA）．2022. 監査基準委員会報告書 240「財務諸表監査における不正」。

三戸公．1991.『家の論理』文眞堂。

Ahmed, A. S., M. Neel, and D. Wang. 2013. Does mandatory adoption of IFRS improve accounting quality preliminary evidence, *Contemporary Accounting Research*, 30 (4): 1344-1372.

Barth, M. E., R. W. Landsman, and M. H. Lang. 2008. International accounting standards and Accounting Quality. *Journal of Accounting Research*, 46 (3): 467-498.

Bologna, G. J., and R. J. Lindquist. 1995. *Fraud Auditing and Forensic Accounting: New Tools and Techniques,* 2nd Edition. John Wiley.

Bush, G. 2002a. *President's Ten-Point Plan*, White House, March 7.

Bush, G. 2002b. Remarks by the President at Malcolm Baldrige National Quality Award Ceremony, The White House Office of the Press Secretary, March 7, 2002 Washington Hilton Hotel, Washington, D.C.

Christensen, H. B., E. Lee, M. Walker, and C. Zeng. 2015. Incentives or standards: what determines accounting quality changes around IFRS adoption? *European*

Accounting Review, 24 (1): 31-61.

Cohen, D., A. Dey, and T. Lys. 2008. Real and accrual-based earnings management in the pre- and post Sarbanes Oxley period. *The Accounting Review*, 83 (3): 757-787.

Cressey, D. R. 1953. *Other People's Money; A Study in the Social Psychology of Embezzlement*, Patterson Smith.

Crumbley, D. L., and E. D. Fenton, Jr. 2021. *Forensic and Investigative Accounting*, 10th Edition, Wolters Kluwer.

Dechow, P. M., and D. J. Skinner. 2000. Earnings management: reconciling the views of accounting academics, practitioners, and regulators. *Accounting Horizons*, 14 (2): 235-250.

Dorminey, J. W., A. S. Fleming, M. J. Kranacher, and R. A. Riley, Jr. 2012a. Financial fraud: A new perspective on an old problem, *CPA Journal*, June 2012: 61-65.

Dorminey, J. W., A. S. Fleming, M. J. Kranacher, and R. A. Riley, Jr. 2012b. The evolution of fraud theory, *Issues in Accounting Education*, 27(2): 555-579.

Durtschi, C. 2003. The Tallahassee bean counters: A problem-based learning case in forensic audit. *Issues in Accounting Education*, 18 (2): 137-173.

Financial Accounting Standards Board (FASB). 1984. Statement of Finacial Accounting No. 80, *Accounting for Future Contracts*.

Financial Accounting Standards Board (FASB). 2002. Principles-based approach to U. S. Standard Setting.

IIA, AICPA, ACFE. 2008. *Managing the Business Risk of Fraud: A Practical Guide*. 5.

Institute of Internal Auditors (IIA). 2012. International Standards for the Professional Practice of Internal Auditing (IIA). October, Glossary.

Levitt, A. 1998. *The "Number Game,"* NYU Center for Law Business, New York, September 28, 1998.

Lin, S., W. Riccardo, and C. Wang. 2012. Does accounting quality change following a switch from U.S. GAAP to IFRS? Evidence from Germany. *Journal of Accounting and Public Policy*, 31(6): 641-657.

Nakashima, M. 2015. *Earnings Management and Earnings Quality: Evidence from Japan*, Hakuto Shobo Publishing.

Nakashima, M. 2019. Survey research on earnings quality: Evidence from Japan, In *Research on Professional Responsibility and Ethics in Accounting*, 22, Emerald Publishing: 99-131.

Nakashima, M. 2021. Can the fraud triangle explain fraudulent financial statements? Evidence from Japan, *Journal of Forensic and Investigative Accounting*, 13(1): 198-232.

Nakashima, M., and D. A. Ziebart. 2015. Did Japanese-SOX have an impact on earnings management and earnings quality? *Managerial Auditing Journal*, 30 (4/5): 482-510.

Nakashima, M., and D. A. Ziebart. 2019. Are there common innate characteristics in fraud firms? Evidence from Japan, 『経営論集』 29(1)：103-119.

PCAOB. 2003. *AS 2401: Consideration of Fraud in a Financial Statement Audit*. AU Section 316, Consideration of Fraud in a Financial Statement Audit (Supersedes SAS No. 82.) SAS No. 99 ; SAS No. 113.

PwC Japan グループ . 2009.『経済犯罪　実態調査 2009 年調査』。

PwC Japan グループ . 2020.『経済犯罪　実態調査 2020 年調査（日本分析版）』。

Rezaee, Z., and R. Riley. 2010. *Financial Statement Fraud Prevention and Detection*, 2nd Edition. John Wiley & Sons.

Schipper, K. 1989. Commentary on earnings management. *Accounting Horizons*, 3: 91-102.

Scott, W. R., and P. O'Brien. 2019. *Financial Accounting Theory*, 8th Edition, Pearson Prentice Hall.（太田康広・椎葉淳・西谷順平訳『新版　財務会計の理論と実証』中央経済社，2022 年）

Securities and Exchange Commission (SEC). 1934. Securities and Exchange Act of 1934. Rule 10b-5.

Securities Exchange Commissioner (SEC). 2003. *Study Pursuant to Section 108 (d) of the Sarbanes of Oxley Act of 2002 on the Adoption by the United States Financial reporting System on Adoption by the United States Financial Reporting System of a Principles-Board Accounting System*.

Shishido, Z., and S, Osaki. 2014. Reverse engineering SOX versus J-SOX: A lesson in legislative policy, In Z. Shishido (Ed.), *Enterprise Law: Contracts, Markets, and Laws in the US. and Japan*, Edward Elgar.

Singleton, T. and A. Singleton. 2010. *Fraud Auditing and Forensic Accounting*, 4th Edition, John Wiley & Sons.

Suda, K., and A. Shuto. 2007. Earnings management to meet earnings benchmarks: Evidence from Japan, In M. H. Neelan (Ed.) *Focus on Finance and Accounting Research*, Nova Science: 67-85.

United States General Accounting Office. 2022. GAO 2022-2027 Strategic Plan: Goals and Objectives for Serving Congress and the Nation.

U.S. House of Represtatives, Committee on Financial Services. 2022. Sarbanes-Oxley Act of 2002. Public Law No. 107-204. Goverment Printing Office.

Wells, J. T. 2017. *Corporate Fraud Handbook Prevention and Detection*, 5th Edition, Wiley.

Wolfe, D. T., and D. R. Hermanson. 2004. The fraud diamond: Considering the four elements of fraud, *The CPA Journal*, 74 (12): 38-42.

Zang, A. 2011. Evidence on the Trade-off between real activities manipulation and accrual-based earning management. *The Accounting Review*, 87(2): 675-703.

第2章

不正検出手法

2.1. はじめに

　米国では，多くの研究者や実務家が，フォレンジック会計における訴訟支援，鑑定，不正調査という3分野のうち，不正調査に対する需要と関心が将来高まっていくと考えている（Rezaee et al. 2004）[1]。そこで，本章では，フォレンジック調査において利用可能であると思われる，経営者が関与する会計不正の検出方法を3つ解説する。

　第1のアプローチは，財務諸表数値から不正を検出する手法である。この手法は，Beasely（1996），Beneish（1999），Skousen et al.（2009），Song et al.（2016），Nakashima（2021）など多くの蓄積があるが，ここでは，利益とキャッシュ・フローとの関係性に依拠して検出する方法と，不正のトライアングル理論のそれぞれのファクターに財務比率等を適用して不正企業を検出する方法を説明する。

　第2のアプローチは，テキスト情報に計量的分析を実施して不正を検出する方法である。テキスト情報の計量的分析による不正検出研究では，Churyk et al.（2009），Lee et al.（2013），Nakashima（2022），Nakashima et al.（2022a）があるが，ここではNakashima（2022）およびNakashima et al.（2022a）を取り上げる。第3のアプローチは，財務諸表数値とテキスト情報との関連性からの不正を検出する方法である。本章では，中島（2022）に依拠して解説することとする。

　これらの3つのアプローチは，すべて有価証券報告書および企業のWebsite から入手した定量情報および定性情報を用いており，一般的に入手可能な情報で分析可能なオリジナルな手法である。そのため，フォレンジック調査において適用可能である。また，不正検出目的だけでなく，投資戦略目的などにも利用可能であろう。

　本章の構成は，つぎのとおりである。第2節で，財務諸表数値から不正を

検出する手法を，第 3 節では，テキスト情報である CEO（Chief Executive Officer：最高経営責任者）レターや Management Discussion and Analysis（MD&A）開示に計量的分析を実施して不正を検出する方法を解説する。第 4 節で，財務諸表数値とテキスト情報との関連性から不正を検出する方法を提示する。第 5 節では，トーン・マネジメントとアーニングス・マネジメントとの関係性について解説し，第 6 節で要約を述べる。

2.2. ｜ 財務諸表数値から不正を検出する方法

2.2.1　利益と営業活動によるキャッシュ・フローとの関連性からの不正検出

　本節は，第 1 のアプローチである，財務諸表数値から不正を検出する手法である，利益とキャッシュ・フローとの関係性に依拠して検出する方法を説明する。危険信号（red flag）は，不正の存在を示唆するものではなく，むしろ不正という事象が一般に発生しうる状況であり，懸念に値すると提言されるものと定義する（Elliot and Willingham 1980, 15）。図表 2-1 は，日本企業経営者が考える会計不正につながっている可能性が高い危険信号を示している。日本企業の CFO（Chief Financial Officer：最高財務責任者）を対象としたサーベイ調査において会計不正につながっている可能性がある危険信号をたずねたところ，利益と営業活動によるキャッシュ・フローの関連性と答えた CFO が全体のうち 79%，棚卸資産と売上原価との不整合が全体のうち 66%，取締役が頻繁に交代している状態が 52% と高かった（Nakashima 2019, 126）。

　経営者自身が会計不正につながっている危険信号として，利益とキャッシュ・フローとの乖離を示していることから，東芝とオリンパスの不正発覚前後の利益とキャッシュ・フローとの関係性の時系列推移を分析してみる。まず，訂正報告書[2]における当期純利益と営業活動によるキャッシュ・フローの時系列推移をみてみる。図表 2-2 が東芝，図表 2-3 がオリンパスのそれぞれの利益とキャッシュ・フローの時系列推移を示したものである。棒グラフが訂正前すなわち粉飾決算[3]の数値であり，折れ線グラフが訂正した数値である。訂正した数値は，両社とも，営業活動によるキャッシュ・フローのほうが若干多く，営業活動によるキャッシュ・フローと当期純利益が連動していることがわかる。

　つぎに，粉飾決算時における東芝とオリンパスにおける営業活動による

図表 2-1　日本企業経営者が考える会計不正につながっている可能性が高い危険信号

1	利益が営業活動からのキャッシュ・フローと関連性がない。キャッシュ・フローが不足気味。利益と営業活動からのキャッシュ・フローが6-8四半期において異なる動きをしている。キャッシュ・フローが悪化しているのに，利益が依然として良好である。	79%
2	営業循環，ボラティリティ，収益性平均値，売上高成長率，監査報酬，投資の増加，資産の減損，買掛金，開示水準が，産業（経済，競合他社）動向から乖離している。	35%
3	利益目標（経営者予想，アナリスト予測）が一貫して達成あるいは超えている。	23%
4	大規模であるいは頻繁に発生するような一度きりの特別項目（リストラ費用，除却，異常あるいは複雑な取引，資産の売却からの利益／損失）がある。	26%
5	会計発生高が多い。会計発生高に大きな変動がある。会計発生高に大規模増加や準備金に大規模な変動がある。当該変動に対する説明が不十分である。資本的支出の増加がある。	31%
6	経済，市場平均と比較して，利益が異常に平準化している。経済循環や産業動向と関係なく利益および利益増加が異常に一貫している。ボラティリティが高い産業において利益が平準化されている。	30%
7	重要な会計方針における（頻繁な）変更がある。	31%
8	会計基準ではない評価基準を用いること。	29%
9	取締役が頻繁に交代となる。代表者が突然変更となる。財務担当責任者が交代となる。突然に取締役の交代となる。	52%
10	棚卸資産や仕掛品に追加があり，棚卸資産，売上原価，準備金が不整合となっている。	66%
11	事業活動における実際の変動がないのに利益のボラティリティが大きい。	29%
12	売掛金の増加や，買掛債務回転日数の乖離がある。売掛金残高が現金循環計画や貸倒引当金と不整合である。	37%
13	結果として残高がボラティリティとなるような，攻撃的な見積もりを長期にわたって使用する。経営者による判断や見積もりを異常に信頼する。見積もりの変更がある。見積もりに関する詳細な説明が欠如している。	44%
14	開示の透明性が低い。注記が複雑である。現金がどのように生成されているかについて理解が欠如している。外部関係者にたいする伝達が少ない。	48%
15	飛躍的な業績向上や再生がある。過去の業績を突破している。売買差益のボラティリティについて説明がない。	9%
16	大規模な報酬支払がある。経営者の報酬インセンティブの設定がある。賞与支払い後の経営者交代がある。	22%
17	利益の訂正や過年度修正が繰り返されている。	45%
18	会計発生高，資産，運転資本が売上高よりも早くあるいは遅く増加している。	16%
19	債務の増加や負債額が大きいこと。	18%
20	産業平均に対して売上高増加が芳しくないか，業績（たとえば，ROAあるいはキャッシュ・フロー，当座比率，運転資本）が悪化している。	12%

出所：Nakashima（2019, 126）図表14を筆者が修正したものである。

図表 2-2　東芝における当期純利益と営業活動によるキャッシュ・フローの時系列推移（2009-2015）

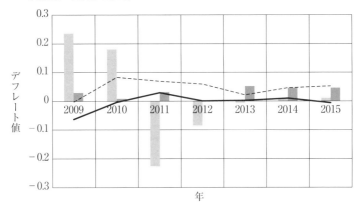

出所：株式会社東芝有価証券報告書データに依拠して筆者が作成した。

図表 2-3　オリンパスにおける当期純利益および営業活動によるキャッシュ・フローの時系列推移（2008-2011）

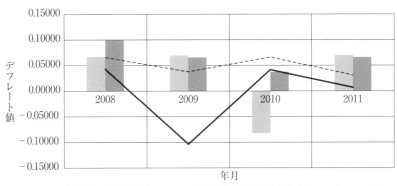

出所：オリンパス株式会社有価証券報告書データに依拠して筆者が作成した。

キャッシュ・フローと当期純利益の関係をみてみる。東芝の場合，利益が，営業活動によるキャッシュ・フローよりも多く，営業活動によるキャッシュ・フローの動きと連動していないことがわかる。つぎに，オリンパスも，利益と営業活動によるキャッシュ・フローの数値が連動していないのが

わかる。利益と営業活動によるキャッシュ・フローの時系列推移をみて大きく乖離している場合は，粉飾を実施している可能性があるといえる。

2.2.2　不正のトライアングル理論のファクターから不正を検出する研究

　本節では，不正のトライアングル理論に依拠して，各ファクターに財務情報だけではなく，非財務情報を適用して会計不正を検出する方法を解説する。Nakashima（2021）は，日本の不正企業と非不正企業のペアサンプルを用いて，不正のトライアングル理論に基づく要因が不正な財務報告の原因であるかどうかを検証し，日本での証拠を提示した。ロジスティック回帰分析の結果，インセンティブ・プレッシャー，機会，姿勢・合理化の３つのファクターすべてが，不正な財務報告の発生可能性に影響を与えることが示唆され，不正のトライアングル理論が支持される結果となった。本研究で得られた知見としては，インセンティブ・プレッシャーとして財務目標や収益性，機会として非効率的なガバナンス，姿勢・合理化として会計発生高[4]や監査人の意見が，不正な財務報告と有意に関連していることである。これらの結果から，会計発生高と意見（意見を付した無限定監査報告書）が高いほど，利用者が不正を説明できる可能性があることが示唆された。

　当該研究は，不正のトライアングル理論に依拠して財務比率だけでなく，ガバナンス情報も含めた包括的なモデルを提示し，インセンティブ・プレッシャーや機会だけでなく，態度・合理化も不正な財務報告に影響を与えるという証拠を提供している。これまで，不正のトライアングル理論に基づいて合理化のファクターが不正な財務報告に影響を与えることを示唆する研究は少数であった。当該結果から，不正のトライアングル理論の合理化ファクターを支持する最初の研究であると考えることができる。特に，経営者の裁量的行動に影響を与える要因として，監査人の意見や会計発生高を採用し，経営者の姿勢・合理化の代理変数としている。不正のトライアングルに基づく検出モデルは，不正の可能性につながる危険信号の指標を適用することで，規制当局や監査人が不正な財務報告を説明するのに役立つと思われる。

　ただし，この研究では，不正企業の訂正報告書の財務諸表数値を用いている。訂正報告書とは，経営者による利益操作が既に除外された財務諸表データである。一方，Song et al.（2016）は，経営者が粉飾決算を行った不正企業の元データを採用している。投資者の意思決定の観点からは，Song et al.（2016）のモデルは，不正が公式に検出される前に会計不正を予測するの

に有用である。本研究は，修正再表示された財務諸表データを用いて，会計不正と有意な関連性を有する特性や財務指標を明らかにしたものである。投資者，アナリスト，規制当局が過去の財務諸表を調査して，不正のトライアングルの指標を会計不正の予測因子として適用する場合，こうした不正企業の共通の特性は不正を説明するのに役立つであろう。通常，研究者やアナリストが元データを入手するのは難しいので，一般に公開された訂正報告書のデータを用いて分析を行い，不正を説明可能であることは，研究者や専門家にとって貴重といえる。

2.3.　テキスト情報から不正を検出する方法

　本節では，テキスト情報の 1 つである「経営者による財政状態，経営成績及びキャッシュ・フローの状況の分析」（Management Discussion and Analysis：MD&A）から，不正を検出する方法を提示する。Nakashima et al.（2022a）では，会計不正を行った上場企業の MD&A の開示内容を非不正企業の MD&A の開示内容と比較することで，日本語のテキスト情報に違いがあるかどうかを調査した。その結果，学校の学年（grade）と一文あたりの述語数には，有意な差異があることがわかった。これは，経営者が投資者をミスリードする目的でテキスト情報を「難読化させるという戦略」によって，不正企業の MD&A の可読性（readability）が，低下している可能性が高いと考えられる。

　つぎに，MD&A 開示情報に KH コーダーによる計量的分析を実施して不正を検出する方法を解説する。KH コーダーによる計量的分析（樋口 2021, 15）[5] には，共起ネットワーク分析と対応分析の 2 つの分析手法があり，それぞれの分析結果から不正企業を検出する方法を考察する。共起ネットワークとは，文章中に出現する語と語がともに出現する関係性を図にしたものである（樋口 2021, 82）。出現パターンの似通った語，共起の程度が強い語を線で結んだネットワークとして描き，語と語が互いにどのように結びついているか読み取れる。出現回数が多い語ほど円が大きい。線と線で結ばれている語は関連性が強い。対応分析とは，行の要素と列の要素，それぞれを X 軸と Y 軸の 2 次元空間にプロットして傾向を見て，語と語の関係性を散布図で視覚化できる分析方法である（樋口 2021, 42-43）。

　Nakashima（2022）研究は，不正企業の Chief Exective Officer（CEO）

図表 2-4　t- 検定結果

	不正企業		非不正企業			
	平均値	標準偏差	平均値	標準偏差	t 値	有意水準
Jaccard 係数	0.056	0.008	0.046	0.014	1.990	0.066　*

注：Jaccard 係数は，共起数を左右の出現数で割ったもので，共起の強さを表している。Jaccard 係数が高い用語は，特徴的な用語とみなされる。
出所：Nakashima（2022, 94）表6に依拠して筆者が作成した。

図表 2-5　対応分析結果

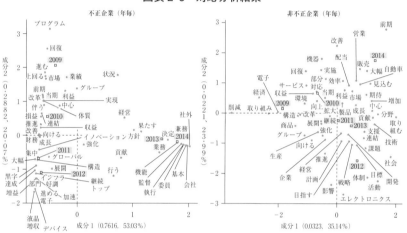

注：図表2-5は，不正企業と非不正企業の対応分析結果を比較したものである。不正企業の各年度の用語は原点から遠い位置にプロットされているが，非不正企業の年毎の用語は，原点に近い位置にあることが観察できる。
出所：Nakashima（2022）図2に依拠して筆者が作成した。

レターの用語が，非不正企業の CEO レターの用語と異なっているかどうかを検証することによって経営者がテキスト情報を印象管理しているかどうかを明らかにした研究である。本分析では，特徴語分析では，Jaccard 係数，対応分析では，原点からの距離を可読性としている。Jaccard 係数とは，共起した数をどちらか一方でも出現した数で除して算出され，共起の強さを示すものである（樋口他 2019, 18-20）。Jaccard 係数が高い用語を特徴語ととらえている。

　まず，図表2-4から，不正企業の Jaccard 係数が，非不正企業の Jaccard 係数よりも高く，不正企業は，より特徴的な用語を用いていることがわか

る。図表 2-5 は，不正企業および非不正企業の対応分析結果である。対応分析の結果，不正企業の用語は 0 から離れ，用語同士も離れていることから関連性のない用語を示し，非不正企業の用語は 0 に近く，用語同士が接近して配置されていることから，一般的な用語を用いていることがわかる。このことから，不正企業および非不正企業間の用語のプロットには差異があることが観察され，不正企業経営者は，印象管理理論（impression management theory）[6] を用いて，投資者をミスリードした可能性があるといえる。したがって，CEO レターを計量的に分析することによって，用語が 0 から離れ，用語同士も離れていることが観察された場合，会計不正の疑いがあるといえる。

2.4. テキスト情報と財務諸表数値との関連性から不正を検出する方法

　本節では，定量情報と定性情報との関連性からの不正検出手法を示す。経済的事実を財務諸表数値とテキスト情報との相互関係を分析することによって因果関係が明確となり定量情報だけでは明らかにできない真実を解明することが可能となる。

　まず，中島（2022）の研究では，米国に上場する日本企業，すなわち，ワコールホールディングス株式会社，富士フイルムホールディングス株式会社，株式会社小松製作所，株式会社東芝，オムロン株式会社，ソニー株式会社，TDK 株式会社，三洋電機株式会社，株式会社村田製作所，株式会社キ

図表 2-6　単語感情極性対応表によるポジティブ用語とネガティブ用語

	不正企業		非不正企業		合計	
*Positive	▲ 64　(66.67%)	0.0000	▽ 1154(39.40%)	0.0002	1218　(40.26%)	
*Negative	57　(38.78%)	0.7419	1766　(60.29%)	0.0252	1823　(60.26%)	
文章数		96		2929		3025
カイ 2 乗値	27.612**	0.006				
*p < .05　** p <.01						

注：図表 2-6 は，高村（2005）『単語感情極性対応表』に基づいて，CEO レターに含まれるポジティブ用語とネガティブ用語の割合を示している。括弧内のパーセンテージは，ポジティブ用語またはネガティブ用語を含む文の数を，総文章数で除したものである。総文章数は，各年度の CEO レターに含まれる文章数の合計である。

出所：中島（2022, 107）図表 3 依拠して筆者が作成した。

ヤノンをサンプルとする。サンプルのうち，不正企業は東芝であり，東芝以外の企業が非不正企業である。テキスト情報としては，CEOレターを株主通信，あるいは各企業のウェブサイトに掲載されているアニュアルレポートから入手している。東芝の不正実行期間を2009年から2014年とし，サンプル期間を2009年から2014年とした。

不正企業のCEOレターのトーン（*TONE*）[7]が，非不正企業のCEOレターのトーンに有意差があるかどうか，第2に，不正企業と非不正企業の間で，テキストの特徴に有意差があるかどうかを検証する。CEOレターは，経営者が自らの姿勢や価値観を伝えるためのコミュニケーション手段である（Amernic et al. 2010, v）。CEOレターを分析することによって企業の経営陣が共有する倫理的価値観（tone at the top）を洞察することができる（Amernic et al. 2010, vi）。文章の*TONE*は，Huang et al.（2014）に依拠して，テキスト情報に反映されているポジティブ用語とネガティブ用語の出現頻度の差をテキスト情報のポジティブ用語とネガティブ用語の出現頻度の合計で除したものとして測定する。

図表2-6は，不正企業および非不正企業についてそれぞれのポジティブ用語とネガティブ用語の独立性のカイ2乗検定の結果を示したものである。この結果から，不正企業の用語はポジティブに，非不正企業はポジティブおよびネガティブ両方に有意に関連していることがわかる。*TONE*のポジティブへの偏向は，業績不良を覆い隠すため，あるいは投資者の視点を将来業績へと向けさせるための経営者の戦略から生じている可能性がある。

つぎに，図表2-7は，*TONE*と財務ファンダメンタルズの相関係数を示している。パネルBの非不正企業では*TONE*と財務諸表数値に正の相関があるが，不正企業では*TONE*と財務諸表数値間が無相関であることが観察できる。この結果は，非不正企業経営者は，真実の財務業績に基づいてCEOレターを作成していることを示している。一方，不正企業経営者は，誠実性の原則に依拠すれば虚偽の財務業績に従ってCEOレターを作成するはずであるが，不正企業経営者は，真実の数値と粉飾した数値の両方を知っているため，真実の数値が念頭から消えず，テキスト情報が財務諸表数値と整合しないと思われる。この研究結果は，不正検出に用いることができる。CEOレターの*TONE*が財務諸表数値と整合しない場合は，不正に関与している疑いが高いといえる。

図表2-8のパネルAおよびBは，不正企業および非不正企業の共起ネッ

Panel A：不正企業

	TONE	EARN	OCF	SIZE	BUSEG	LOSS	ΔEARN
TONE	1	0.661	-0.138	-0.158	-0.532	-0.578	-0.525
		0.224	0.825	0.800	0.356	0.307	0.364
EARN	0.700	1.000	-0.314	-0.038	-0.143	-0.828	-0.479
	0.188		0.607	0.952	0.818	0.083	0.415
OCF	-0.200	-0.300	1.000	-0.831	-0.240	0.639	0.683
	0.747	0.624		0.082	0.698	0.246	0.204
SIZE	-0.200	-0.300	-0.800	1.000	0.665	-0.489	-0.714
	0.747	0.624	0.104		0.221	0.403	0.176
BUSEG	-0.354	-0.354	-0.354	0.707	1.000	-0.250	-0.361
	0.559	0.559	0.559	0.182		0.685	0.551
GEOSEG	-0.707	-0.707	0.707	-0.354	-0.250	1.000	0.873
	0.182	0.182	0.182	0.559	0.685		0.053
LOSS	-0.707	-0.707	0.707	-0.354	-0.250	1.000	0.873
	0.182	0.182	0.182	0.559	0.685		0.053
ΔEARN	-0.600	-0.100	0.600	-0.600	-0.354	0.707	1
	0.285	0.873	0.285	0.285	0.559	0.182	

注：対角線上（下）の相関はピアソン（スペアマン）相関である。* は 10%, ** は 5%, *** は 1% 水準で TONE：（ポジティブ用語—ネガティブ用語）／（ポジティブ用語＋ネガティブ用語），EARN：税上高の対数変換値，BUSEG：事業セグメント数の対数変換値，GEOSEG：地域別セグメント数の金等調整前当期純利益増分額／期首総資産
出所：中島（2022, 109）図表 6 に依拠して筆者が作成した。

トワークの結果を示している。図表 2-8 のパネル A および B を見ると，不正企業の「業績報告」は，「事業展開の加速」や「収益の改善」と共起関係となっていないが，非不正企業の「業績報告」は「収益構造の改革」や「成長戦略」と共起関係となっていることがわかる。当該結果から，不正企業経営者は，事実を隠ぺいしようとして，主要な論理を省いて部分的な論理で積み重ね，また，虚偽の情報を積み重ねることによって事実との乖離が激しくなり，結果的に論理破綻となっていると予想できる。一方，非不正企業は，一貫した論旨があるため，用語同士がつながっていると予想できる。この結果は，Nakashima et al.（2021）と整合した結果となっている。この結果から，関連用語が共起関係となっていない場合は，不正の疑いが高いと思われる。

　非不正企業経営者は，CEO レターのテキストにおいて誠実性の原則に依

TONE と財務ファンダメンタルズの相関係数

Panel B：非不正企業

	TONE	EARN	OCF	SIZE	BUSEG	LOSS	ΔEARN
TONE	1.000	.388*	.319*	0.084	-0.223	-0.262	0.175
		0.010	0.037	0.593	0.150	0.089	0.261
EARN	.355*	1.000	.618**	-0.182	-.451**	-.717**	.630**
	0.019		0.000	0.242	0.002	0.000	0.000
OCF	.334*	.608**	1.000	0.127	-.494**	-.349*	.321*
	0.029	0.000		0.418	0.001	0.022	0.036
SIZE	0.151	-0.149	0.181	1.000	0.264	.431**	-0.051
	0.333	0.339	0.244		0.087	0.004	0.743
BUSEG	-.318*	-.498**	-.550**	-0.052	1.000	.555**	-0.042
	0.038	0.001	0.000	0.739		0.000	0.788
GEOSEG	0.109	-.308*	0.004	.379*	.452**	.437**	-0.047
	0.485	0.045	0.979	0.012	0.002	0.003	0.762
LOSS	-0.272	-.705**	-.364*	.364*	.488**	1.000	-.553**
	0.078	0.000	0.016	0.016	0.001		0.000
ΔEARN	0.185	.524**	.385*	-0.127	-0.032	-.525**	1
	0.235	0.000	0.011	0.419	0.840	0.000	

統計的に有意であることを示す。各変数の定義は以下のとおりである。
金等調整前当期純利益 / 総資産，OCF：営業活動によるキャッシュ・フロー / 総資産，SIZE：売
対数変換値，LOSS：税金等調整前当期純利益が負の場合は 1，そうでない場合は 0，ΔEARN：税

拠して真実の財務業績を正直に示しているが，不正企業経営者は，粉飾した数値を正直にテキストで示すことに失敗する。それは，不正企業経営者は，真実の数値と粉飾した数値の両方を知っているため，真実の数値を念頭から外すことができないか，あるいは虚偽の数値を伝えることに罪悪感を有するのか，結果としてテキストは財務ファンダメンタルズと整合しないものとなってしまうためと思われる。一方，テキスト情報に対しては，粉飾した数値を隠ぺいあるいは投資者をミスリードする目的で特徴的な用語を用いて論旨を作成しようとする。したがって，CEO レターのトーンと財務ファンダメンタルズとの不整合およびテキストの難読化が不正検出の手がかりとなりうるといえる。本研究での知見は，規制当局，監査人，投資者の不正検出に資すると思われる（中島 2022）。

図表 2-8　共起ネットワークの分析結果

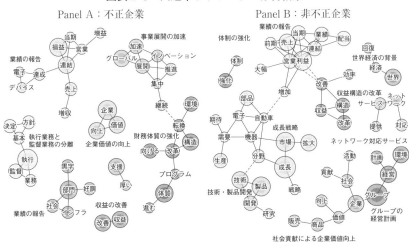

Panel A：不正企業　　　　　　　　　　Panel B：非不正企業

注：Panel A および B はそれぞれ，不正企業および非不正規企業の共起ネットワーク結果を示している。不正企業は，「業績の報告」が，「事業展開の加速」や「財務体質の強化」と共起関係となっていない。非不正企業は，「業績報告」が「収益構造の改革」や「成長戦略」と共起関係となっている。

出所：中島（2022, 110）図表 8 に依拠して筆者が作成した。

2.5.　トーン・マネジメントとアーニングス・マネジメントとの関係性

　前節では，MD&A 開示情報の可読性や CEO レターのトーンと財務諸表数値との関連性から不正検出の可能性を検討した手法を説明した。本節では，経営者がテキストのトーンを用いて利用者の印象をミスリードするための裁量であるトーン・マネジメント（tone management）とアーニングス・マネジメント（earnings management）との関係性から不正検出の可能性を探る。トーン・マネジメントは，「定性情報において，定量情報と整合しないトーン水準を選択すること」（Huang et al. 2014, 1083）と定義しておく。米国では，プリンシプル・ベースに依拠して会計基準を選択せず，すなわち，GAAP の範囲内でも裁量行動を行った企業は，テキスト情報のトーンを操作するというトーン・マネジメントを実施して利害関係者をミスリードしていく傾向にある（Huang et al. 2018）。

　一方，Nakashima et al.（2022b）では，日本企業の場合，不正企業は，GAAP の範囲を超えたアーニングス・マネジメントを隠すためにテキスト

情報に対してトーン・マネジメントを実施するが，日本の非不正企業は GAAP の範囲内であれば自社に有利な会計基準の選択をすることに対して罪悪感をもたないゆえに，財務諸表数値を正直にテキスト情報に反映させるとともに，トーン・マネジメントを行っていないことがわかった。したがって，日本企業の場合，トーン・マネジメントとアーニングス・マネジメントが有意な関連性がある場合には，会計不正の疑いが高いと思われる。

2.6.　おわりに

　本章では，不正企業と非不正企業をペアサンプルとして不正企業特有の特徴から不正検出手法を提示した。本章での各手法，また，各節で提示された手法を組み合わせて用いることにより不正検出モデルを構築できる可能性がある。しかしながら，まだ，解明できていない課題も残されている。たとえば，経営者が，どの時点でアーニングス・マネジメントを実施してトーン・マネジメントに着手するかについては現地点で明らかとなっていない。この点を明らかにするために，アーニングス・マネジメントとトーン・マネジメントとの関係性についてさらに研究が必要である。

　テキスト情報の計量的分析を不正検出に用いる研究自体は，日本ではまだ始まったばかりである。テキスト分析研究結果が蓄積され，会計不正の識別精度が高まれば，会計不正の検出手法研究は，監査人，規制当局に資するものと思われる。一方で，財務諸表数値だけではなく，テキスト情報も分析されているという事実は，経営者に対する最大の牽制になると思われる。

（中島真澄）

〈注〉
1　Rezaee et al.（2004）は，フォレンジック会計教育の重要性，妥当性や実施方法について，1,000 名ずつの学者および実務家双方を対象としたサーベイ調査結果を示している。当該調査は，米国の学者および実務家は，フォレンジック会計に対する需要や関心が今後も増加することが予想できること，フォレンジック会計教育は，会計学生，ビジネス界，会計専門家，会計士にとって有益なものであること，また，フォレンジック会計を会計学のカリキュラムに組み込むことが重要であると考えているという結果を示している。
2　金融商品取引法（虚偽記載等による訂正発行登録書の提出命令）23 条第 10 項では，「内閣総理大臣は，重要な事項について虚偽の記載があり，又は記載すべき重要な事項若しくは誤解を生じさせないために必要な重要な事実の記載が欠けていること

を発見したときは，いつでも，当該書類の提出者に対し，訂正発行登録書の提出を命ずることができる」と規定されている。したがって，上場企業は，不適切会計による影響が重要な場合には過去の有価証券報告書に対して訂正報告書を提出しなければならない。

3　粉飾決算とは，「特定の状況下にある企業の経営者が，一般に認められた会計基準に反する手続きによって利益を計上するプロセス」（須田 2007, 21）と定義しておく。

4　会計発生高は，税引前当期純利益から営業活動によるキャッシュ・フローを差し引いて算出する。

5　KH コーダーとは，テキスト型データを計量分析やテキストマイニングするためのフリーソフトウエアのことである。https://khcoder.net/

6　Leary and Kowalski（1990, 34）は，印象管理（impression management）を「他者が形成する印象を人々が管理するプロセス」と定義している。財務報告における印象管理に焦点を合わせた既存の会計研究は，エージェンシー理論に依拠し，経営者が企業業績に関して投資者の認知を偏向させることを目的としてテキスト情報を難解化させているかを中心に検証されてきた。難読化仮説とは，経営者が悪い知らせを隠したり，情報をよりポジティブに提示したりすることによって，投資者をミスリードするという仮説である（Markle-Davies 2007, 20）。

7　「トーン（TONE）」は，「経営陣が共有する倫理的価値観（tone at the top）」（Cunningham 2005）が CEO レターに反映されていると想定して，テキスト分析によって測定するという意味で用いている。

〈参考文献〉

浅野信博・首藤昭信．2007．「会計操作の検出方法」須田一幸・山本達司・乙政正太編著『会計操作―その実態識別法、株価への影響』ダイヤモンド社：86-107。

オリンパス株式会社．2009-2019．有価証券報告書。

株式会社東芝．2008-2017．有価証券報告書。

金融商品取引法（虚偽記載等による訂正発行登録書の提出命令）23 条第 10 項。

須田一幸．2007．「粉食決算と会計操作の諸相」須田一幸・山本達司・乙政正太編著『会計操作―その実態と識別法、株価への影響』ダイヤモンド社：2-58。

高村大也．2005．「単語感情極性対応表」http://www.lr.pi.titech.ac.jp/~takamura/pndic_ja.html

高村大也・乾孝司・奥村学．2006．「スピンモデルによる単語の感情極性抽出」『情報処理学会論文誌ジャーナル』47（02）：627-637。

中島真澄．2022．「CEO レターのトーンと財務ファンダメンタルズからの不正検出―米国上場日本企業における実証」『会計・監査ジャーナル』11 月号 808：104-113.

樋口耕一．2021．『社会調査のための計量テキスト分析（第 2 版）』ナカニシヤ出版。

樋口耕一・中村康則・周景龍．2019．「KH コーダーを用いた計量分析実践セミナーステップアップ編」株式会社 SCREEN アドバンストシステムソリューションズ。

Amernic, J., R. Craig, and D. Tourish. 2010. *Measuring Assessing Tone at the Top Using Annual Report CEO Letters*. The Institute of Chartered Accountants of Scotland.

Beasley, M. S. 1996. An empirical analysis of the relation between the board of director composition and financial statement fraud, *The Accounting Review*, 71(4): 443-465.

Beneish, M. D. 1999. Incentives and penalties related to earnings overstatements that violate GAAP, and post-Sarbanes Oxley period. *The Accounting Review*, 83(3): 757-787.

Churyk, N. T., C. C. Lee, and B. D. Clinton. 2009. Early detection of fraud: Evidence from restatements. *Advances in Accounting Behavioral Research*, 12: 25-40.

Cunningham, C. 2005. Section 404 compliance and 'tone at the top' *Financial Executives*, 21(5): 6.

Elliot, R. K., and J. J. Willingham. 1980. *Management Fraud - Detection and Deterrence*, Petrocelli Books.

Huang, X., K. Sudha, and P. Lin. 2018. Tone analysis and earnings management, *Journal of Accounting and Finance*, 18(8): 46-61.

Huang, X., S. H. Teoh, and Y. Zhang. 2014. Tone management. *The Accounting Review*, 89(3): 1083-1113.

Leary, M. R., and R. M. Kowalski. 1990. Impression management: A literature review and two component Model. *Psychological Bulletin*, 107(I): 34-47.

Lee, C., N. T. Chruryk, and B. D. Clinton. 2013. Validating early fraud prediction using narrative disclosure. *Journal of Forensic and Investigative Accounting*, 5(1): 35-57.

Merkle-Davies, D. 2007. The obfuscation hypothesis re-examined: Analyzing impression management in corporate narrative report documents, *Bangor University (United Kingdom). Pro Quest Dissertations Publishing*, 2007.

Nakashima. M. 2019. Survey research on earnings quality: Evidence from Japan, In *Research on Professional Responsibility and Ethics in Accounting*, 22, Emerald Publishing: 99-131.

Nakashima, M. 2021. Can the fraud triangle explain fraudulent financial statements? Evidence from Japan, *Journal of Forensic and Investigative Accounting*, 13(1): 198-232.

Nakashima, M. 2022. Fraud detection method by textual analysis of CEO letters in the perspective of obfuscation hypothesis: Evidence from Japanese firms listed on the U.S. stock exchange, 『経営論集』32(1): 83-99.

Nakashima, M., and D. A Ziebart. 2019. Are there common innate characteristics in fraud firms? Evidence from Japan, 『経営論集』29(1): 103-119.

Nakashima, M., Y. Nose, H. Ujiie, and S. Yoshida. 2021 Accounting fraud detection through a text-mining analysis: Evidence from construction and retail Industries in Japan, 文京学院大学『経営論集』31(1): 117-136.

Nakashima, M., Y. Hirose, and H. Hirai. 2022a. Fraud detection by focusing on readability of MD&A disclosure: Evidence from Japan, *Journal of Forensic and Investigative Accounting*, 14(2): 276-298.

Nakashima, M., Y. Nose, H. Ujiie, and S. Yoshida. 2022b. Does the MD&A disclosure of fraudulent Firms comply with the sincerity principle? Evidence from manufacturers in Japan. *2022 Annual Meeting of American Accounting Association. working paper.*

Rezaee, Z., D. L. Crumbley, and R. C. Elmore, 2004. Forensic accounting education: A survey of academicians and practitioners, In B. N. Schwartz, and J. E. Ketz. (Eds.) *Advances in Accounting Education Teaching and Curriculum Innovations* (Advances in Accounting Education, 6), Emerald Group Publishing: 193-231.

Skousen, C. J., K. R. Smith, and C. J. Wright. 2009. Detecting and predicting financial statement fraud: The effectiveness of the fraud triangle and SAS No. 99, In M. Hirschey, K. John, and A. K. Makhija (eds.) *Corporate Governance and Firm Performance* (Advances in Financial Economics, 13), Emerald Group Publishing: 53-81.

Song, M., N. Oshiro, and A. Shuto. 2016. Predicting Accounting Fraud, *The Japanese Accounting Review*, 6: 17-63.

第3章

ガバナンス責任者視点からの不正対応策

3.1. はじめに

　本章では，企業での会計不正[1]や企業不祥事[2]の発生を防止するという観点からコーポレートガバナンス体制および企業内のガバナンス体制について論じる。そして，その体制を効果的に構築し，運用するために企業においてどのような対応，施策を実施すべきかを提言したい。

　まず，第2節，第3節では，企業内での不正対応策とコーポレートガバナンス体制との関係について述べ，わが国のコーポレートガバナンスの流れにも触れ，何が大きな課題になるかを説明する。第4節では，コーポレートガバナンスをきちんと機能させるための企業内のガバナンス体制整備の必要性と，実際に体制を整備する際に重要な事項および注意すべき点について具体的に説明をする。第5節では，日本における会計不正および企業不祥事の発生の現状について解説し，つづく第6節では，コーポレートガバナンス体制と会計不正の発生の相関に関する過去に行われた研究について触れる。そして第7節および第8節では，経営者あるいは企業のガバナンス責任者としての心構えなどについて述べる。

3.2. コーポレートガバナンスと企業内のガバナンス体制

　近年，コーポレートガバナンスという言葉がよく使われるようになった。コーポレートガバナンスの目的は，企業が株主，顧客，従業員，取引先，地域社会などのさまざまなステークホルダーと望ましい関係を構築するために，透明性を持った，公正，迅速な意思決定を行う仕組みを作ることとされている。日本国内では，2015年に金融庁と東京証券取引所が共同で策定したコーポレートガバナンス・コードが公表され，その後2021年6月には改定も行われた（東京証券取引所 2021）[3]。その流れを受けて，特に上場企業

においては企業経営にあたってコーポレートガバナンスの重要性を認識した上で経営を行うことがますます重要になってきている。

　以前は，コーポレートガバナンスといえば，企業内での不正の発生や不適切な取引を防止することに主眼を置いて，取締役もしくは監査役などが果たしていくべき機能および役割を規定するという面が強かったと思われる。しかし，その後の変遷の中で，コーポレートガバナンスに求められることは，従来のような会計不正や不適切取引の発生の防止などの Watchdog 的なものに加えて，企業の成長を適切に導くことができるような体制，ESG やSDGs などの非財務情報の発信を行うことなど，対処する範囲がかなり大きくなってきていることに留意する必要がある。

3.3.　日本のコーポレートガバナンス体制

　本節では，日本のコーポレートガバナンスの歴史を少し振り返ってみたい。日本企業のコーポレートガバナンスの起源は，江戸時代の近江商人の活動理念である「買い手よし，売り手よし，世間よし」，すなわち「三方よし」にあると言われている。企業の運営をすることによって，企業外の対応相手

図表 3-1　日本のコーポレートガバナンスの流れ

1993	社外監査役の義務化され，監査役のうち少なくとも 1 名は社外監査役とする（株式会社の監査等に関する商法の特例に関する法律（以下「商法特例法」という第18 条 1 項）
2003	委員会等設置会社制度の導入（商法特例法第 21 条の 5 以下）
2006	商法が会社法として衣替え 内部統制報告制度（J-SOX）の導入（金融商品取引法第 29 条）
2014	委員会等設置会社が委員会設置会社に継承　「伊藤レポート」の公表　スチュワードシップ・コードの制定
2015	会社法の改正（会社法第 2 条第 15 号，第 16 号） 委員会設置会社が指名委員会等設置会社に継承 監査等委員会設置会社の創設 社外取締役の選任が義務化 コーポレートガバナンス・コードの適用開始
2021	コーポレートガバナンス・コードの改定 スチュワードシップ・コードの改定 東証市場改革を発表（市場区分変更）

出所：公表データに依拠して筆者が作成した。

に「よし」と言っていただけることを目標にするというものである。そこには，会計不正や不適切取引などが起こることによって，対応相手に迷惑をかけることがないようにするという精神も含まれていると考えられる。

　従来，日本では長期にわたり，商法がコーポレートガバナンスの基礎をなしてきたと思われるが，ここ20－30年間で，会社法，金融商品取引法，コーポレートガバナンス・コードの制定あるいはその改訂などが行われ，体制に変化が生じている。図表3-1は，日本におけるコーポレートガバナンスに関する事項の時系列推移を示したものである。各項目の詳細は別の機会に譲ることとする。

　従来のコーポレートガバナンスは，企業の経営において，法令違反，会計不正や企業不祥事の発生防止を重視する，どちらかというと守りの要素が強いものだった。それに対しコーポレートガバナンス・コードは「企業の健全な成長を目指すための企業統治」を標榜し，従来よりも広い範囲にその機能を期待しているため，企業統治の在り方に変化がもたらされている。また，日本の企業統治手法の源流と，欧州型，米国型の手法が入り混じった形となっているため，まだ日本の企業の現状に合致していない部分もあり，今後もさらに形を変えていくことになるだろうと思われる。

　2021年のコーポレートガバナンス・コードの改正（東京証券取引所2021）に対して，現状での課題となっている事項をいくつか挙げてみる。まず，取締役および監査役のダイバーシティー，特に女性，外国人の社外取締役の登用多様性を進めるよう求めているが，女性の社外取締役候補の不足，外国人取締役を入れた場合の語学の問題など，実現にまだ課題を抱えている。また，社外取締役を一定数確保することを求められ，かつ取締役のスキルマトリクスを開示するように求められているが，企業側で適任者を見つけることが難しいなど，各々の企業で求められるような適切な人選に苦労をしている企業が多い。さらに，一般株主と利益相反が生じる恐れのない独立取締役を社外取締役および監査役に採用するよう求めているが，過去にはその定義が曖昧であったことなどが挙げられる。そして，監査役会，監査等委員会が，米国の全員が独立した第三者によって構成される社外監査委員会制度と比較して，不正防止に役に立つのかという議論を残していることも重要である。このように，形式的にはガバナンス体制は整いつつあるが，本来期待されている実効性を発揮するには，依然として課題を残している。

3.4. 社内ルール・規定の整備・監査体制など

　企業経営において，会計不正あるいは不適切な取引などを発生させず，企業の健全な成長を担保していくためには，多種多様な仕組みを企業内に導入していく必要がある。事業が順調に成長していても，一件の不正がそれらの努力をすべて壊してしまうことはよくあることである。そのような事態を未然に防ぐために，企業経営者や，それを支える経営企画担当，通常ガバナンス責任者となる経営管理担当が打てる最も基本的な対策は，企業内ルールの確立である。もちろん，企業の規模，企業の業態などによって内容はさまざまであるが，多くの企業に共通して適用できると思われる基本事項を以下に述べる。

3.4.1　社内権限責任規定（RASIC）

　どの企業でも，どこの部署でどのような業務を分掌するかを決めている規定，いわゆる「社内業務分掌規程」があり，その中で，実際の運営を行っていくための企業内のルールを決めているのが「社内権限責任規定」（RASIC）である。すなわち，「R」Responsibility＝実行責任，「A」Approval＝承認，「S」Support＝支援，「I」Inform＝情報提供・報告先，「C」Consult＝相談・協議，を意味するものである。

　この規定は，企業内で各々の業務を実行するに際し，誰の承認を取るべきか，あるいは誰が決定権者であるかを明確に定めている。たとえば，1百万円の支払いを最終決定するためには，誰と協議をして誰の承認が必要か，10億円の新規事業を開始するには誰に審査してもらうか，あるいは誰と協議をしたうえで，誰が最終決裁者になるかなどを決めている。このRASICがガバナンスの基本中の基本と言っても過言ではない。社内に「この規定をきちんと守ろう，きちんと守るのが当然だ」という企業文化が醸成されていれば，不正はそう起こるものではない。

　運用上の注意点を紹介するためにいくつかの失敗事例を挙げる。規定が形骸化していて従業員はみな規定があることは知っているが守ろうとしていない，規定の存在自体が従業員に周知されていない，あまりに細かい項目を記載しすぎてしまい従業員から現実離れしていると批判されている，などがある。また，これらの規則を守らなかった場合の罰則を周知徹底していくことも重要な点になる。

3.4.2　コンプライアンス体制

コプライアンスという用語も一般に使われるようになってから随分な年月が経過している。通常は「法令順守」と訳されているが，この語の意味は(1) いわゆる「法律」を守ること，(2) 一般的なモラルを守ること，(3) 従業内の規定を順守することの3点に分けられるだろう。

どこの企業でも，コンプライアンスを意識した企業文化を醸成するために，いろいろな研修などを行うことで従業員への周知を図っている。たとえば，法令という観点では，独占禁止法，下請法，外国為替管理法などビジネスに直接かかわる法令の研修，企業内でのセクシャル・ハラスメントやパワー・ハラスメント防止などの研修，会計の基本的な研修，外部講師を招聘してインサイダー取引に関する研修，特定貿易に関する研修，品質管理に関する研修，などを行っている。コンプライアンスの事務局である部署がこれら全体の事項をカバーしているのが通常である。

ただ，これらのコンプライアンスを順守することが目的になってしまい，コンプライアンス委員会，コンプライアンス関連の企業内アンケート，取締役会での詳細に亘るコンプライアンス状況の報告など，実務者に追加的な業務が増えてしまって，疲労感が出てくるようでは本末転倒と言えよう。企業としての事業目標達成，プロジェクトの成功など前向きなことを実行していくのに当然通過すべきパスという認識を全社的に有することが重要となる。

3.4.3　リスクマネジメント体制

2021年に改定されたコーポレートガバナンス・コードには，【取締役会の役割・責務 (3)】補充原則④として

> 「内部統制や先を見越した全社的リスク管理体制の整備は，適切なコンプライアンスの確保とリスクテイクの裏付けとなり得るものであり，取締役会はグループ全体を含めたこれらの体制を適切に構築し，内部監査部門を活用しつつ，その運用状況を監督すべきである」（東京証券取引所 2021, 1. 原則 4-3 ④）

と記載があり，リスクマネジメントもコーポレートガバナンスの重要な一つとされている。ただし，企業規模，企業業態，企業の置かれている状況など，さまざまな要因によって，企業ごとにリスクマネジメントの手法は異なっている（東京証券取引所 2021, 16）。

会社全体のリスクマネジメントの手法として世界的に標準とされているの

が，COSO（Committee of Sponsoring Organizations of the Treadway Commission）[4] の ERM（Enterprise Risk Management）モデルである。内部統制環境・監査環境を整備することを目的として 1992 年に公表され非常に有名になった COSO キューブ（Cube）がその起源となる。その後，改訂を経て，2004 年に COSO ERM フレームワークとして公表されたが，この改定でも統制環境を規定した COSO キューブモデルを踏襲したことにより，ERM としてはあまり活用されず，キューブモデルから脱却した新しいモデルが 2017 年に公表された[5]。

　もちろん，このような世界標準モデルを使う企業もあるが，各企業の持つリスクのファクターの大小，リスクバッファアーの大小，リスクの発生の頻度，リスクの性格，管理手法などを考慮して，標準的なものをそのまま採用はせず，各社ごとにそれぞれの特性を考慮して独自に仕組みや体制を作っているというのが実情であろう。いかにして事業を行う上でのその結果の不確定性を把握してダウンサイドのリスク，すなわち，目標が設定されている場合における目標を下回るリスクを抑止するかがリスクマネジメントの中で求められる。会計不正および企業不祥事に関連してリスク管理者に求められる姿勢は，不正が発生する可能性もリスクの一つであると認識し，それを防止する仕組みを作り，また実際に発生した際には，それに伴うダウンサイドのリスクを最小限に留めるための方策を練ることである。

　COSO リスクマネジメントの考え方をもう少し具体的に実践しようとしているものとして，「3 つのディフェンスライン」という概念がある。第 1 のディフェンスラインと呼ばれているのは，事業部門内の経営管理機能を担当する部署が業務上のリスク管理とコントロールを行うものである。すなわち，事業部門が自身の内部機能を活用して，リスクをよく理解して，リスクテイクをするのか，リスク回避をするのかの議論をきちんと実施することになる。第 2 のディフェンスラインでは，事業部門の外にある複数の支援機能部署が，事業部門によるリスクの識別，理解，コントロールを支援する。すなわち，事業部門が立案した計画について，本社の経理部，審査部，法務部などの職能部署がそれらのリスク分析などを検証し，コメントを出す。そして，第 3 のディフェンスラインは，第 1，第 2 のディフェンスラインとは全く独立した内部監査室がリスクマネジメントとコントロールの有効性について，独立した観点で意見を提言するというものである。

　ガバナンス責任者としては，それぞれの企業にあった形で，リスクを適切

に把握し，分析し，それらのリスクを経営者に適切に理解してもらえるような体制を築くことが重要である。上で述べたような世界標準のリスクマネジメントシステムでなくてもよい。仕組み作りに取り掛かる際は，けっして無理をせず，企業の置かれた現実を見据えながら着実に展開していくことが肝要である。最初からすべてのリスクを網羅しようとか，または詳細まですべてカバーしようとする必要はない。

3.4.4　子会社（海外子会社を含む）管理体制

　ある程度の規模の企業になると，本社のみで業務を行うのではなく，企業集団での経営を行うケースが多い。グループ傘下に入る企業の形態はさまざまで，100% の株式を保有する完全子会社から，他社とのジョイントベンチャー，上場会社の株式の過半を保有する子会社，20% 以上もしくは特別重要なグループ会社では 15% 以上の株式を保有する持分連結対象となる関連会社などで企業集団を形成している。これらの企業は，日本国内だけではなく海外に企業集団を展開することも非常に多い。

　これらの子会社および関連会社を総称して関係会社と呼ぶが，これらに本社と同じガバナンス体制や管理体制を導入することは，いろいろな意味で困難を伴う。たとえば，親会社である商社が子会社として製造会社をグループに保有している場合，同じガバナンス体制で関係会社の管理ができるわけではない。あるいは，国内市場を専門に事業を展開している親会社が海外に子会社を持っている場合，子会社の管理体制はおのずから親会社のものとは異なってくる。このように，企業集団が形成されていく過程で，関係会社のガバナンス・管理体制が厳格になされなかったり，関係会社に管理を委託してしまったりして，適切なグループ経営体制の構築に失敗したケースが散見される。

　わが国における企業不正の発生状況を見てみると，2019 年から 2021 年までの３年間に，上場会社の不祥事を理由に第三者委員会報告が出された事案のうち，45% が子会社に絡む不正および不祥事であった。これらは，子会社内部または子会社と親会社との取引関連で発生しており，親会社から子会社に対する管理が充分に効いていなかったことが原因だと思われる。今後，ビジネスのグローバル化が更に進み，ビジネスモデルも多様化する中で，グループ経営が一つの大きな潮流となり，その環境下で子会社関連のガバナンス体制構築は重要な役割を果たすだろう。

　グループ経営の中では，親会社である本社の人員から，子会社の非常勤取締役もしくは非常勤監査役を任命することが多い。ただ，本社から派遣される役員が子会社の管理をすべて監視することは難しいので，子会社内部での独自のガバナンス体制を構築し，それを親会社で監視・監督していく仕組みが不可欠となる。

3.4.5　企業内における監査

　ある程度の規模の企業の場合，内部監査を担当する部署が設置されている。企業により部署の名称はさまざまであるが，ここでは「内部監査室」と呼ぶことにする。また，コーポレートガバナンスの観点から監査役設置会社の場合の「監査役会」，もしくは監査等委員会設置会社の場合の「監査等委員会」も設置されている。これに加えて，外部の第三者である「会計監査人」の設置が義務付けられている。この3つの監査はそれぞれに異なる役割を持つが，これらが連携することにより，監査の質を高め，かつ効果的・効率的な監査を行うことを三様監査という。ここでは三者の特徴をそれぞれ述べた後，三様監査について説明する。

（1）　内部監査室の監査

　全社の業務活動に関わる業務監査，会計監査を行う。日本内部監査協会（2018, 2）の定義では「経営目標の効果的な達成に役立つことを目的として，合法性と合理性の観点から公正かつ独立の立場で，経営諸活動の遂行状況を検討・評価し，これに基づいて意見を述べ，助言・勧告を行う監査業務，および経営諸活動の支援を行う診断業務」となっている。

　ただし，内部監査室は社内のメンバーだけで構成されているケースがほとんどで，報告する内容についても，最高経営責任者への報告ラインということから，ともすれば最高経営責任者に対する忖度が働きかねないと危惧される場合もある。そのため最近の内部監査室は，最高経営責任者のみならず，取締役会，監査役会にも同時並行的な報告を求められるようになった。

（2）　監査役会もしくは監査等委員会の監査（会社法381条，436条，444条）

　会社法で定められた監査役監査の目的は，取締役の職務執行に違法性がないかどうかをチェックすることであり，コーポレートガバナンス・コードは監査後および監査役会の役割として以下のように求めている。

　　コーポレートガバナンス・コード【原則4-4. 監査役及び監査役会の役割・責務】

　「監査役及び監査役会は，取締役の職務の執行の監査，監査役・外部会計監査人の選解任や監査報酬に係る権限の行使などの役割・責務を果たすに当たって，株主に対する受託者責任を踏まえ，独立した客観的な立場において適切な判断を行うべきである。

　また，監査役及び監査役会に期待される重要な役割・責務には，業務監査・会計監査をはじめとするいわば「守りの機能」があるが，こうした機能を含め，その役割・責務を十分に果たすためには，自らの守備範囲を過度に狭く捉えることは適切でなく，能動的・積極的に権限を行使し，取締役会においてあるいは経営陣に対して適切に意見を述べるべきである」（東京証券取引所2021, 原則 4-4）

　そのために，監査役は取締役会に出席し，必要に応じて意見を述べることが義務付けられており，取締役が違法行為を行った場合には，それを差し止めるよう請求すること，取締役に対する報告請求および調査などの権限なども有している。

　監査役監査の難しさは，内部情報へのアクセスの限界（監査役会設置会社の場合にはまだ監査役会の構成員としての社内常勤監査役からの情報入手が比較的やりやすいが，監査等委員会設置会社の場合には，監査等委員の構成員に社内の事情に精通した常勤監査委員がいないため，社内の事情を知ることがさらに難しくなっている。）が一番大きいと考えられる。ともすれば，与えられた情報のみでの判断をするということにならざるを得ない側面がある。取締役会の実効性と同じことになるが，取締役会に対する「経営者の運用姿勢」がキーワードとなる。経営者は審議するかどうかの議案提出権を握っているからである（守屋 2016, 220）。

(3)　会計監査人の監査（会社法 381 条，436 条，444 条）

　会計監査人は会社法上の機関であり，実施する主体は監査法人が多い。監査役会と株主総会により選任された会計監査人による監査を行う。解任時も選任の時と同じように，監査役会と株主総会にて決定される。監査対象は会社の計算書類およびその附属明細書で，さらにグループ会社のある場合には連結計算書類が加わる。事業年度ごとに「監査報告書」を作成して株主に通知する。その主な目的は，独立した第三者の専門家が財務諸表の信頼性を確認し，投資者，債権者，顧客，取引先などの対応相手を保護することにある。

　業務の内容については監査しないが，上場企業においては内部統制監査を行い，さらに業務が適正に実行されているかの確認も行う。金額や質的見地から重要性の高い部分を中心に監査するという方法をとり，効果的かつ効率

的な監査を実施する。守屋（2016）はこの点に関する問題として，監査人が「適切な監査手続き」を実施していない，あるいは「適切な監査証拠」を入手していない事例があること，さらには，監査人が問題を「知っていたが指摘しなかった」または「監査人が示唆していた」という「監査リスク以前の問題」があることを指摘している。

　経営幹部が何らかの理由で，企業内情報の一部を監査役に対して意図的に隠ぺいするようなことがあれば，なおさら監査役の監査は機能しなくなる。とはいうものの，監査役としては，できるだけ企業内の情報を的確に収集する努力をすべきであることは言うまでもない。

(4)　三様監査の重要性

　上記の3種類の監査機能が，連携して監査を行うことを「三様監査」という。「内部監査」，「監査役監査」，「会計監査人監査」は，目的，主体は異なるが，3つの監査の機能について，それぞれが境界線を引いて完全に独立した監査を実施すれば，監査の範囲に重複や漏れが生じることは容易に想像できる。したがって，効果的かつ効率的な監査を行うため3つの監査の担当者たちが連携をとることが重要になる。

　3種の監査が連携する際の形式を規定した法令は存在しないが，効果的と考えられる例を挙げると，内部監査室と監査役は監査計画や監査結果について情報を共有し，必要に応じて議論を行い，時にはお互いの監査に立ち会うこと，監査役から会計監査人に対して中間的な報告を求めること，三者で四半期に一度は協議の場を設けてコミュニケーションをとることなどが有益である。

　また，上場審査においては「内部監査」，「監査役監査」，「会計監査人監査」のそれぞれの監査人が連携をとり，適正かつ効率的な監査が行われているかという点も審査の重要な点となっている。

3.4.6　内部通報制度

　企業における会計不正・不適切取引・企業不祥事の発生の防止および，それらの早期発見に寄与する可能性のあるものとして，内部通報制度の整備が必要である。関連する法律・規則としては，コーポレートガバナンス・コード原則 2-5 が挙げられる。

　　コーポレートガバナンス・コード【原則 2-5. 内部通報】
　　　上場会社は，その従業員等が，不利益を被る危険を懸念することなく，違

法または不適切な行為・情報開示に関する情報や真摯な疑念を伝えることができるよう，また，伝えられた情報や疑念が客観的に検証され適切に活用されるよう，内部通報に係る適切な体制整備を行うべきである。取締役会は，こうした体制整備を実現する責務を負うとともに，その運用状況を監督すべきである（東京証券取引所 2021, 原則 2-5）。

　公益通報者保護法が 2004 年に成立し，2006 年 4 月から施行され，2022 年 6 月から改正法が施行された。

　内部通報制度は，従業員等が，企業内で不正な経理処理，不適切な支出，不適切な取引，法令に違反する行為，パワー・ハラスメントやセクシャル・ハラスメント，コンプライアンス違反などの不適切な動きを知った時に，経営者や自分の報告ラインではない第三者に対して通報ができる仕組みのことである。企業によって，いろいろな取り組みを行っている。

　たとえば，（1）人事部，内部監査室などの企業内の独立した部署が作る通報窓口を設置する，（2）社外監査役を通報窓口とする，（3）社外取締役・監査役を窓口とする，（4）社外顧問弁護士を窓口にする，（5）第三者の通報窓口運営会社を窓口にする，（6）業務上の内部通報と企業内のコンプライアンス違反の通報とを分ける，（7）これらの幾つかの組み合わせを実施する，など，企業は，いろいろな手段を講じている。これらは，会計不正や企業不祥事を発生させないための抑止力として機能すると同時に，会計不正や企業不祥事の早期発見にも役立つ仕組みである。

　ただ，今の日本ではこれらの内部通報制度が十分に機能しているとは言い難い。大きな会計不正，企業不祥事を起こしたケースでも，企業の第三者委員会の調査報告書で内部通報がもっと効果的に機能していれば，傷が深くなる前に対処できたのではないか，と指摘されていることが多い。

　また，内部通報をすることにより，将来自身が不利益を被ることを恐れて通報しなかったというケースも多々ある。企業の内部通報制度の目的は期待されているほど，機能していなかったところが多かったと言わざるを得ない。2022 年の改正法の中では，企業に対して通報窓口の設置義務，通報があった際に情報の関係部署への共有禁止，組織長から独立した調査の義務，是正措置の実施などが企業に義務化された。また，通報者の保護強化のために通報者が不利益を受けた場合の企業へのペナルティーの明確化，通報者探索禁止なども記載されている。さらに，取締役の通報に関して，取締役の案

件としての取り上げ，取締役自身から通報が可能になるなど，改善もなされ，内部通報がしやすい環境が少し進んだと思われる。

　ただ，この内部通報制度が本当に機能するのかどうかは，経営者の関与が重要であり，内部通報制度が将来的に，「会計不正および企業不祥事の早期発見」だけではなく，「会計不正および企業不祥事発生の抑止力」になることを期待する。

3.4.7　内部統制報告制度

　日本では，ライブドアやカネボウ事件で監査法人の不祥事，企業の会計不正が露呈したことを受けて，2005 年 6 月の会社法によって，企業の業務全般に対して，内部統制システムを整備・運用することが明確にされ，2006 年 6 月の金融商品取引法成立により，上場企業を対象に内部統制報告制度が義務づけられた。2000 年代初めに起こったエンロン社（Enron）やワールド・コム社（WorldCom）の大型の会計不正で大きく失墜した証券市場の信用を回復させることを目的として，2002 年 7 月に制定されたサーベンス・オクスリー法（Sarbanes-Oxley Act of 2002：SOX 法）が日本の内部統制報告制度の参考となっている。金融商品取引法は，一般に日本版 SOX 法あるいは J-SOX 法と呼ばれ，内部統制報告書の提出が義務づけられている。2009 年 3 月期から本格稼働した金融商品取引法において，内部統制の整備状況や有効性を評価した「内部統制報告書」を経営者が「文書化」することが義務づけられ，この内部統制報告書を基に，公認会計士が会計監査の手順を策定して監査を実施することになった。要するに，企業内の業務の統制環境プロセスが，財務報告の正確性を担保していることを文書化し，それをもとに会計監査人が監査を行うということになった。

　内部統制報告書の中では，（1）業務の有効性・効率性，（2）財務報告の信頼性（財務諸表に重要な影響をおよぼす可能性がある情報について，その信頼性を担保されていること），（3）事業活動に関わる法令，会計基準，各社の倫理綱領，前述の RASIC などの業務ガイドラインを順守していること，（4）会社の資産の取得，その使用，処分などが社内の正当な手続き・承認の下で行われ資産の保全がされていること，などが明記されていることが求められる。

　ただ，J-SOX 法とても万能薬ではなく，この実施の後にも企業の会計不正・企業不祥事は後を絶たない。J-SOX 法が施行されたころには，上場企

業に緊張感がみなぎり，全社を挙げて内部統制環境の整備に乗り出したが，時間が経つにつれ形骸化する部分も出てきてしまっているのが実情ではないだろうか。企業内の統制環境のモニタリングを強化すること，自部署のことだけではなく隣の部署の状況もモニターしあうような相互監視の仕組みなどを導入して，緊張感を引き続き持って経営を行うことが必要になる。

　企業会計審議会内部統制部会（2019）は，内部統制には下記のような 4 つの限界があると指摘している。第 1 に，経営者が不当な目的のために内部統制を無視ないし無効ならしめることがある。第 2 に，判断の誤り，不注意，複数の担当者による共謀によって有効に機能しなくなる場合がある。第 3 に，当初想定していなかった組織内外の環境の変化や非定型的な取引等には，必ずしも対応しない場合がある。第 4 に，内部統制の整備および運用に際しては，費用と便益と比較衡量が求められる。これらを克服するような統制環境の改善や改定を引き続き行っていくことも，今後内部統制が会計不正や企業不祥事が起きないようにするための重要な課題である。

3.4.8　コーポレートガバナンス体制の構築と改善

　企業にとってより適切なコーポレートガバナンス体制を敷くことは，ガバナンス責任者としての大きな責務となる。上記 3 節で日本のコーポレートガバナンス体制の歴史的な流れを説明したが，2021 年 6 月 11 日に発表された改定コーポレートガバナンス・コードに沿って，ガバナンス責任者として，どのような体制を構築すべきか，またその課題なども含め，機関設計について触れてみたい。

　ガバナンス体制構築にあたって，まずは自社に適切な機関設計を選ぶ必要がある。現在の会社法で認められている形式は，監査役会設置会社，監査等委員会設置会社，指名委員会等設置会社および任意の報酬委員会，指名委員会を設置する監査役会設置会社の 4 つの形式である。どの形をとるかは，各社の実情やニーズに合わせて選択することになる。

　2021 年度の統計では，監査役会設置会社が 62.6%，監査等委員会設置会社が 34.2%，指名委員会等設置会社はわずか 3.2%（当時の東証 1 部上場企業）となっている（日本取締役協会 2021）。このうち，指名委員会等設置会社は数こそ少ないが，「コーポレートガバナンスの最も重要な事項の一つは，社長の後継者指名が社長以外の第三者によってなされることである」という観点からすれば，最も適切なガバナンス体制といえよう。

　監査等委員会設置会社では，基本的には従来の監査役の機能を取締役（監査等委員）が担うことになる。この取締役（監査等委員）は取締役会での議決に参加できる，監査委員個別に意見陳述ができる，取締役の監査のみならず監督を期待されるなど，いくつか違った機能を有する。詳細はここでは触れないが，社外取締役の人数を少なく済ませることができるなどの実務上の利点から，社外取締役・監査役を選定することが困難な会社などに採用される傾向もあり，この形態が導入された 2015 年には上場会社全体の 5.9% であったものが，年々増加して 6 年後の 2021 年には約 6 倍の会社が採用している。現状では，従来からの監査役会設置会社が主流ではあるが，今後は監査等委員会設置会社，もしくは指名委員会等設置会社に移行していく企業が増えていくものと考える。機関設計は，各企業の置かれた状況・特性などを考慮した上で，慎重に決定していくべきである。

　機関設計を選択した後，あるいは検討中に並行して，社外取締役の選定を

図表 3-2　企業における会計不正および企業不祥事の防止と発生後の対処

発生防止のために	早期発見のために
社内ルールの整備 社内権限責任規定（RASIC）の整備 コンプライアンス体制の整備 リスクマネジメント体制の整備 （3 ラインディフェンス） 子会社・関係会社管理体制の整備 内部通報制度の整備 内部監査室 会計監査人監査 監査役監査 （三様監査） コーポレートガバナンス体制の確立 企業文化の醸成	内部監査室報告 会計監査人との議論 監査役（監査等委員） 情報の非対称の回避 内実充の度制報通部
	発見されるケース
	内部告発 社外からの通報 客先・取引先からのクレーム マスコミ報道 政府機関の検査

⇩ ⇩ ⇩

発覚後の調査・対処	公表
実態の社内調査 内部監査室の活用 第三者委員会の設置・調査 監査法人の調査 当局の立入検査 ⇩ 原因究明 責任の所在（責任者処分） 再発防止策の策定 訴訟（刑事・民事）	社内公表 社外・市場への開示 当局への報告 カウンターパートへの報告 ⇩ 原因の特定・説明 責任の所在 再発防止策の説明

出所：筆者が作成した。

行う必要がある。ガバナンス強化の観点から，改定コーポレートガバナンス・コード原則 4-8 は独立社外取締役を導入するよう求めており，その人数は，プライム市場上場の企業では全取締役の 3 分の 1 以上，その他の市場では 2 名以上と定めている（東京証券取引所 2021,18）。また，監査役会設置会社においては，監査役は，3 名以上で，そのうち半数以上は社外監査役である必要がある（会社法 335 条 3 項）。これらの要求に基づき，ジェンダー，国際性，職歴，年齢などの面から適切な経験と人数規模を両立させるという，極めて難しい人選を進めていくことになる。

3.4.9　会計不正・不祥事を防ぐための手段のまとめ

　ここまで，企業のガバナンス責任者として会計不正や企業不祥事を防止する手立て，および不正が発生した場合に早期発見をするための手立てについて述べてきた。図表 3-2 は，企業における会計不正および不祥事の防止と発生後の対処をまとめたものである。万が一，不正が発見された場合に重要な点は，発見後の調査，不正に対する対処の決定，必要に応じて対外公表を行うことである。これらも図表 3-2 に含めている。

3.5.　コーポレートガバナンス体制と会計不正

　さて，前節で述べた内容に従って企業内のガバナンス体制を確立し，コーポレートガバナンス・コードに従ったコーポレートガバナンス体制を設定すれば，会計不正や企業不祥事の発生を防ぐことができるのであろうか。この課題はそれほど簡単に解決できるものではなく，実際には各企業がいろいろな形で格闘しているといっても過言ではないと思われる。

　本節では，2019 年 1 月から 2021 年 12 月までの 3 年間の東京証券取引所の開示データから企業の不正および不祥事を調査する。対象は第三者委員会を設置してその報告書が開示されているもののみに限定し，調査の結果，3 年間合計で 163 件の企業不正案件が検出された。図表 3-3 は，それらを不正のカテゴリー別に分類したものを示している。

　調査対象期間は大手メーカーの検査不正が多く報告された時期にあたること，法令違反のほとんどが新規上場会社の金融商品取引法に不慣れなケースが多いことなどから，図表 3-3 から，検査不正・報告書改ざんや法令違反が多く報告されている。会計不正関連（過大請求なども含む），不適切取引に

図表 3-3　第三者委員会設置案件の分類（2019 年 1 月-2021 年 12 月）

(1)　不適切会計（会計不正）	53 件	(6)　不正受給・過大請求	11 件
(2)　横領	19 件	(7)　法令違反	19 件
(3)　架空取引・不適切取引	22 件	(8)　詐欺	2 件
(4)　贈賄・収賄	5 件	(9)　システム関連	2 件
(5)　検査不正・報告書改ざん	21 件	(10)　その他	9 件

出所：公表データに依拠して筆者が作成した。

関連するものという観点からみると，図表 3-3 から，(1) (2) (3) (6) の項目が該当し，合計で 105 件であり，全体の 64.4% にも上る。

　多くの会計不正の事案が報告されているというこの結果を踏まえると，本章第 3 節および第 4 節で示したように，企業内のコーポレートガバナンス体制の構築にあたっては，キャッシュ・フローの動きや取引の正常性などを監視することで会計不正を防止する体制をさらに強化し，常に体制・仕組みの改善し続けることが必要だと考える。

　国内の状況と比較して，米国の状況を見てみると，以下のような報告がある。

　　SOX 法の施行の後，監査人の監督機関である「公開会社会計監査委員会」（Public Company Accounting Oversight Board ; PCAOB）が創設され，独立社外取締役の独立性の要件を厳格化，独立役員のみにより構成される「監査委員会」，「指名／コーポレートガバナンス委員会」，「報酬委員会」の開催を義務付けている。こうした規制の強化により，アメリカでは不正会計の件数は大幅に減少している。(佐賀 2015, 140-141)

　これらをふまえると，日本のガバナンス体制には不正防止という観点から，改善の余地が多くあると考える。

3.6.　コーポレートガバナンス体制と会計不正の研究

　本節では，コーポレートガバナンス体制と会計不正発生に関する 2 つの研究を紹介する。増田（2015）は，2006 年から 2013 年までの間に開示書類の虚偽記載で課徴金を納付勧告された会社と取締役，社外取締役，監査役，社外監査役の人数などについて，データ分析を行い「社外取締役を 1 名あるい

は2名以上選任している場合でも，不正会計の防止に役立つとは言えない」
と示している。また，コーポレートガバナンス・コード原則4-11に記載の
ある「監査役には，適切な経験・能力及び必要な財務・会計・法務に関する
知識を有する者が選任されるべきであり，特に，財務・会計に関する十分な
知見を有しているものが1名以上選任されるべきである」についても，「専
門資格を有する社外監査役の人数を増やした場合や1名以上選任した場合で
あっても，不正会計の防止に役立つとは言えない」とし，原則4-11を積極
的に支持することはできないと結論づけている。

　柴野（2020）は，米国で発表された同種の研究を日本に転換して，コーポ
レートガバナンスと会計不正の関連性について研究結果を提示している。こ
の中で，不正のあった企業となかった企業のいろいろな項目（たとえば，監
査法人の規模，監査報酬，金融機関株主比率，法人株主比率，社外取締役比
率等など）との相関を調べている。この中でも，2つの仮説，「社外取締役
の取締役会に占める比率が増加すると，経営者が不正会計を行う可能性は低
くなる」および，「社外取締役の取締役会に占める比率が増加すると，経営
者以外が不正会計を行う可能性は低くなる」を検定したが，いずれの仮説も
分析結果からは支持されなかった。その理由として，「社外取締役が社内の
状況について十分な情報を有しておらず，情報の非対称性により不正を抑止
できない可能性があると考えられる」と示している。両研究とも，社外取締
役の増員が会計不正を抑制できるとは考えられないと結論づけている。コー
ポレートガバナンスは，財務情報を独立的に監視・監査できる米国における
「監査委員会」のような組織の構築が必要であると考えられる。

　第5節および第6節で検討したデータは，2021年6月にコーポレートガ
バナンス・コードが改定される前のものであるが，今回の改定で独立社外取
締役が増員され，会計不正が減少することにつながることを期待する。

3.7. 経営者の倫理的価値観と企業文化の醸成

　本章では，ガバナンス責任者として企業の健全な成長を期するために必要
な対応，今後も引き続き改善を求められる内容などについて述べてきた。こ
れらには，企業として会計不正や企業不祥事が発生することを未然に防止す
ること，もしこれらが発生したとしても傷の浅い段階で発見し適切な対応を
とることが含まれている。コーポレートガバナンス・コードは将来の企業成

長のために，取締役会はもっとサステイナビリティ，リスクテイクを積極的
に支える環境を作ることなど，「前向きな機能」を持つべきであると求めて
いるが，本節では，その企業成長を実現するための前提となる「守りの機
能」について述べる。

　なぜ会計不正が起こるのか，という問いに対し，守屋（2016）は以下のよ
うに述べている。

　　　不正会計を犯す誘因は業績が悪化した場合に，それをいかにして取り繕う
　　かという誘惑に負けた「経営者の焦り」にある。最近とくに問題視されてい
　　る企業経営の基礎的要請に「ROE 指標経営」と「業績連動型報酬制度」の導
　　入がある。これらの経営指標は経営者に企業努力を促し，業績向上を求める
　　ものであり「前向きな行動力学」が働く限り有用な経営行動指針である。し
　　かし，そこには不正会計の潜在的誘因が潜んでいることを十分に理解してお
　　かねばならない。（守屋 2016, 170）

　これは上で述べた「前向きな機能」と「守りの機能」の関係を端的に表し
ており，本節の要点でもある。

3.7.1　経営陣の倫理的価値観（tone at the top）と企業文化の醸成

　経営者の倫理観として重要な点は「不正・不適切なことをしない」，「虚偽
の開示はしない」の2つに凝縮されていると思われる。健全な会計方針の採
用，適切で効果的な会計システムの維持，財産の保全など，経営者として企
業内外に関与するのが，経営者の基本である。

　本章で述べたガバナンスの仕組みをいろいろと作り上げ，この基本を実行
していくことになるが，ただ，そこにはいろいろな誘惑が存在する。GAAP
の範囲内でのアーニングス・マネジメント（earnings management），会計
基準の変更（米国基準や国際財務報告基準の導入による時価会計の導入，の
れんの処理，減損損失の計上など）などにより，業績の悪化を隠ぺいできる
ようなファクターなどが存在する。経営者が tone at the top（経営陣が共有
する倫理的価値観）を設定すれば，これらを企業内で議論し，企業内外に
オープンに意見交換ができる企業文化を醸成していくことが不正・不適切の
防止に大きく役に立つと考える。そして，tone at the top を設定する経営者
には Integrity，すなわち誠実さ，良心，高潔さが最も求められるのである
（Drucker 1954）。

3.7.2　仕組みの継続的な改善

　本章で述べた各種の仕組みのどれも完全なものではなく，それぞれに運営上の課題を抱えていることは言うまでもない。各企業が，企業内でこれらの改善を継続的に図っていくことが求められる。ここで，企業内の仕組みにおける重要な事項を示しておく。

(1)　**数値目標の設定と達成度**：事業計画策定に際して，経営者からの，どう見ても実現不可能な数値の押し付けなどが不正・不祥事の原因になったケースが多くみられる。目標達成を強制する経営者の焦りが無理難題を生み，それが不正につながるという構図である。これらは前述のような，オープンに議論ができる企業文化が醸成されていれば回避できる。

(2)　**内部統制の仕組み**：内部統制システムは一度ででき上がるものではないことを理解し，事業の進捗や組織変更などに合わせて，継続的に見直していく必要がある。このシステムを形骸化させてしまい，文書だけ作ればいいというような風潮の蔓延をけっして許してはならない。その対策として有効なのは，部門間での相互監視を入れておくことである。

(3)　**取締役会の運営方針**：コーポレートガバナンス・コードに沿って取締役会の体制ができたとしても，その運営方針または企業側の姿勢により，その機能が発揮されるかどうか大きく変わってくる。

　運営方針を立案し，実際に運用するに際して重要な事項を挙げると，一つは「声を出す社外取締役」，「声を出す社外監査役」を採用することである。社外取締役が全く発言しないような，旧態依然とした取締役会では期待される機能を果たさない。もう一つは，社外取締役に対して積極的な情報提供を行うことである。過去に起きた会計不正・企業不祥事などの事例をみると，問題になった事案の情報が社外取締役には全く伝達されていなかったというケースも多々ある。社内取締役と社外取締役の間で「情報の非対称性」を起こさないことが大切である。この2点に留意していただきたい。

(4)　**監査制度**

　会計監査人には会計プロフェッショナルとしての監査が期待されるが，企業側の対応によっては適正な監査ができなくなることがある。企業内に隠ぺい体質はないかどうかをいま一度精査すべきである。

　内部監査室，監査役監査については，基本的な設計として，「性善説の監査」あるいは「性悪説の監査」を実施するのかが大きなポイントになる。かつての日本では，性善説を立脚して実施するのが一般的であったが，現在は

米国式の性悪説的な要素を含めた監査も必要だと思われる。

3.8.　おわりに

　本章では，企業のガバナンス責任者として対応すべき点および心がける点について述べてきた。ガバナンス体制の構築には一つの正解があるわけではなく，各企業のおかれている状況，将来の目指す姿などいろいろな要因をよく考えた上で作り上げていくことが重要である。さらに重要なのは，作り上げたその体制を，時事刻々と変化する経営環境に応じて改善，改革，改変し続けていくことだと考える。適切なガバナンス体制の構築を通して理想的な企業文化が醸成され，それが本章で課題とした会計不正および企業不祥事の撲滅に繋がっていくことを期待する。

（荻野好正）

〈注〉
1　会計不正の定義については第 1 章を参照されたい。
2　企業不祥事の定義は，企業にとって重大な損失を発生させる可能性のある企業経営上の事故または事件とする。
3　東京証券取引所（2021）.
4　COSO とは，「Committee of Sponsoring Organizations of the Treadway Commission」の略。米国で設立されたトレッドウェイ委員会組織委員会のこと。企業オペレーションの倫理観を高めること，内部統制の実施，企業統治などを目的としている。米国での企業破綻が相次いだ 1980 代から検討され，内部統制とその枠組みが課題となっていたとき策定された。COSO フレームワークは，内部統制のフレームワークで，世界標準となっている。
5　2017 年の改定では，非財務の構成要素として，「ガバナンスとカルチャー」という項目も追加され，企業内での不正・不祥事に対する重要性も認識すべきとのモデルとなった。

〈参考文献〉
企業会計審議会内部統制部会. 2019. 『財務報告に係る内部統制の評価及び監査の基準のあり方について』2019-12-08。
　　https://www.fsa.go.jp/news/newsj/17/singi/f-20051208-2.pdf
佐賀孝雄. 2015. 「東芝の不正会計問題とコーポレート・ガバナンス改革」『証券レビュー』55(10)：127-143。
柴野良美. 2020. 「不正会計とコーポレートガバナンス」『早稲田大学大学院 法学研究科博士論文』。
東京証券取引所. 2021. 『コーポレートガバナンス・コード』2021-06-11。
日本取締役協会. 2021. 『上場企業のコーポレート・ガバナンス調査』2021-08-01。

　　https://www.jacd.jp/news/opinion/cgreport.pdf
日本内部監査協会．2018．『内部監査基準』。
増田友樹．2015．「不正会計とコーポレート・ガバナンスに関する実証分析」『同志社法
　　学』67（3）：1-33。
守屋俊晴．2016．『不正会計と経営者責任』創成社。
Drucker, P. F. 1954. *The Practice of Management*, Harper & Row.

第4章

非営利組織における不正

4.1. はじめに

　本章では，非営利組織の会計不正に関する理論および会計不正に関する実例について，非営利組織の中でも社会福祉法人に焦点を合わせて説明する。本章が社会福祉法人に着目するのは，人口の高齢化等に伴い，社会福祉法人によるサービスが行われている社会福祉分野の財政的な規模が大きくなってきているという事情があるためである。たとえば，社会福祉法人の提供するサービスの1つである介護保険の総費用は，介護保険発足当初の2000年度には3.6兆円であったのに対して，2018年度には11.0兆円にまで増加している（厚生労働省老健局 2021, 17）。このような中で，社会福祉法人が取り扱う資金の額が増えるとともに，会計不正もより多く行われるようになっている可能性がある。

　しかも，上記の介護保険の例のように，そのサービス費用の多くは，税金や社会保険料で賄われているという状況がある。後に紹介する，A社会福祉法人第三者委員会調査報告書に記述されているように，非営利組織の1つである「社会福祉法人の運営が自治体からの公金である補助金により成り立っているとの認識」（A社会福祉法人第三者委員会 2018, 62）の下，その会計不正に対しては厳しい姿勢で臨んでいく必要がある。

　そこで，以下では，まず，日本の非営利組織における会計不正に関する理論について，社会福祉法人に焦点を合わせて示すとともに，参考として，米国の非営利組織における会計不正に関する理論を示すことにする。その後，日本の非営利組織における会計不正に関する実例について，第三者委員会の調査報告書などに依拠して解説する。

4.2.　日本の非営利組織における会計不正に関する理論

　本章では，非営利組織を，営利を主目的としない民間の組織と定義する（田尾・吉田 2009, 1）。非営利組織は，営利を主目的としないのであれば，利益を上げるようにプレッシャーがかかることもなく，会計不正が起こることもないようにも思われる。しかしながら，実際には，このような非営利組織においても，不正は存在する。日本公認会計士協会は，2010 年に『経営研究調査会研究報告第 43 号　非営利組織の不正調査に関する公表事例の分析』を公表している。その中では，分析対象団体 30 団体を選定し，不正の実態や不正調査の実施状況における各種論点に関して集計を行っている（日本公認会計士協会 2010, 1）[1]。そして，同分析には，「不正の一般的な発生要因は，①動機・プレッシャー，②機会，③姿勢・正当化の三つに大別される。」との記述がある（日本公認会計士協会 2010, 24）。

　これは，Cressey（1953）によって提唱された不正のトライアングル理論に依拠しているものと考えられる。日本公認会計士協会は，『非営利法人委員会研究報告第 19 号　監査基準委員会報告書 240「財務諸表監査における不正」を社会福祉法人監査に適用するに当たっての留意点』（以下「研究報告第 19 号」という。）において，社会福祉法人における会計不正について詳述している。そこで，本章では，研究報告第 19 号の内容を紹介することにより，日本の非営利組織の中でも社会福祉法人における会計不正に関する理論について分析を加えていくこととしたい。

4.2.1　研究報告第 19 号の構成

　研究報告第 19 号は，「はじめに」に続き，「1.　社会福祉法人におけるガバナンス等の特徴と不正」「2.　社会福祉法人で発生し得る不正」「3.　不正な財務報告による虚偽表示に関する要因」「4.　資産の流用による虚偽表示に関する要因」「5.　リスク評価手続」「6.　収益認識における不正リスク」「7.　評価した不正による重要な虚偽表示リスクへの対応手続」「8.　理事者による内部統制の無効化に関係したリスク対応手続」「9.　理事者確認書」および「（付録）資産の流用に関する不正リスクと，対応する内部統制の例示」から成り立っている（日本公認会計士協会 2008）。

　このうち，本章においては，社会福祉法人における会計不正に関する理論に関係する，「はじめに」から「4.　資産の流用による虚偽表示に関する要

因」までの内容を紹介する。

4.2.2　研究報告第 19 号の目的

　研究報告第 19 号は，「はじめに」において，その目的について，「重要な虚偽表示の原因となる不正については社会福祉法人特有の問題が存在すると考えられる中，社会福祉法人のガバナンスの特徴を明らかにし，起こり得る不正の特徴を分析するとともに不正リスクを例示し，更に社会福祉法人に特有なリスク評価手続を示すことによって，社会福祉法人監査の実務におけるリスクアプローチに基づく監査証拠の入手及び文書化の参考に供すること」と説明している（日本公認会計士協会 2008, 1）。

4.2.3　社会福祉法人におけるガバナンス等の特徴と不正

　研究報告第 19 号は，「1.　社会福祉法人におけるガバナンス等の特徴と不正」において，社会福祉法人におけるガバナンス等の特徴として，(1) 社会福祉法人と所轄庁との関係，(2) 社会福祉法人の収入の特殊性，(3) 社会福祉法人の機関の特徴，および (4) 社会福祉法人のガバナンス機能が果たされない場合，の 4 つを挙げている。

　(1) 社会福祉法人と所轄庁との関係について，研究報告第 19 号は，「社会福祉法人とは，社会福祉法（昭和 26 年法律第 45 号。以下「法」という。）に基づき，所轄庁の認可を得て社会福祉事業を実施するために設立された法人である。所轄庁は，社会福祉法人の業務及び財産の状況を検査する権限を有しており，法人運営に適正を欠く場合は，期限を定めてその改善のために必要な措置をとるべき旨勧告することができ，期限内に従わなかったときは，その旨を公表することができる。また，勧告に従わない場合は，役員（理事，監事）の解職勧告をすることができ，更に正当な理由がないのに当該勧告に係る措置をとらなかったときは，当該勧告に係る措置をとるべき旨命令することができる。命令に従わないときは，期限を定めて業務の全部又は一部の停止を命じることができる他，他の方法により監督の目的を達することができないときは，解散命令を発することができるとされている。」と説明している（日本公認会計士協会 2008, 1-2）。

　(2) 社会福祉法人の収入の特殊性について，研究報告第 19 号は，「社会福祉法人では，建物や主要な設備等の取得の際に補助金等が支給されることが多いが，この補助金受給に不正があると，補助金等に係る予算の執行の適正

化に関する法律（昭和 30 年法律第 179 号）による罰則を受ける場合がある。また，社会福祉事業において，例えば，介護保険事業を行う法人は，事前に所轄庁の事業者指定を受けなければならない。介護保険事業の実施に当たっては，施設基準や人員配置基準があり，この基準を満たさずに介護報酬の給付を受けると，いわゆる不正受給となり，給付金の返還又は「事業所連座制」により法人が運営する他の介護保険事業所の指定も更新できないなどの行政処分を受け，事業の存続が困難となる場合もある。」と説明している（日本公認会計士協会 2008, 2）。

　（3）社会福祉法人の機関の特徴について，研究報告第 19 号は，①評議員として，理事の員数を超える人数を置かなければならないこと，②評議員会は役員（理事・監事）と会計監査人の選任及び解任等を決議すること，③理事は 6 名以上で，そのうち理事長を 1 名選定すること，④理事会は重要な財産の処分及び譲受け等を決議すること，⑤監事は 2 名以上であり，計算書類等の監査等を行うこと，および⑥会計監査人は，一定の事業の規模を超える社会福祉法人については必置であることを説明している（日本公認会計士協会 2008, 2-3）。

　（4）社会福祉法人のガバナンス機能が果たされない場合として，研究報告第 19 号は，「①評議員会や理事会の議事が形式化し審議が十分に行われていない。②理事長の業務実績が少ない。③理事長又は理事会と施設長の間のコミュニケーションが十分取られていない。④監事が非常勤のみであり，業務実績がほとんど認められない。⑤内部監査が実施されていない。⑥各種議事録及び資料類の保管・整理状況に不備があり，第三者からの確認が困難である。」の 6 つの実態があるとしている（日本公認会計士協会 2008, 4）。

4.2.4　社会福祉法人で発生し得る不正

　研究報告第 19 号は，日本公認会計士協会が 2011 年に発出した『監査基準委員会報告書 240「財務諸表監査における不正」』（以下「監査基準委員会報告書 240」という。）に従い，「2. 社会福祉法人で発生し得る不正」において，社会福祉法人で発生し得る不正（1）不正な財務報告と（2）資産の流用という観点から分類している。

　（1）不正な財務報告の例示として，研究報告第 19 号は，「①設置認可要件等をクリアするための法人の自己資金の過大表示，および②架空のサービス提供に基づく介護報酬の不正受給」の 2 つを挙げている。そして，①につい

ては，「計算関係書類及び財産目録の利用者を欺くために計算関係書類及び財産目録に意図的な虚偽表示を行う」こと自体が目的の場合であると，②については，「不当又は違法な利益を得るために」行われた結果として計算関係書類及び財産目録が虚偽表示となる場合，と分析している（日本公認会計士協会 2008, 4）。

　(2) 資産の流用の例示として，研究報告第 19 号は，「①現金回収や事業未収金の消し込みを利用した利用者負担金の流用，②入所者からの預り金の流用，③購買取引，建設工事取引に係るキックバックや理事者及びその近親者との取引を利用した資産の流用，および④寄附金，研修謝礼等の簿外処理による流用」の 4 つを挙げている（日本公認会計士協会 2008, 4-5）。

4.2.5　不正な財務報告による虚偽表示に関する要因

　監査基準委員会報告書 240 は，「不正リスク要因」について「不正を実行する動機やプレッシャーの存在を示す事象や状況，不正を実行する機会を与える事象や状況，又は不正行為に対する姿勢や不正行為を正当化する状況をいう。」と定義する（日本公認会計士協会 2011, 3）。そこで，研究報告第 19 号においては，この定義に従い，「3. 不正な財務報告による虚偽表示に関する要因」において，社会福祉法人における不正な財務報告による虚偽表示に関する要因を検討する際に，特に留意すべき事象・状況について，「動機・プレッシャー」，「機会」，「姿勢・正当化」の 3 つに分けて示している（日本公認会計士協会 2008, 5-8）。

　(1) 動機・プレッシャーの要因となるものとして，研究報告第 19 号は，①認可取消し等の回避，②収入の確保，③銀行からの資金調達の確保，④資金の使途制限，⑤資金の弾力運用・繰入れ，⑥受託事業，および⑦社会福祉充実計画の 7 つを挙げている（日本公認会計士協会 2008, 5-7）。このうち，⑦社会福祉充実計画は社会福祉法人に特有の要因であるが，これについて，研究報告第 19 号は，「社会福祉法人は，保有する財産から事業継続に必要な資産を控除した場合に，なお一定の財産が生じる場合には社会福祉充実残額を算定し，これを社会福祉事業等に計画的に再投資する必要がある。社会福祉充実残額は，貸借対照表の資産の部合計から，負債の部合計，基本金及び国庫補助金等特別積立金を差し引いた額を基礎として，更に社会福祉法に基づく事業に活用している不動産等の額等を控除するなど，毎年度の財務報告を基礎としている。社会福祉充実計画による再投資によって財産が法人外へ

資金流出することを避けようとして，架空の事業用資産の計上や過大な負債計上を行うなど，不正な財務報告を行うおそれがある。」と説明している（日本公認会計士協会 2008, 7）。

　(2)　機会の要因となるものとして，研究報告第 19 号は，①特定の理事者への権限集中，②理事会等の機能，および③法人の規模の 3 つを挙げている（日本公認会計士協会 2008, 7）。①特定の理事者への権限集中については，「社会福祉法人は財団に近い組織形態であるが，法人の設立時の寄附者及びその関係者が理事者になっていることがあり，そのような法人では特定の理事者に権限が集中する場合がある。特定の理事者の権限が過大となった場合，理事会，監事及び評議員会による監視活動が有効に機能しないおそれがある。」と説明されている（日本公認会計士協会 2008, 7）。②理事会等の機能については，「施設長を除き，常勤役員がいない法人もあり，また，理事会の開催回数が少ない，監事が非常勤で無報酬，といった法人もある。そのような法人では理事会，監事による監視活動が有効に機能しないおそれがある。」と説明されている（日本公認会計士協会 2008, 7）。そして，③法人の規模については，「社会福祉法人は比較的小規模な法人であることが多いが，小規模な法人で役職員に同族者が多い場合は，特に理事者又は同族の役職員が内部統制を無効化し，人的統制が有効に機能しないおそれがある。」と説明されている（日本公認会計士協会 2008, 7）。

　(3)　姿勢・正当化の要因となるものとして，研究報告第 19 号は，理事者の福祉に対する理念・使命感を挙げている（日本公認会計士協会 2008, 7）。これについては，「社会福祉法人の理事者の多くは，高齢者，障害者等社会的弱者に対し福祉サービスを提供することに強い使命感を感じている。そのため，ボランティア精神が強く採算が取れない事業であっても，需要があれば福祉サービスを提供しようとする場合もあり，赤字事業を継続する結果，財務体質がぜい弱になるおそれがある。また，理事者は福祉サービスを幅広く提供することに強い意欲を持つ場合が多く，そのため自己資金の不足を招く状況であっても補助を受け施設整備を進めるということもある。理事者のこうした姿勢が法人の資金状況，財政状態の悪化を招き，動機・プレッシャーにつながるおそれがあるとともに，不正な財務報告を行ってでも社会福祉事業への使命感を充足しようとするおそれがある。」と説明されている（日本公認会計士協会 2008, 7-8）。

4.2.6　資産の流用による虚偽表示に関する要因

　研究報告第19号においては，「4. 資産の流用による虚偽表示に関する要因」において，資産の流用による虚偽表示に関する要因についても，不正な財務報告による虚偽表示に関する要因と同様に，「動機・プレッシャー」，「機会」，「姿勢・正当化」に分類し検討している（日本公認会計士協会 2008, 8-9）。

　(1) 動機・プレッシャーについては，「理事者や職員に個人的な債務がある場合には，個人の借入金の担保に社会福祉法人の資産を提供する，理事者が支配している建設会社と工事費の水増し契約を行う，といったように資産を流用する動機・プレッシャーが生ずる。なお，特に理事者については，法人設立時や施設創設時等に法人に対して寄附を行うことがあるが，その資金を個人としての借入れによって調達した結果として，個人債務が存在する場合もあることに留意する。」と説明されている（日本公認会計士協会 2008, 8）。

　(2) 機会については，①不適切な内部統制，②専門的知識の不足，および，③不十分な監視活動がその要因となるとする（日本公認会計士協会 2008, 8）。①不適切な内部統制については，「社会福祉法人においては，福祉サービスの現場を重視する余り，内部統制が十分でない場合もあるが，職務の分離又は牽制が不十分である，資産を管理する職員に対し理事者が適切な監視をしていない，理事者又は職員の旅費などの精算に関して監視が不十分である，といったように資産に対する内部統制が不適切な場合には，資産の流用の可能性が増大する。」と説明されている（日本公認会計士協会 2008, 8）。②専門的知識の不足については，「ITに関する理事者の理解が不十分なため，IT担当者による資産の流用が可能な状況にあるといったように，理事者等に，特殊な分野に対する専門的知識が不足するために管理が不十分であると，資産の流用の可能性が増大する。」と説明されている（日本公認会計士協会 2008, 8）。そして，③不十分な監視活動については，「法人内で特定の理事者に権限が集中し，当該理事者以外の者が意見し難い環境の場合，理事会や監事，評議員会の監視活動が有効に機能せず，資産の流用の可能性が増大する。」と説明されている（日本公認会計士協会 2008, 8）。

　(3) 姿勢・正当化については，①内部統制の軽視，および，②職員の処遇に対する不満がその要因となるとする（日本公認会計士協会 2008, 8-9）。①内部統制の軽視については，「理事者が資産の流用を防止するための内部統

制を無効化する，又は内部統制の不備を是正しようとしない場合，資産の流用の可能性が増大する。」と説明されている（日本公認会計士協会 2008, 8-9）。そして，②職員の処遇に対する不満については，「社会福祉法人の職員は，厳しい職務内容に比して報酬等の処遇面で十分とは言えない場合も多く，それが職員の法人への不満につながり，資産の流用の可能性が増大する。」と説明されている（日本公認会計士協会 2008, 9）。

4.2.7　（参考）米国の非営利組織における会計不正に関する理論

　これまで，日本の非営利組織の 1 つである社会福祉法人における会計不正に関する理論について検討を行ってきたが，ここでは，参考として，米国の非営利組織における会計不正に関する理論を考察していくこととする。

　米国公認会計士協会（AICPA）が発出した監査基準の中に，AU-C Section 240 "Consideration of Fraud in a Financial Statement Audit"（財務諸表監査における不正への考慮）が存在するが，そちらにおいて，会計不正に関する言及がある。

　まず，不正の特徴について，次のような記述がある（AICPA 2012）。

　　　不正は，不正な財務報告であるにせよ，資産の流用であるにせよ，以下に掲げるような，不正を行うインセンティブまたはプレッシャー，不正を行うことができると気づく機会，およびその行動についてのある程度の合理化を含むものである（AICPA 2012, par. A1）。

　次に，インセンティブまたはプレッシャーについて，次のような記述がある（AICPA 2012）。

　　　不正な財務報告を行うインセンティブまたはプレッシャーは，特に財政的な目標を達成できなかったことにより経営陣にもたらされる結果が重大であるがゆえに，経営陣が，期待される（そしておそらくは非現実的な）利益目標または財政的結果を実現することについて，組織外部または内部からプレッシャーを受けているときに存在するかもしれない。同じく，個人は（たとえば，自らの収入を超える生活をしている場合）資産を流用するインセンティブを有するかもしれない（AICPA 2012, par. A1）。

機会については，次のような記述がある（AICPA 2012）。

> 不正を行うことができると気づく機会は，（たとえば，個人が信頼されるべき地位にあるか，特定の内部統制の欠陥に関する知識を有しているかにより）個人が内部統制を無力化することができると信じている場合に存在するかもしれない（AICPA 2012, par. A1）。

合理化については，次のような記述がある（AICPA 2012）。

> 個人は，不正の行動を行うことについて正当化するかもしれない。個人の中には，自らが知りながら意図的に正直ではない行動を行うことを許容するような態度，性格，または一連の倫理的価値を有する者もいる。しかし，そうでなくても，正直な者は，十分なプレッシャーがある環境の下では不正を行い得る（AICPA 2012, par. A1）。

また，政府組織および非営利組織に特有の考慮について，次のような記述がある（AICPA 2012）。

> 政府組織および非営利組織の監査人は，・政府組織および非営利組織に適用される法律規則に従った監査を行うことに従事する結果として，・政府監査組織の権限ゆえに，または，・政府監査基準に従う必要性から，不正に関連して追加の責任を負うかもしれない。
>
> 結果として，政府組織および非営利組織の監査人の責任は，財務諸表の重要な虚偽表示のリスクの考慮に限られず，不正のリスクを考慮するより広範な責任を含むかもしれない（AICPA 2012, par. A8）。

4.2.8　非営利組織における会計不正に関する理論に関するまとめ

　上記においては，日本の非営利組織，特に社会福祉法人における会計不正に関する理論について検討してきた。また，参考として，米国の非営利組織における会計不正に関する理論を考察した。

　日本の非営利組織における財務報告不正については，研究報告第 19 号を示し，日本の非営利組織の会計不正に関するその文書の内容が，「動機・プレッシャー」，「機会」，「姿勢・正当化」という，不正のトライアングル理論

に立脚していることを示した。

　また，米国の非営利組織における会計不正についても，基本的には不正の
トライアングル理論に基づいているものと言えると考える。

4.3.｜日本の非営利組織における会計不正に関する実例

　第 2 節で検討してきた，日本の非営利組織における会計不正に関する理論
を踏まえ，日本の非営利組織における会計不正に関する実例を考察する。こ
こでは，非営利組織における会計不正として典型的であると思われるものと
して，A 社会福祉法人における不正の事例について取り上げることとする。
また，参考として，非営利組織における会計不正に関する裁判の先例として
の価値のあるものとして，B 社会福祉法人の事例について紹介することとす
る[2]。

4.3.1　A 社会福祉法人における不正に関する第三者委員会調査報告書
　ここでは，A 社会福祉法人における不正について，A 社会福祉法人第三
者委員会調査報告書に沿って，その内容を紹介する[3]。具体的には，まず，
A 社会福祉法人第三者委員会調査報告書に沿って事実関係を示した上で，
上記の社会福祉法人における会計不正に関する理論に従って，分析を行う。
　同第三者委員会は，A 社会福祉法人の所轄庁から，A 社会福祉法人に対
して，不正の原因調査とその分析について，A 社会福祉法人とは独立した
専門家らによる調査，例えば第三者委員会の設置などについて検討するよう
指示がなされたことから，A 社会福祉法人からの委任を受けて設置された
ものである（A 社会福祉法人第三者委員会 2018, 4）。
　同第三者委員会は，3 人の弁護士によって構成されたが，同第三者委員会
は，2 人の弁護士を補助者として選任した（A 社会福祉法人第三者委員会
2018, 4）。
　第三者委員会は，A 社会福祉法人の役員，職員，保護者，他の保育園経
営者へのヒアリング，関係書類の確認・検証，金融機関への照会等を実施し
た（A 社会福祉法人第三者委員会 2018, 5-7）。
　しかし，A 社会福祉法人には関わりたくないという理由でヒアリングを
拒否した関係者や時間的制約もあり実施対象から外さざるを得なかった関係
者がいたこと，また，ヒアリングを実施した施設長，職員の多くが，同第三

者委員会に積極的に協力し，ありのままの真実を包み隠さず述べているとは考えていないこと，時間的制約があり，関係者のパソコン等の解析は見送られたこと，さらに，ヒアリングをほぼ終えた段階で，同第三者委員会に対し非常に重要な情報が寄せられたが，時間的な制約から調査を完結することができなかったこと，等が調査の留意点等として記載されている（A社会福祉法人第三者委員会 2018, 8）。

4.3.2　A社会福祉法人の概要

　A社会福祉法人は，2001年に設立され，保育所の運営を事業目的としており，主たる事務所の所在する市町村内に，認可保育所5施設（C, D, E, F, G）および小規模保育事業所1施設（H）を運営している（A社会福祉法人第三者委員会 2018, 9）。

　初代理事長は前理事長の要請により理事長に就任したが，初代理事長は，2007年病気のため理事長を辞任し，同年から前理事長が理事長に就任した。前理事長は2017年11月までA社会福祉法人の理事長であり，F保育所の施設長を兼務していた（A社会福祉法人第三者委員会 2018, 9）。

　A社会福祉法人における前理事長親族の関与状況については，E保育所施設長は，前理事長の実の妹，D保育所施設長は，前理事長の長女，前理事長の二女である職員②[4]はG保育所の主任保育士，前理事長の姪である職員⑩は会計責任者，前理事長の甥である職員⑫が事務職員，前理事長の甥でありE保育所施設長の長男である職員⑬が保育補助，職員⑨及び職員⑮はいずれもD保育所施設長の高校時代の友人，と説明されている（A社会福祉法人第三者委員会 2018, 10）。

4.3.3　A社会福祉法人の運営する施設における不正
A社会福祉法人の運営する施設における不正　(1) 二重の支出

　所轄庁によるA社会福祉法人の運営する施設への特別監査指導において，2012年度から2016年度の支出で，物品を立て替え払いで購入した者が，同一の領収書を用いて異なる施設に請求し，それぞれの施設から現金の払い戻しを受けていたとの指摘があった（A社会福祉法人第三者委員会 2018, 10）。この二重請求は，同一領収書の首標部分と明細部分を切り取り，それぞれ別の施設に請求するという方法によるものと，同一の領収書を用いて別々の施設に請求するという方法によるものがあったとされ，いずれも前理

事長が A 社会福祉法人の各施設に請求し，支払いを受けたものであるとされる（A 社会福祉法人第三者委員会 2018, 10）。

　本来，1,000 円を超える立替金については，立て替え払いした職員が領収書を貼付した仕訳伝票を作成し，各施設の施設長および会計責任者が確認・承認し，その後，会計担当の職員が金融機関に対する払戻請求書を作成し，前理事長が同請求書に銀行の届出印（法人印）を押し，基本的に職員⑩が金融機関で払い戻し手続をし，立て替え払いした職員に立替金を支払い，立替金の返還を受けた職員が領収印を押すか，領収した日にちを手書きすることになっている（A 社会福祉法人第三者委員会 2018, 12）。

　一方，前理事長が立て替え払いをした場合は，以下のような精算方法がとられていたと認められるとする。即ち，前理事長が領収書を貼付した仕訳伝票を作成し，前理事長あるいは職員⑩が金融機関への払戻請求書を作成し，前理事長が同請求書に法人印を押し，職員⑩が金融機関で払い戻し手続をし，前理事長に立替金を支払うという手順がとられていた（A 社会福祉法人第三者委員会 2018, 12）。

　さらに，所轄庁は，指摘にかかる二重の支出以外の二重の支出についても調査を行うことを求めていたが，A 社会福祉法人第三者委員会調査報告書は，十分な調査・検討ができなかったとしている（A 社会福祉法人第三者委員会 2018, 15-16）。

A 社会福祉法人の運営する施設における不正　(2) 過剰な支出

　所轄庁による A 社会福祉法人の運営する施設への特別監査指導において，2016 年度の支出内容について，前理事長及び職員である前理事長の親族は，高額な移動手段を用いて遠方の研修に参加しその経費を保育所委託費から受領していたとの事実が判明したとされる（A 社会福祉法人第三者委員会 2018, 16）。

　この過剰な支出の原因として，A 社会福祉法人第三者委員会調査報告書は，前理事長の A 社会福祉法人の私物化，前理事長親族の公私混同が過剰な支出の原因であったと断じざるを得ないと指摘している（A 社会福祉法人第三者委員会 2018, 17）。

A 社会福祉法人の運営する施設における不正　(3) ずさんな現金管理

　A 社会福祉法人第三者委員会調査報告書によると，A 社会福祉法人が簿

外処理していた現金について，金融機関の前理事長個人名義の普通貯金及び
定期貯金の口座に入金されていたことが判明したとされる（A 社会福祉法
人第三者委員会 2018, 28）。

　A 社会福祉法人第三者委員会調査報告書は，前理事長の個人名義の口座
への入金行為は，A 社会福祉法人の経理規程に反するだけでなく，横領罪
に該当する可能性が極めて高いと指摘する（A 社会福祉法人第三者委員会
2018, 44）。

A 社会福祉法人の運営する施設における不正　（4）保護者からの徴収金

　A 社会福祉法人第三者委員会調査報告書によると，A 社会福祉法人は，
所轄庁から，各施設は，保護者から，おむつ代，DVD 代，諸費の名目で実
費徴収していたが，その現金が支払いに充てられることなく，簿外で管理さ
れていたこと，また，夕食代の名目で徴収した現金について，延長保育のガ
イドラインの額を超える額を保護者から徴収していたこと，を指摘されたと
される（A 社会福祉法人第三者委員会 2018, 44）。

　A 社会福祉法人は，前理事長の現金管理がずさんであったことを認め，
その理由として，前理事長が多忙であったため，日々の入金に手が回らな
かった旨弁明している。夕食代の名目で徴収した現金について，延長保育の
ガイドラインの額を超える額を保護者から徴収していた点も認めている（A
社会福祉法人第三者委員会 2018, 44）。

A 社会福祉法人の運営する施設における不正　（5）不適切な職員配置

　A 社会福祉法人第三者委員会調査報告書によると，H 小規模保育事業所
において，2016 年 11 月から 2017 年 6 月までの職員配置について，職員配
置を満たしていない時間帯が日常的にあることを確認し，施設長等へのヒア
リングにより，2016 年度を通じて施設長も含めて同様の状況だったことを
確認したとされる（A 社会福祉法人第三者委員会 2018, 45）。

　同報告書は，地域型保育給付における基本加算部分の 1 つである「管理者
設置加算」は，職員配置及び保育の実施状況に応じて上乗せして給付される
ものであるが，施設長が保育業務を兼務し，従事していた期間は「その管理
者が常時実際にその事業所の運営管理の業務に専従すること」を満たしてい
ないことになると指摘する（A 社会福祉法人第三者委員会 2018, 45）。そし
て，実際の原因は，前理事長がいずれの基準も満たさない事実を知りなが

ら，実情に見合わない給付を受領したことにあるとする（A 社会福祉法人第三者委員会 2018, 46）。

4.3.4　A 社会福祉法人における不正　理事会議事録等に関する問題点

　A 社会福祉法人第三者委員会調査報告書によると，2017 年 3 月 27 日理事会議事録について，欠席した理事が出席扱いとされていること（A 社会福祉法人第三者委員会 2018, 51），同日開催の評議員選任・解任委員会についても，委員会の出席者，討議時間等について議事録が正確に記載されているとは認められないこと，A 社会福祉法人においては，前理事長が理事や評議員候補者の印章を所持し，自由に印章を使える状態であったこと，理事や評議員候補者らが作成に関与していない辞任届や就任承諾書が作成されていた上，評議員就任を承諾していないにもかかわらず，承諾書に捺印され，それが所轄庁に提出されるなど，偽造された書類が使用されていたこと，議事録を確認していないのに議事録署名人として捺印がされたり，議事録記載のとおりの議事がされていないのに事実と異なる議事録が作成されたこと（A 社会福祉法人第三者委員会 2018, 52）が，所轄庁より指摘があった。

　A 社会福祉法人第三者委員会は，関係者へのヒアリング調査の結果，上記の指摘についてほぼ事実として認定しているが，承諾書の偽造については，断定できないとしている（A 社会福祉法人第三者委員会 2018, 58-60）。そして，議事録などに誤りがある原因は，A 社会福祉法人が理事等の役割や理事会を業務執行権限のある機関として全く尊重してこなかったことと，理事等役員の役割の認識欠如にあるとしている（A 社会福祉法人第三者委員会 2018, 60）。

4.3.5　A 社会福祉法人の運営する施設における不正に関する分析

　上記では，A 社会福祉法人の運営する施設や法人における不正について，その事実関係を明らかにした[5]が，ここでは，明らかになった事実関係について，日本の非営利組織における会計不正に関する理論に依拠して，分析する[6]。

　第 1 に，物品を立て替え払いで購入した前理事長が，同一の領収書を用いて異なる施設に請求し，それぞれの施設から現金の払い戻しを受けていたこと，すなわち二重の支出については，研究報告第 19 号「2. 社会福祉法人で発生し得る不正」における（2）資産の流用，に該当する。そして，その原

因として，通常の場合とは異なる精算方法がとられていたことについては，研究報告第19号「4. 資産の流用による虚偽表示に関する要因」における (2) 機会，①不適切な内部統制および③不十分な監視活動，に該当するものと考えられる。

　第2に，前理事長および職員である前理事長の親族が，高額な移動手段を用いて研修に参加し，その経費を保育所委託費から受領していたこと，すなわち過剰な支出については，研究報告第19号「2. 社会福祉法人で発生し得る不正」における (2) 資産の流用，に該当する。そして，その原因として，前理事長のA社会福祉法人の私物化，前理事長親族の公私混同が指摘されていることについては，研究報告第19号「4. 資産の流用による虚偽表示に関する要因」における (2) 機会，①不適切な内部統制および③不十分な監視活動，に該当するものと考えられる。

　第3に，A社会福祉法人が簿外処理していた現金について，金融機関の前理事長個人名義の普通貯金及び定期貯金の口座に入金されていたこと，すなわちずさんな現金管理については，研究報告第19号「2. 社会福祉法人で発生し得る不正」における (2) 資産の流用，に該当する。そして，A社会福祉法人第三者委員会調査報告書は，前理事長の個人名義の口座への入金行為は，A社会福祉法人の経理規程に反するだけでなく，横領罪に該当する可能性が極めて高いと指摘するが，そのようなことが可能になった原因としては，研究報告第19号「4. 資産の流用による虚偽表示に関する要因」の (2) 機会，①不適切な内部統制および③不十分な監視活動，が存在していたものと考えられる。

　第4に，A社会福祉法人の各施設が，保護者から，おむつ代，DVD代，諸費の名目で実費徴収していたが，その現金が支払いに充てられることなく，簿外で管理されていたこと，また，夕食代の名目で徴収した現金について，延長保育のガイドラインの額を超える額を保護者から徴収していたこと，すなわち保護者からの徴収金については，実費徴収された現金が簿外で管理されている点については，研究報告第19号「2. 社会福祉法人で発生し得る不正」における (2) 資産の流用，に該当し，また，延長保育のガイドラインの額を超える額を保護者から徴収していたことについては，研究報告第19号「2. 社会福祉法人で発生し得る不正」における (1) 不正な財務報告，に該当する。そして，その原因については，前理事長が多忙であったため，日々の入金に手が回らなかったことであるとすれば，それは，研究報告

図表 4-1　A 社会福祉法人における不正（まとめ）

不正の内容	不正の類型	不正の原因
二重の支出	資産の流用	(2) 機会 ①　不適切な内部統制 ③　不十分な監視活動
過剰な支出	資産の流用	(2) 機会 ①　不適切な内部統制 ③　不十分な監視活動
ずさんな現金管理	資産の流用	(2) 機会 ①　不適切な内部統制 ③　不十分な監視活動
保護者からの徴収金	資産の流用	(2) 機会 ①　不適切な内部統制 ③　不十分な監視活動
	不正な財務報告	(2) 機会 ①　特定の理事者への権限集中 ②　理事会等の機能 ③　法人の規模
不適切な職員配置	不正な財務報告	(2) 機会 ①　特定の理事者への権限集中 ②　理事会等の機能 ③　法人の規模

出所：A 社会福祉法人第三者委員会（2018）に依拠して筆者が作成した。

第 19 号「4. 資産の流用による虚偽表示に関する要因」の（2）機会，①不適切な内部統制および③不十分な監視活動，ならびに，研究報告第 19 号「3. 不正な財務報告による虚偽表示に関する要因」の（2）機会，①特定の理事者への権限集中，②理事会等の機能および③法人の規模，に該当するものと考えられる。

　第 5 に，H 小規模保育事業所において，職員配置を満たしていない時間帯が日常的にあったにもかかわらず，「管理者設置加算」を受領していたこと，すなわち不適切な職員配置については，研究報告第 19 号「2. 社会福祉法人で発生し得る不正」における（1）不正な財務報告，に該当する。そして，その原因が，前理事長がいずれの基準も満たさない事実を知りながら，実情に見合わない給付を受領したことにあることについては，研究報告第 19 号「3. 不正な財務報告による虚偽表示に関する要因」の（2）機会，①特定の理事者への権限集中，②理事会等の機能および③法人の規模，に該当

すると考えられる。

　図表 4-1 は，A 社会福祉法人における不正について，その類型および原因を示したものである。

4.3.6　A 社会福祉法人における不正に関するまとめ

　上記においては，A 社会福祉法人における不正について，A 社会福祉法人第三者委員会調査報告書に沿って事実関係を示した上で，社会福祉法人における会計不正に関する理論に従って，分析を行った。

　それによると，A 社会福祉法人における不正について，A 社会福祉法人第三者委員会調査報告書の記述に基づき，「機会」の存在はほぼ明らかにすることができた。しかし，「動機・プレッシャー」や「姿勢・正当化」については，行為者の主観面によるところが大きく，A 社会福祉法人第三者委員会調査報告書の記述によっては明らかにすることができなかった。

4.3.7　B 社会福祉法人における不正に関する裁判例

　次に，B 社会福祉法人における不正について，それに関連する裁判例の内容を紹介する。裁判所ホームページの「裁判例検索」(https://www.courts. go.jp/app/hanrei_jp/search1) の「総合検索」において，キーワード「社会福祉法人」を使用して裁判例を検索し，裁判例結果一覧に表示された裁判例のうち，社会福祉法人の不正案件として，不当利得返還等請求事件（大阪地裁平成 30（行ウ）第 4 号令和 2 年 8 月 12 日判決，以下「大阪地裁判決」という。）を取り上げることとする。こちらについては，不正に関する事実関係を紹介するとともに，法的な論点を紹介する。本来であれば，A 社会福祉法人における不正のように，社会福祉法人における会計不正に関する理論に従って，不正原因の分析を行うべきである。しかしながら，本裁判例は，第三者委員会報告書とは異なり，原因分析を行うものではないため，原因分析のために必要な情報を得ることができなかった。そこで，あくまで参考まで不正に関する事実関係を紹介するとともに，法的な論点を紹介する。

4.3.8　B 社会福祉法人における事案の要旨

　B 社会福祉法人における事案の要旨は，次のとおりである（大阪地裁判決）。

　地方公共団体である原告は，社会福祉法人である被告に対し，被告が運営

する認可保育所について，その保育に要する費用を支弁し，補助金を交付
し，また，保育士を派遣した。本件は，原告が，被告に対し，上記費用の支
弁及び補助金の交付について，その要件が欠けていたと主張して，運営費・
委託費，1 歳児保育特別対策費，および X 市[7]補助金等交付規則等に基づく
各補助金について，その返還及び利息等の支払を求めるとともに，合意に基
づき，派遣した保育士の人件費相当額の支払を求める事案である。

4.3.9　B 社会福祉法人の概要

　B 社会福祉法人は，保育所の経営を事業目的とする 2009 年設立の社会福
祉法人である。同法人は，2010 年 4 月 1 日以降，X 市長の認可を得て設置
した保育所である p 学園（以下「本件保育所」という。）を運営していた
が，2017 年 6 月 27 日付けで事業停止命令を受け，同年 12 月 27 日付けで認
可取消決定を受けたため，同法人の事業は停止状態にある（大阪地裁判決）。

4.3.10　B 社会福祉法人における事案に関する前提事実

　B 社会福祉法人の概要を除く，B 社会福祉法人における事案に関する前提
事実の概要は，次のとおりである（大阪地裁判決）。

ア　運営費・委託費の返還請求

a. 運営費の支払（2011 年度から 2014 年度まで）

　原告は，被告に対し，① 2011 年度から 2014 年度までの間，本件保育所に
保育を委託したことによる運営費について，各月初日に本件保育所の長に L
が設置されていることを前提とした所長設置保育単価を基礎に算出した額を
支払い，② 2012 年度には，入所児童（者）処遇特別加算もした額を支払っ
た。

　しかしながら，① L は，上記各年度において，被告の関連法人である学
校法人 q 学園が運営する幼稚園（以下「r 幼稚園」という。）に勤務してお
り，長として本件保育所に常時専従していなかったため，本件保育所は，運
営費について所長設置保育単価の適用を受ける要件に欠け，②本件保育所
は，2012 年度において本件職員配置基準を充足していなかったため，入所
児童（者）処遇特別加算の要件に欠けていた。

b. 委託費の支払（2015 年度及び 2016 年度）

　原告は，被告に対し，本件保育所に保育を委託したことによる委託費につ
いて，基本額に加えて，2015 年度及び 2016 年度に，①各月初日に本件保育

所の長にＬが設置されていることを前提とした所長設置加算，②３歳児配置改善加算を，また，2016年度に，③Ｍが主任保育士，Ｎが代替保育士として各配置されていることを前提とした主任保育士専任加算，④入所児童処遇特別加算を，さらに，2015年度及び2016年度に，⑤職員の平均勤続年数が７年であることを前提に加算率を12%とした処遇改善等加算を，それぞれ適用した額を支払った。

　しかしながら，本件保育所は，2015年度及び2016年度において，①所長設置加算につき，前記と同様にＬが長として本件保育所に常時専従しておらず，②３歳児配置改善加算につき，本件保育所の保育士として勤務していたとされる各保育士のうち一部の者が，r幼稚園の専任教員として勤務していたことなどにより，必要保育士数を充足していなかったため，いずれも加算要件に欠けており，また，2016年度において，③主任保育士専任加算につき，本件保育所の主任保育士及び代替保育士とされたＭ及びＮがr幼稚園の専任職員として「勤務して」[8]いたことなどにより，上記同様に必要保育士数を充足せず，④入所児童処遇特別加算につき，上記同様に必要保育士数を充足していなかったため，いずれも加算要件に欠けており，さらに，⑤同年度において，本件保育所の職員として認められる保育士等の平均勤続年数が６年であったため，処遇改善等加算で適用されるべき加算率は11%であり，11%で計算し直した場合の加算額と12%による計算で支払われた663万9,759円との差額は36万6,870円であった。

イ　１歳児保育特別対策費の返還請求

　原告は，被告に対し，１歳児保育特別対策費要綱に基づき，被告が請求した本件保育所に係る１歳児保育特別対策費として，2011年度に合計218万9,550円を，2012年度に合計88万9,760円を，それぞれ交付した。しかしながら，本件保育所の上記各年度の保育士の数は，本件保育所の職員とされていた保育士（又は主任保育士）のうち５人が，r幼稚園の専任教員であって本件保育所での勤務実態に欠ける者であったため，2011年度については６人（１歳児保育特別対策費要綱３条１項３号の所定数は最も少ない月で７人），2012年度については５人（同所定数は最も少ない月で６人）にとどまり，いずれも同所定数を充足していなかったことから，上記各年度における被告に対する１歳児保育特別対策費の交付は，交付要件に欠けるものであった。

ウ　X 市補助金等交付規則等に基づく各補助金の返還請求
a.　障がい児保育事業及び長時間・延長保育事業に係る補助金

　原告は，被告に対し，2011 年度から 2014 年度までの間に，被告が請求した本件保育所に係る障がい児補助金及び長時間補助金の合計 1,064 万 1,000 円を交付した。しかしながら，上記各年度において，本件保育所は，本件職員配置基準を充足しておらず，上記各補助金の交付は，いずれも交付要件に欠けるものであった。

b.　アレルギー対応等栄養士配置事業に係る補助金

　原告は，被告に対し，被告が請求した本件保育所に係るアレルギー対応補助金として，2015 年度及び 2016 年度に，各 126 万円の合計 252 万円を交付した。しかしながら，上記交付の対象とされた本件保育所の栄養士は，r 幼稚園の専任職員であり，月 120 時間以上勤務する栄養士として本件保育所に雇用等されておらず，本件保育所には他に栄養士が配置されていなかったため，上記各年度における被告に対するアレルギー対応補助金の交付は，いずれも交付要件に欠けるものであった。

エ　人件費相当額の支払請求

　2017 年 4 月頃，本件保育所において保育士の退職が相次いだことなどにより，被告による継続した本件保育所の運営が困難となった。被告は，当初，本件保育所を休所する意向を示していたが，原告は，通所中の乳幼児の保育を確保するための緊急対応として，原告が保育士を派遣することで本件保育所の運営を継続することを提案した。そして，原告は，同月 4 日，被告との間で，おおむね 1 か月程度を目途として不足する保育士を本件保育所に派遣し，被告が派遣された保育士の人件費相当額を負担する旨を合意し（以下「本件派遣合意」という。なお，派遣の期間は，後に合意により延長された。），同月 5 日から同年 6 月 29 日までの間，保育士を本件保育所に派遣した。

　原告は，被告に対し，2017 年 9 月 29 日到達の通知書で，原告が被告に対し派遣した保育士の人件費相当額として合計 581 万 7,181 円の支払を催告した。

4.3.11　B 社会福祉法人における事案に関する裁判上の争点

　B 社会福祉法人における事案に関する裁判上の争点は，(1) 被告が悪意の受益者であるか否か（運営費・委託費の返還請求に係る争点），(2) 消滅時

効の成否（運営費及び補助金の返還請求に係る争点），および，（3）人件費相当額の支払請求に係る争点として，ア　人件費相当額，イ　人件費相当額の支払請求が信義則に反するか否か，である（大阪地裁判決）。

4.3.12　B社会福祉法人における事案に関する裁判所の判断

　第1に，運営費・委託費の返還請求に関して，被告が悪意の受益者であるか否かについての裁判所の判断は次のとおりである（大阪地裁判決）。

　被告は，加算要件が欠けているにもかかわらず加算された額の支払を受けたものであり，法律上の原因なく同額を利得したものというべきであるから，被告は，原告に対し，同額の不当利得返還義務を負う。

　運営費・委託費の加算要件は，運営費交付要綱・委託費告示により定められており，また，保育所を運営して運営費・委託費の支払を受ける社会福祉法人は，保育所の認可申請時の手続や各年度末の時期に開催される次年度の説明会等において，原告から，加算要件につき詳しく記載された資料の配布を受けると共に説明を受ける（当該説明会に欠席した場合でも配布資料を受領する）ことによって，加算要件を十分に認識した上で，自身が運営する保育所が加算要件を充足する場合には，当該保育所に各加算の適用があることの申請書を提出し，毎月の運営費・委託費を請求して加算された運営費・委託費の支払を受けるものであり，このことは，被告についても異ならないと認められる。

　そして，前記で不当利得とされる運営費・委託費の加算部分について，その加算要件が欠けることの原因となった事実は，本件保育所の所長として所長設置単価・所長設置加算の適用の理由とされたLが，r幼稚園に勤務し本件保育所に常時専従していなかったこと，本件保育所が本件職員配置基準又は必要保育士数を充足していなかったこと，主任保育士加算の適用の理由とされた保育士がr幼稚園の専任職員として勤務していたこと及び7年とされた職員の平均勤続年数が6年であったことである。これらの事実は，いずれも，本件保育所を運営し，保育士その他の職員を雇用等してその勤怠管理等をし，本件保育所につき加算要件の充足を判断して各加算の適用の申請をし，加算された運営費・委託費を請求してその支払を受ける被告にとって，客観的に明らかな事実であるから，被告は，前記で不当利得とされる運営費・委託費の加算部分の支払を受けるに際し，同加算部分につき加算要件を満たしていないことを認識していたと推認され，この推認を覆すに足りる事

情はない。

　したがって，前記で不当利得とされる運営費・委託費の加算部分につき，被告は悪意の受益者であると認められることから，B 社会福祉法人は，X 市に対し，上記加算部分の返還義務及びこれらに対する各年度における最終の精算日の翌日から支払済みまで年 5% の割合（平成 29 年法律第 44 号による改正前の民法 404 条（以下，同改正前の民法を「改正前民法」という。））による民法 704 条前段所定の利息の支払義務を負う。

　第 2 に，運営費及び補助金の返還請求に関して，消滅時効の成否についての裁判所の判断は次のとおりである（大阪地裁判決）。

　運営費に係る不当利得返還請求権は，私法上の金銭債権であり，民法の消滅時効に関する規定が適用されるから，消滅時効期間は 10 年である（改正前民法 167 条 1 項）。

　前記と同様に，本件各補助金に係る不当利得返還請求権は，私法上の金銭債権であり，消滅時効期間は 10 年である。

　したがって，X 市の運営費等に係る不当利得返還請求権は時効にはかからない。

　第 3 に，人件費相当額の支払請求に係る争点についての裁判所の判断は次のとおりである（大阪地裁判決）。

　本件派遣合意に基づき被告が原告に対し支払うべき人件費相当額は，581 万 7,181 円と認めることができる。

　人件費相当額の支払請求が信義則に反すると評価すべき根拠として被告が主張する事実，すなわち，本件保育所の保育士 2 名が原告の職員から不当な事情聴取を受けたことが原因で退職した，原告がマイナス面の説明をしないことによって被告において保育士の派遣を受け入れるよう誘導した，原告が被告に事前に知らせることなく保護者説明会を開催し，保護者に対し，被告が保育士の確保につき何ら対応していないかのように説明したなどの事実を認めるに足りる証拠はなく，本件保育所の保育士不足を生じさせた原因が原告にあることを前提とした信義則違反の主張は，理由がない。

　上記の B 社会福祉法人における事案について，その裁判上の争点およびそれに対する裁判所の判断についてまとめたのが，図表 4-2 である。

4.3.13　B 社会福祉法人における不正に関するまとめ

　本判決は，非営利法人の 1 つである社会福祉法人が，運営費・委託費[9]の

図表 4-2　B 社会福祉法人における事案について，その裁判上の争点およびそれ
**　　　　　に対する裁判所の判断（まとめ）**

裁判上の争点	裁判所の判断
(1) 被告が悪意の受益者であるか否か（運営費・委託費の返還請求に係る争点）	被告は悪意の受益者である。
(2) 消滅時効の成否（運営費及び補助金の返還請求に係る争点）	運営費に係る不当利得返還請求権および本件各補助金に係る不当利得返還請求権は，いずれも私法上の金銭債権であり，民法の消滅時効に関する規定が適用されるから，消滅時効期間は 10 年である（改正前民法167 条 1 項）。したがって，X 市の運営費等に係る不当利得返還請求権は時効にはかからない。
(3) 人件費相当額の支払請求に係る争点 ア　人件費相当額 イ　人件費相当額の支払請求が信義則に反するか否か	本件派遣合意に基づき被告が原告に対し支払うべき人件費相当額は，581 万 7,181 円と認めることができる。本件保育所の保育士不足を生じさせた原因が原告にあることを前提とした信義則違反の主張は，理由がない。

出所：大阪地裁判決に依拠して筆者が作成した。

請求において，加算要件が欠けていることに悪意であることを認定している。これは，本件社会福祉法人が故意に運営費・委託費を水増し請求していたということを意味することから，裁判所が非営利組織における会計不正を認定した例と言える。

4.4.　おわりに

　本章においては，日本の非営利組織における会計不正に関する理論および日本の非営利組織における会計不正に関する実例について検討した。日本の非営利組織における会計不正に関する理論については，研究報告第 19 号に依拠して，「動機・プレッシャー」，「機会」，「姿勢・正当化」という，不正のトライアングル理論に立脚していることを示した。日本の非営利組織における会計不正に関する実例については，非営利組織における会計不正として典型的であると思われるものとして，A 社会福祉法人における不正の事例について，また，参考として，非営利組織における会計不正に関する裁判の

先例としての価値のあるものとして，B 社会福祉法人の事例を紹介した。

　今後，本章において示された枠組みに沿って，非営利組織における会計不正の分析が進むことを期待したい。また，その前提として，不正事案に関する第三者委員会の調査報告書において，「動機・プレッシャー」，「機会」，「姿勢・正当化」の 3 つが必ずわかるようにすることを提唱したい。

（榎本芳人）

〈注〉

1　ただし，同報告の分析対象団体には，本章が主に取り扱う社会福祉法人は含まれていない。その理由については，「上表の「④その他の非営利組織」には，社会福祉法人，医療法人，宗教法人，協同組合，労働組合，健康保険組合，厚生年金基金，共済組合，特別の法律により設立される民間法人，特定非営利活動法人（NPO 法人）などが含まれている。本事例分析では，前述のとおり，容易に入手できる公表資料から不正の実態や不正調査の実施状況がどの程度明確に把握できるかも課題の一つといえる。その点，「④その他の非営利組織」の場合でこういった内容を公表している組織が少ないことが判明したため，④については組織の概要について調査するにとどめ，分析対象となる団体の選定は，①〜③の中から行うことにした。」と説明されている（日本公認会計士協会 2010, 5）。

2　本来であれば，「A 社会福祉法人」「B 社会福祉法人」という匿名ではなく，法人の実名を公表すべきであるとも思われる。しかしながら，A 社会福祉法人については，匿名を条件に，調査報告書の内容の引用に了承を得ている。また，B 社会福祉法人については，情報の基となる大阪地裁判決において，すでに法人名は匿名化され法人名を知ることが困難である。よって，本章では，いずれの社会福祉法人とも匿名とする。

3　ただし，調査報告書に記載されている不正の内容のうち，A 社会福祉法人の特定につながりかねない事項については，紹介しない。

4　A 社会福祉法人の職員の後に付された丸数字は，A 社会福祉法人第三者委員会調査報告書において付された数字をそのまま使用している。

5　A 社会福祉法人第三者委員会調査報告書には，ここで紹介したもの以外の不正（不適切な苦情対応，職員の研修参加など）についても記述されているが，会計不正とは直接関係しないものであることから，ここでは紹介していない。

6　ただし，理事会議事録等に関する不正については，会計不正に直接は関連しないため，ここでの分析は省略する。

7　裁判例については，具体的な市の名前が記されているが，本章においては，B 社会福祉法人の特定を避けるために，匿名とする。

8　論理的には，「勤務して」となるべきであると考えられるが，判決文の原文では「勤務しておらず」と記述されており，誤記と思われる。

9　各補助金についても，判決では，1 歳児保育特別対策費の返還請求について，5% の割合による遅延損害金の支払いを，障がい児保育事業及び長時間・延長保育事業に係る補助金およびアレルギー対応等栄養士配置事業に係る補助金の返還請求について，加算金および延滞金の支払いを，それぞれ命じている（大阪地裁判決）。

〈**参考文献**〉

A 社会福祉法人第三者委員会. 2018.『調査報告書』（2022 年 8 月 20 日閲覧）。

大阪地方裁判所. 2020.『不当利得返還等請求事件（大阪地裁平成 30（行ウ）第 4 号令和 2 年 8 月 12 日判決）』https://www.courts.go.jp/app/files/hanrei_jp/399/090399_hanrei.pdf（2022 年 8 月 20 日閲覧）。

厚生労働省老健局. 2021.『介護保険制度の概要』https://www.mhlw.go.jp/content/000801559.pdf（2022 年 8 月 14 日閲覧）。

田尾雅夫・吉田忠彦. 2009.『非営利組織論』有斐閣。

日本公認会計士協会. 2008.『非営利法人委員会研究報告第 19 号　監査基準委員会報告書 240「財務諸表監査における不正」を社会福祉法人監査に適用するに当たっての留意点』https://jicpa.or.jp/specialized_field/20200319jaf.html（2022 年 8 月 14 日閲覧）。

日本公認会計士協会. 2010.『経営研究調査会研究報告第 43 号　非営利組織の不正調査に関する公表事例の分析』https://jicpa.or.jp/specialized_field/files/2-3-43-2-20100928.pdf（2022 年 8 月 14 日閲覧）。

日本公認会計士協会. 2011.『監査基準委員会報告書 240「財務諸表監査における不正」』https://jicpa.or.jp/specialized_field/20210826faa.html（2022 年 8 月 20 日閲覧）。

American Institute of Certified Public Accountants (AICPA). 2002. *AU Section 316 Consideration of Fraud in a Financial Statement Audit*, https://us.aicpa.org/content/dam/aicpa/research/standards/auditattest/downloadabledocuments/au-00316.pdf（2022 年 8 月 23 日閲覧）。

AICPA. 2012. *AU-C Section 240 Consideration of Fraud in a Financial Statement Audit*, https://us.aicpa.org/content/dam/aicpa/research/standards/auditattest/downloadabledocuments/au-c-00240.pdf（2022 年 8 月 23 日閲覧）。

Cressey, D. R. 1953. *Other People's Money; A Study of the Social Psychology of Embezzlement*. Free Press.

第5章

デジタル・フォレンジックの活用

5.1. はじめに

　デジタル・フォレンジック（digital forensics）という言葉は，メディアで一般的に使われる用語ではないが，第三者委員会調査報告書などで目に触れる機会が増加してきている[1]。フォレンジックという用語から分かるように，裁判における法的に有効な証拠となることを意識しており，証拠という観点からはパソコン（PC）に保存されている電子メールのようなデジタル情報は改竄される可能性が高いことからその重要性はより高くなる。委員会に参加した複数の委員へのヒアリングによると，第三者委員会や調査委員会などの委員会による調査報告書は，警察への提出，裁判における証拠としての提出が発生しており，特に刑事事件については民事事件と比較して，より証拠としての信頼性が求められている。

　デジタル・フォレンジックの調査に近いものとして，公認会計士・監査法人による金融商品取引法等に基づく会計監査（会計監査）を思い浮かべるのではないだろうか。会計監査において，監査証拠は重要であり，監査人が意見表明の基礎となる個々の結論を導くために利用する情報と定義されている（日本公認会計士協会 2023, 24）。また，監査証拠は，財務諸表の基礎となる会計記録に含まれる情報およびその他の情報からなるとして，紙媒体の情報のみならず，デジタル情報も監査証拠の対象となっている。

　日本の会計監査ではデジタル・フォレンジックが基本的に実施されることはない。これは会計監査の目的があくまでも財務諸表の適正性に関する意見表明であり，不正リスクに対応した監査は実施するが，不正摘発が目的ではないことによる。監査調書における法的に有効な証拠の観点からは，電子監査調書を利用する割合が増加しており，紙媒体に手書きで記載している監査調書よりも高い証拠力を有している。日本では，大手監査法人・準大手監査法人はすべてが利用しており，監査法人内の監査調書確定の期日が到来する

とアーカイブ作業を実施し，その後は追加・修正はできなくなる。なお，入手したデータに関する適合性や信頼性の検討は実施するが，対象範囲は異なるとともに，デジタル・フォレンジックの収集における保全のように入手データの法的な証拠力までは検討しないことが一般的と考える。

　デジタル・フォレンジックは，現状では会計不正や情報漏洩などの事件が発生した後に利用されることが多いと考えられるが，会計監査や企業における内部監査においてもこの考え方は有用である。特に，証拠保全については法廷での証拠能力を持つかどうかという観点で考えていることから，不正等の事件の発生と対応する監査人や企業への訴訟を考えると，デジタル・フォレンジックにおいて蓄積されてきた知見を会計監査や内部監査に取り込んでいくことは意義があると考えている。たとえば，抜き打ちでのデジタル・フォレンジックを利用した内部監査などは，内部統制の観点からは牽制効果が高いと考えられる。

　本章では，第2節においてデジタル・フォレンジックの内容および具体的な活用について，コンピュータ・フォレンジックとの相違に焦点を合わせて述べる。第3節では紙媒体の証拠との相違を，特に原本性という観点から述べるとともに，電子的証拠の脆弱性および保全の重要性について検討する。第4節ではデジタル・フォレンジックにおける調査の手順やどのようなツールが利用されているかについて，第5節ではデジタル・フォレンジックが第三者委員調査報告書においてどのように活用されているか検討する。

5.2. デジタル・フォレンジックの概要

　デジタル・フォレンジックは法律で定義されているものではない。特定非営利活動法人デジタル・フォレンジック研究会（デジタル・フォレンジック研究会）では，インシデントレスポンスや法的紛争・訴訟に際し，電磁的記録の証拠保全及び調査・分析を行うとともに，電磁的記録の改ざん・毀損等についての分析・情報収集等を行う一連の科学的調査手法・技術としている（デジタル・フォレンジック研究会 2022）。ここでインシデントレスポンスは，コンピュータやネットワーク等の資源および環境の不正使用，サービス妨害行為，データの破壊，意図しない情報の開示等，並びにそれらへ至るための行為（事象）等への対応等としている。具体的な活用例としては，図表5-1 で示されているとおりである。

図表 5-1　具体的なデジタル・フォレンジックの活用例

・ハイテク犯罪や情報漏えい事件などの不正行為発生後にデジタル機器等を調査し，いつどこで誰が何をなぜ行ったか等の情報を適切に取得し，問題を解決するインシデントレスポンスとして。

・定期的にフォレンジックを用いた監査を行う事により，不正行為の発生を抑止するとともに発生後の対応を迅速に行えるようにする，広義の意味でのインシデントレスポンスとして。

・デジタル・データの保全，解析，保管等の取り扱い手法に関して適切に行われているかを議論する事により，相互の法的権利を正しく守る活動として。

出所：デジタル・フォレンジック研究会（2022）。

　また，類似する用語としてコンピュータ・フォレンジック（computer forensics）という用語がある。コンピュータ・フォレンジックとは，テクノロジー犯罪の解決または解決に資するため，電子データ（electronic data）と残余データ（residual data）の復元，法的な保全，真正性の確保，再構築および提示を目的として，これらのデータを分析することをいう（Crumbley et al. 2017, 13-2）。コンピュータ・フォレンジックとの対比で考えると，コンピュータ・フォレンジックは，コンピュータ・データのみを調査対象とするが，調査対象がコンピュータ以外に及ぶ場合には，デジタル・フォレンジックと呼ぶことができる（Crumbley and Fonton 2021, 13-2）。特に，スマートフォンにおける SNS やカメラ等の利用，USB などの携帯が可能なストレージは一般的に利用されており，デジタル・フォレンジックとして対象を広げることが必要となっている。

　本章では，デジタル・フォレンジックを，電磁的または電子的媒体，すなわち digital or electronic media である USB，Web カメラ，携帯電話・スマートフォン，インターネット，プリンタなどを調査し，不正行為や財務上の違法行為の証拠を明らかにする手段や技術の総称と定義する（Crumbley et al. 2017, 14-2）。媒体の中身が電磁的記録，すなわち電子データであるが，紙媒体と比較すると改竄が容易であるという特徴がある。過去に日本でも改ざんに関する事件が何度も生じている。一般的には企業の不正が問題となるが，検察官による証拠の改竄が問題となったケースもある。

　これは障害者団体への郵便料金割引制度不正利用事件で，事件発生当時，厚生労働省社会・援護局障害保健福祉部企画課長の村木厚子氏が起訴されたが，これに関連して担当検事による証拠物件のデータ改竄が発覚した事件である。大阪地裁が 2010 年に無罪判決を言い渡し，村木氏は無罪が確定して

いる。証拠物件はフロッピーディスクであるが，村木氏の担当弁護士が，証拠開示を受けていた捜査報告書に記載された日付とフロッピーディスクのプロパティ情報に齟齬があることに気がつき，専門家の分析が実施されて発覚した。

この専門家による分析により，ファイルシステムのメタデータでは最終保存日時が「2009/7/13」だったのに対し，実データであるワープロソフトの文書ファイルに保管されたメタデータの最終更新日時が「2004/6/8」となっていた。本来一致すべき2つのタイムスタンプに齟齬があることが判明し，フロッピーディスクの改竄が明らかになっている（高橋他 2015, 285）。この事件により，検察の信頼の失墜につながり，取り調べの録音・録画による可視化の導入など検察改革と言われる動きにつながっていった。検察による証拠改竄の危険性は，一言でいえば，無実の市民の罪をねつ造できる点にある[2]としているが，デジタル・フォレンジックが，客観的証拠を提出することにつながり，大きな意義を持ったことが示されている。

5.3. 電子的証拠の脆弱性と保全の重要性

電磁的または電子的媒体に保存された電子データとしての証拠（電子的証拠：electronic evidence）は紙媒体としての証拠とは大きく異なり，証拠としてどう取り扱うかについて理解しておくことが求められる。情報量としても，たとえば会計伝票の日付を考えてみると，紙媒体では会計日付が書面に記載されているだけであるが，会計システムにおける日付を探すと，会計日付だけではなく，仕訳作成日，仕訳承認日，最終承認日，データへのアクセス日など多くの日付データが存在していることが多い。改竄に関しても，紙媒体としての証拠よりも電子的証拠の方が探し出す手順は複雑であり，この理解は重要となる。

電子的証拠を最初に見つけた人がその正しい取扱方法を把握していない場合，無意識のうちに電子的証拠を損なってしまいかねず，法廷における証拠として認められなくなるおそれがある。たとえば，紙媒体の証拠は複写して裁判で使用できるが，電子ファイルの原本をコピーしてしまうと，電子ファイルの作成日付などが更新してしまうなど本質的な証拠価値が毀損してしまう。さらに電子的証拠は，紙媒体の証拠よりも早く消えてしまう可能性が高い（Crumbley and fenton 2021, 13-2）。

　この相違に関して，紙媒体では原本性という言葉が実務でよく使われるが，電子データにおける原本性はどのように考えるかを検討する。原本とは，一定の思想を表現するという目的の下に，最初に，かつ，確定的に作成された文書であるが，文書の記載内容は原本と写しで変わりはないため，記載された思想・認識等は，原本と写しを区別する基準にならないことになる（櫻庭 2021, 148）。裁判という観点では，民事訴訟規則143条1項で「文書の提出又は送付は，原本，正本又は認証のある謄本でしなければならない」としている。

　電子データに関する原本性であるが，学説上の見解としては，電磁的記録が原本で出力文書（プリントアウトした文書）はその一種の謄本とする見解，出力文書を原本とする見解，電磁的記録をそのまま正確に出力した場合は電磁的記録が原本で出力文書がその一種の謄本，何らかのデータ処理をしたうえでプリントアウトされた場合は出力文書を原本とする見解等があり，確立されていない（森里 2021, 357）。このため，紙媒体としての原本が存在する場合は，原本としての証拠力が強いと言えるが，生まれながらの電子データに関しては，何が原本であるかを議論するよりも，オリジナルデータとの同一性，すなわち完全性・正確性が維持されているかが重要となる（中村 2022, 117）。

　デジタルデータは2進法に数値化された情報であり，記録されている媒体によって情報の内容に影響はない，すなわちデジタルデータそのものが媒体と独立して存在しているという特性を有している（高橋他 2015, 11）。このため，紙媒体と異なり，電子データをコピーした電子媒体において劣化は生じず，電子媒体にある電子証拠の場合，原本やオリジナルデータとの同一性をどうやって保証するかという問題が生じることになる[3]。特に，紙媒体と比較すると電子媒体の電子データは改変が容易であるとともに，改変時の痕跡がログを残すなどのシステム的な対応がなされていないと残らないという問題が生じる。この点は，原本やオリジナルデータであったとしても改変がなされていないかという問題を考慮しなければならないことを示している（中村 2022, 118）。

　これを証拠の保全という観点から考えると，事故や不正行為，犯罪といったインシデントに関わるデジタル機器に残されたデータの中から，電磁的証拠となり得るものを，確実に，そのまま（as-is）で，収集（collection）・取得（acquisition）し，保全（preservation）しておくことが求められる（デ

ジタル・フォレンジック研究会 2019, 2）。ハードディスクにあるオリジナルデータの電子ファイルを収集して保全するのであれば，一般的に Windowsのメニューとして作業する論理コピーよりもハードディスクに記録されたデジタルデータを，すべてそのままの状態でコピーする**物理コピー**が原則的と考えられる（高橋他 2015, 74）。これは，論理コピーでは削除されたファイルの復元ができない，タイムスタンプやその他のメタデータが変わってしまうことがあるためである（高橋他 2015, 75）。

5.4. デジタル・フォレンジックにおける調査手法

5.4.1 デジタル・フォレンジックの手順

　デジタル・フォレンジックがどのように実施されるかを具体的に理解することは有用であるため，佐々木（2019）を参考にデジタル・フォレンジックの手順例を図表 5-2 に示す。大きな流れとしては，収集，検査，分析，報告という 4 つの手順の一連の流れとなる。会計監査の CAAT（computerassist-ed audit techniques；コンピュータ利用監査技法）では第 3 段階の分析は共通しているが，削除されたデータの復元をすることは通常であれば実施する

図表 5-2　デジタル・フォレンジックの手順例

問題発生のきっかけ：外部への個人情報の漏洩に関する別の企業からの通報。
企業における対応：サーバーのログ分析で不正アクセスをした可能性が高い職員が見つかったため，外部の専門家に調査依頼を行った。
準備段階：不正を行った可能性の高い職員の PC を確保してもらう。

〈専門家によるデジタル・フォレンジックの手順〉
・第一段階（収集）：対象のハードディスクの物理コピーを実施するとともに，コピー元とコピー先の同一性（改竄が行われていないこと）を確かめる。物理コピーされたデータを解析ソフトウエアに適したイメージファイルへ変換する。
・第二段階（検査（復元））：解析用ファイル形式に変換された証拠データを，EnCaseなどの解析用ソフトで認識する。この段階で，過去に消去されたファイルの復元を試みたり，暗号化されたファイルの復号を試みる。
・第三段階（分析）：得られた大量のデータから有用なデータを抽出する。ファイルデータを分別し，ファイルを解析ソフトで閲覧するなどがある。
・第四段階（報告）：法廷などにおいて最重視されるレポートの作成を行う。報告書の内容は公平であること，客観的であること，真正であること，理解可能であることなどが求められる。

出所：佐々木（2019, 13-16）に依拠して筆者が作成した。

ことはない。また，電子メールなど職員個人に関するものは，取引の打ち合わせに関するものなど会計記録の根拠となるものを除けば対象とすることはない。

5.4.2　デジタル・フォレンジックで利用されるツール

　デジタル・フォレンジックにおける調査手法は，分析の段階であれば会計監査や内部監査における CAAT と共通するものが多い。日本における市販されている製品（監査ツール）としては，① IDEA（Data Analysis Software IDEA），② ACL（ACL Analytics），③ ActiveData For Excel（ActiveData エクセル版）の 3 製品（海外製品の日本語化）が利用されていることが多い。内部監査においても，同様のアンケートの結果となっている（日本内部監査協会 2016, 24）。

　デジタル・フォレンジックにおいても，検証手続として上記のツールが使用されており，データを抽出，サンプリング，分析する際には，こうしたツールを活用する（Crumbley and fenton 2021, 13-9）。

　その一方で，前節で述べたように，単に被監査企業のファイルをチェックしたり，データを比較照合したりすると，デジタル・ファイルが損なわれてフォレンジック調査で使えなくなる。フォレンジック調査や裁判でデータを使用するには，イメージ作成ソフトウェア・ツールを使ってデータの質を損なわずにデジタルデータを収集しなければならない。5 節「デジタル・フォレンジック活用事例（第三者委員会調査報告書）」において，事例として複数のツールが記載されている。ツール自体は多数存在しているが，デジタル・フォレンジック研究会では，使ったことのあるツールに関してアンケート調査を実施しており，参考になると考える（デジタル・フォレンジック研究会 2021）[4]。

　具体的に記載されているツールであるが，デジタル・フォレンジック研究会の証拠保全ガイドラインの記載を参考に証拠保全，調査・解析，証拠開示という 3 つの区分に分けて記載する（デジタル・フォレンジック研究会 2019, 67-78）。第 1 が証拠保全であるが，この区分のツールとしては，① FTK Imager Light，② FTK Imager，③ Oxygen Forensic UFED Touch が挙げられる。第 2 が調査・解析であるが，この区分のツールとしては，① EnCase，② NUIX，③ UFED Physical Analyzer が挙げられる。第 3 が証拠開示の区分であるが，Relativity が挙げられる。

　証拠保全および調査・解析に関して，代表的な製品の内容を記載して，ツール自体の機能を説明する。証拠保全における FTK Imager，FTK Imager Light は，イメージのマウントやディスクイメージの作成，メモリの保全も可能な無償ツールである。FTK Imager は，PC へのインストールを必要とし，FTK Imager Lite は，インストールすることなく使用できる。両者ともメモリダンプの取得も可能となっている（デジタル・フォレンジック研究会 2019, 70）。

　また，調査・解析の EnCase は，証拠保全から調査解析，報告まで可能な統合フォレンジックツールで，APFS（Apple File System）やモバイルデータの取得も可能である。この EnCase は，NIST（National Institute of Standards and Technology）等の第三者機関からの信頼性が担保されており，法執行機関，民間を問わず幅広く利用されており，裁判での使用例も多岐にわたる。また，EnCase は，タブレット，スマートフォン，GPS など 25 種類のモバイルデバイスを含む，最も広範囲な種類のデバイスからデータを取得でき，証拠の整合性を保ちながら，詳細な調査結果レポートを生成できるとされている（デジタル・フォレンジック研究会 2019, 69）。

　現状は膨大なデータをすべて閲覧することは困難であるため，キーワードによる条件検索を実施したり，特定の相手先や個人とのやり取りを絞り込むなどによって閲覧可能な量に絞り込んで人間が目視で調べていく方法が，第三者委員会の報告書の記述や複数の第三者委員会の調査に関与した公認会計士へのヒアリングから多いと考えている[5]。フォレンジックチームの組織体制であるが，デジタル・フォレンジックを行う IT 専門家が 3 〜 4 割程度と想定されるとの記載がある（日本公認会計士協会 2022a, 6）。これはキーワードを使用していないと発見できない可能性にもつながり，たとえばやり取りで隠語を使用するなどがあると，抽出ができない。このため AI の活用はキーワード検索により絞り込まずに，すべてを母集団として調査することが可能になるため，たとえば，隠語を使用するなどのケースにも対応することが可能になるのではないかと期待している。

5.5. デジタル・フォレンジック活用事例
（第三者委員会調査報告書）

　上場会社における不適切な会計に関する第三者委員会調査報告書には，

フォレンジックの記載が見られるケースがある。図表5-3は，株式会社高田工業所の第三者委員会調査報告書を記載している。株式会社高田工業所は，完成工事高・完成工事原価の操作などの不適切な会計処理が認められるとして，訂正有価証券報告書および内部統制報告書の訂正報告書を提出している。図表5-3の「4　調査方法」における「(3)　電子データの精査」では，消去ファイルの復元を実施したことが記載されており，このツールとして，フォレンジック調査用ソフトウェアであるEnCaseなどを使用したことが示されている。

　会計監査ではCAATを使用する場合，存在するデータを対象としており，削除されたデータを自ら復元して検討することは，財務諸表の信頼性を確保するという目的からも実務上では通常行われていないと考える。また，

図表5-3　デジタル・フォレンジックの記載がある第三者委員会調査報告書の事例（株式会社高田工業所）

公表日：平成28年7月8日
企業名：株式会社高田工業所（東京証券取引所スタンダード市場）。
内容：一部の事業所において完成工事高の繰延，下請業者に対する工事の架空発注及び現金のキックバックが行われていたことに関連する調査。
フォレンジックに関する記載：
第3　調査期間，調査対象期間，調査対象及び調査方法等。
4　調査方法
(3)　電子データの精査
　本委員会は，不適切な会計処理・取引に関与した可能性のある役職員が業務上使用する個人貸与PC，各場所のファイルサーバー内の電子データ及びメールサーバー上の電子データを収集・保全し[18]，データベース化処理をした上で，対象者ごとに調査用プラットフォームにアップロードした[19]。なお，個人貸与PCについては，消去ファイルの復元を実施した。
アップロードされた電子データは，本調査の対象となる不適切な会計処理・取引に関連するキーワードを用いて閲覧対象に絞り込みをかけた上，内容の精査を行った。

脚注
18　本調査のデジタル・フォレンジックには，フォレンジック専用の証拠収集・保全プログラムであるFTK Imager Light及びフォレンジック調査用ソフトウェアであるEnCaseを使用した。
19　収集・保全した電子データは，NUIXというデータ処理ツールを用いてデータベース化処理を行い，調査用プラットフォームであるRelativityにアップロードし，委員及び調査補助者の閲覧に供した。

出所：株式会社高田工業所第三者委員会（2016, 13）に依拠して筆者が作成した。

電子データの保全という記述もあるが，会計監査では被監査会社にデータが存在するため，データを保全するということも一般的には行われていないと考える。デジタル・フォレンジックの目的であるが，たとえば電子メールであると，関係者に行うインタビューの事前情報を入手したり，インタビューを実施した内容と整合性がとれているかを裏付けするなどが可能であるとともに，削除したメールも復元して対象とするため，不正を示す内容を発見することも可能となる。

　図表5-4 は，富士フイルムホールディングス株式会社の第三者委員会調査報告書を記載している。連結子会社の海外販売子会社のリース取引に関わる会計処理について不適切な会計処理が認められるとして，訂正有価証券報告

図表5-4　デジタル・フォレンジックの記載がある第三者委員会調査報告書の事例（富士フイルムホールディングス株式会社）

第三者委員会調査報告書日：2017 年 6 月 10 日
企業名：富士フイルムホールディングス株式会社（東京証券取引所プライム市場）。
内容：連結子会社である富士ゼロックスの海外子会社の特定のリース取引における不適切な会計処理。
フォレンジックに関する記載：
5　本委員会の調査方法等の概要と調査の前提
④デジタル・フォレンジック
　デジタル・フォレンジックは電子データの証拠能力を損なうことなく，収集・保管し，収集した電子データの内容を閲覧する作業である。具体的には以下の 2 つに大別される。
（ア）データ保全・復元
　専用のツールを用いた電子機器，電磁的記録媒体からの対象となるデータの収集，複製の作成及び消去されたデータの復元。対象は以下のとおり。
・PC
・ファイルサーバー
・メールサーバー
・携帯電話機，スマートフォン
・タブレット端末
（イ）データ閲覧
保全・復元したデータの閲覧システムへの格納，キーワードを用いての閲覧対象の絞り込み及び内容の閲覧。
今回は，本事案にかかわる会社対象者のうち，社内調査委員会が実施したデジタル・フォレンジックにおいてデータ保全を行っていない下表 58 名の PC 上の電子メール（メール及び各種ファイル）を収集・保全した。電子データの収集・保全には対象により下記のツールを使用した。
・FTK Imager
　PC，ファイルサーバー，メールサーバー

・Oxygen Forensic UFED Touch，UFED Physical Analyzer
　携帯電話機，スマートフォン，タブレット端末

会社名	延べ人数
FXNZ	21 名
FXA	10 名
FXAP	8 名
FX	19 名
計	58 名

保全された電子データを Nuix 内部へ格納してアプリケーションごとの種類分けを行い，その電子データを Relativity へアップロードし，閲覧者に閲覧可能な電子データ状態とした。今回，閲覧実施対象者として，社内調査委員会から引き継ぎを受けたデータを含めた下表 75 名につき，データの閲覧を行った。

会社名	延べ人数	レビュー件数
FXNZ	32 名	56,444 件
FXA	13 名	44,396 件
FXAP	11 名	84,406 件
FX	19 名	175,646 件
計	75 名	360,892 件

出所：富士フイルムホールディングス株式会社第三者委員会（2017, 3-4）に依拠して筆者が作成した。

書および内部統制報告書の訂正報告書を提出している。図表 5-4 の「5　本委員会の調査方法等の概要と調査の前提」における，「④デジタル・フォレンジック」では，電子データの証拠能力を損なうことなくという記述があり，データの保全を意識している。

　また，復元作業も実施しており，復元後のデータに対するキーワードを用いての閲覧対象の絞り込みを行うとともに，絞り込んだ結果について，内容を閲覧して確かめたことが示されている。ここでも株式会社高田工業所での調査と同様に，FTK Imager などのツールを使用している。中心は電子メールであることからも，デジタル・フォレンジックの用語を使用していると考える。会計監査では電子メールを対象とした CAAT は通常実施されておらず，電子メールを対象とするケースはこのような第三者委員会による調査となることが多いのではないかと考える。

　図表 5-5 は，株式会社ショーエイコーポレーションの第三者委員会調査報告書を記載している。架空循環取引に巻き込まれていたものである。但し，

図表5-5　デジタル・フォレンジックの記載がある第三者委員会調査報告書の事例（株式会社ショーエイコーポレーション）

第三者委員会調査報告書日：2021 年 6 月 18 日
企業名：ショーエイコーポレーション株式会社（東京証券取引所プライム市場）
内容：架空循環取引
フォレンジックに関する記載：
3　本委員会の構成及び開催状況
②補助者
（ア）外部専門家
U&I アドバイザリーサービス株式会社所属のデジタルフォレンジック調査の専門家（2名：桑原啓，伊藤里香）
また，本委員会は，デジタルフォレンジックに関し，調査の実効性及び実現性の観点から，専門的な知見及び経験を有し，ショーエイからの独立性及び中立性を有する U&I アドバイザリーサービス株式会社を選定した。
4　調査の方法
（2）デジタル・フォレンジック
デジタルフォレンジックは，電子データの証拠能力を損なうことなく保全・収集し，収集した電子データの内容を閲覧する作業である。
本委員会は，デジタルフォレンジックに関し，U&I アドバイザリーサービス株式会社所属のデジタルフォレンジック調査の専門家の支援を得て，以下のものについて受領し，必要に応じて保全・復元による収集を行った上でデータの内容を閲覧した。

・s1 氏の会社貸与 PC1 台（ローカルにダウンロードされた電子メールを含む。）
・s1 氏の会社貸与 PC のバックアップデータ（2020 年 8 月の会社貸与 PC 入れ替え時に作成されたもの。電子メールのバックアップデータを含む[2]。）
・共有サーバ上のデータ（s1 氏がアクセス可能な全領域）
・SKYSEA（Sky 株式会社製 IT 運用管理ソフトウェア）における s1 氏による送信メールログ及びその実データ
・会社貸与スマートフォン 1 台

本委員会は，電子メールデータ（2018 年 2 月 16 日〜 2021 年 4 月 23 日。但し，SKY-SEA を除く。），会社貸与 PC 及びバックアップ領域を対象にアーカイブ等の分解処理等を施し，レビュープラットフォームへのアップロードを実施した。上記の作業により取得した電子メールデータ及びその添付ファイルの件数は全部で 20,603 件，会社貸与 PC 及びバックアップデータから抽出した Word，Excel 等の office 系ファイルや PDF などユーザーが作成したと考えられるドキュメントの件数は全部で 21,071 件であった。当該電子メールデータ等は，インデックス処理（全文検索のための下処理）を施した上，キーワードによる条件検索と送付先による絞り込みを行って，該当した電子メールデータ等 5,316 件を対象として，一次レビューを行った。
また，共有サーバ上のデータのうち，キーワードによる条件検索によって絞り込んだドキュメント 5,256 件，及び，SKYSEA の送信メールログ（対象期間 2014 年 6 月 9 日〜2021 年 3 月 31 日のうち，s1 氏が直接やり取りを行っていたことが判明している a 氏及び c 氏との電子メール）の中で，メールアーカイブから保全済みのメールデータと突合

して確認できなかったもの 342 件（添付ファイルを含めると 542 件）についても，一次レビューを行った。

なお，一次レビューでは関連するデータの抽出基準等を明記したレビュープロトコルに従って，レビューアーが一定のタグ付け（「Hot」，「Responsive」等による区分）をしてレビュー作業を実施した。その結果，本調査の目的に関連して極めて関連性が高い「Hot」のメールは 100 件，関連性がある「Responsive」のメールは 858 件検出された。本委員会において改めて二次レビューとして分析し，重要なメールに関してはヒアリングの参考資料とした。

脚注
2　電子メールのアーカイブの内容は，PC の入れ替え時に s1 氏が選別して残したものである。メールデータはローカルにダウンロードされるとサーバには残らない仕組みとなっているため，s1 氏が削除したデータについては，復元できたもの以外に閲覧可能なものは存在していない。

出所：株式会社ショーエイコーポレーション外部調査委員会（2021, 3-4）に依拠して筆者が作成した。

前の 2 つの事例と異なり，重要性の問題もあり過年度の決算修正は行われていない。図表 5-5 の「3　本委員会の構成及び開催状況」の「（ア）外部専門家」において，個人名が記載されるとともに，会社からの独立性および中立性が明記されている。会計監査でも監査人の独立性を求めているが，適切な業務実施の実施に関して外形的にも問題ないことを求めている点が特徴的である。

「②補助者」と記載されているが，委員会に委託された外部専門家としての立場であり，第三者委員会内での位置付けは委員会補助者となる。委員会からの指示を受けて調査を行い，その結果を委員会に報告するという立ち位置である（岡田 2019, 129）。第三者委員会の調査ではスケジュールがタイトであるケースが一般的であるため，図表 5-5 に記載のようにキーワード等で絞り込みをかけ，一定のタグ付けをして絞り込んだものを委員が二次レビューとしてチェックするのが一般的な方法である。それだけに鍵となるのが調査の範囲であり，何をどこまで調査すれば網羅的な調査になるのかは委員会で判断される（岡田 2019, 134）。

5.6. ｜ おわりに

本章ではデジタル・フォレンジックの活用について検討してきたが，今後については第 4 節でも述べたが，AI の活用が重要になると考えている。文

献等をリサーチした範囲では AI を活用したデジタル・フォレンジックの具体的な事例は確認できていないが，デジタル・フォレンジックは，学習データの工夫や AI 自体の進歩などによって大きな役割を占めてくるのではないかと期待している。さらに，会計監査ではプロセスマイニングによる業務プロセス分析としてシステムに記録されている業務プロセスに関するデータから，取引の全てのバリエーションをプロセスマイニングツールで視覚化して分析する手法（日本公認会計士協会 2022b, 88）や継続的監査としてリアルタイムで監査を実施するなどの IT を活用した動きが出てきている。これらはデジタル・フォレンジックにも適用できる余地があるのではないかと考えている。

　また，調査を実施した後に求められるものは，今後の対応策である。企業において，特に上場企業であれば再び同様の問題が生じることはガバナンスが問われることになる。このため，デジタル・フォレンジックの調査を踏まえて，企業における有効な内部統制の構築がガバナンスの観点からも求められることになる。会計監査では重要な電子データへの統制を欠いているということであれば，財務諸表に対する保証ができないことになる。デジタル・フォレンジックにより，どのようなリスクがあるかが明らかになるため，内部統制の観点からも有用ではないかと考える。また，発見的統制を有効に機能させるためにも，データの消去や改ざんに対してログを記録してログ自体も保護を図るなど，調査が容易になることを意識することが望まれる。

　最後に，デジタル・フォレンジックを担当する者（監査人）のスキルについて述べる。デジタル・フォレンジックにおいてはどうしても技術的な要素が多くあり，一定の知識の習得は必須となると考える。但し，4 節「デジタル・フォレンジックにおける調査手法」で述べたように，通常は何らかのツールを利用するため，その使用法を理解すれば調査はできると考える。但し，何が問題であるかという不正の手がかりとなる例外事項などの問題点を特定するためには，会計監査や内部監査などの監査の知識や経験が有効であると考える。このため，デジタル・フォレンジックの担当者は監査に関するスキルを持つことが理想であるが，そうでない場合には調査チームの中に，分析の段階で監査の知見を有している者が参加することが必要と考える。

（中村元彦）

付記：第 5 章，科学研究費補助金・若手研究「デジタル化・オンライン化の進展における電子的監査証拠に関する研究」21K13405 の助成を受けた成果の一

部である。

〈注〉

1　日経テレコンで 2022 年 1 月から 2022 年 12 月までの 1 年間における「デジタル・フォレンジック」による日経各紙の記事検索では 16 件が抽出される（「デジタルフォレンジック」でも同様の結果となっている）。たとえば，日本産業新聞 2022 年 5 月 27 日の「会計不正　リモートでも監査　新型コロナで『三現主義』見直し」では，「従業員のメールや録音した音声などデジタルデータを網羅的に解析して真相を調べる「デジタルフォレンジック」も注目を集めている」と不正に着目した技術として紹介されている。また，同じく日本経済新聞 2022 年 4 月 10 日の「最高検，捜査支援 150 件，サイバー班発足 1 年，米と連携成果」では，「パソコンやスマートフォンを解析する「デジタルフォレンジック（電子鑑識，DF）」は捜査に不可欠だ。消去されたデータの復元などに当たり，事件解明の重要な役割を担う」と検察や裁判所においてもデジタル・フォレンジックが重要であることが示されている。

2　日本経済新聞（2020）9 月 23 日朝刊，34 頁。

3　原本の真正性をどうやって保証するか，改変がなされていないかに対して電子署名法による電子署名制度があり，技術面では電子署名，電子認証，タイムスタンプ，e-シールなどがあるが，実務では一般的な利用には至っていないことから，本章では割愛している。

4　FTK Imager, FTK Imager Light はこのアンケートで最も高い数値となっている。

5　日本公認会計士協会（2022a）。

〈参考文献〉

岡田大輔．2019．「第三者委員会でデジタル・フォレンジックはどう使われるか」安冨潔・上原哲太郎編著『基礎から学ぶデジタル・フォレンジック』日科技連。

株式会社ショーエイコーポレーション外部調査委員会．2021．『調査報告書（要約版）』https://contents.xj-storage.jp/xcontents/AS97498b/aea8e3e2/d755/4b62/885b/4805d053c0ea/140120210618451405.pdf（2022 年 8 月 28 日）。

株式会社高田工業所第三者委員会．2016．『調査報告書（要約版）』http://www.daisanshaiinkai.com/cms/wp-content/uploads/2016/03/160708_daisansha1966.pdf（2022 年 8 月 28 日）。

櫻庭信之．2021．「電子証拠の原本性」町村泰貴・白井幸夫編『電子証拠の理論と実務―収集・保全・立証』民事法研究会。

佐々木良一．2019．「デジタル・フォレンジックの手順とそこで用いる技術」安冨潔・上原哲太郎編著『基礎から学ぶデジタル・フォレンジック』日科技連。

高橋郁夫・梶谷篤・吉峯耕平・荒木哲郎・岡徹哉・永井徳人編集．2015．『デジタル証拠の法律実務 Q&A』日本加除出版。

デジタル・フォレンジック研究会．2019．「証拠保全ガイドライン」改訂ワーキンググループ『証拠保全ガイドライン（第 8 版）』。

デジタル・フォレンジック研究会．2021．『2020 年度デジタル・フォレンジック普及状況調査結果』https://digitalforensic.jp/wp-content/uploads/2021/03/6892f941a6df770d0a5dea60e39c70a0.pdf（2022 年 8 月 30 日）。

デジタル・フォレンジック研究会（2022）『デジタル・フォレンジックとは』https://

digitalforensic.jp/home/what-df/（2022 年 8 月 27 日）。

中村元彦．2022．「電子帳簿保存法（電子取引）の改正が電子的監査証拠に与える影響」『千葉商大論叢』59（3）：113-129。

日本公認会計士協会．2022a．『経営研究調査会研究報告第 69 号「フォレンジック業務に関する研究」』。

日本公認会計士協会．2022b．『テクノロジー委員会研究文書第 8 号』「監査データ標準化に関する留意事項とデータアナリティクスへの適用に係る研究文書」。

日本公認会計士協会．2023．『監査基準委員会報告書（序）「監査基準委員会報告書及び関連する公表物の体系及び用語」』。

日本内部監査協会．2016．『CIA フォーラム研究会 No.g2 研究成果報告「監査実務の効率化，高度化に応える CAAT 実践シミュレーション」』https://www.iiajapan.com/pdf/kenkyu/g02_1603.pdf（2023 年 1 月 25 日）。

富士フイルムホールディングス株式会社第三者委員会．2017．『調査報告書（要約版）』https://ir.fujifilm.com/ja/investors/ir-news/news4054662046532284826/main/0/link/ff_irnews_20170612_003j.pdf（2022 年 8 月 28 日）。

森里紀之．2021．「電子証拠の原本性」町村泰貴・白井幸夫編『電子証拠の理論と実務―収集・保全・立証』民事法研究会。

Crumbley, D. L, E. D. Fenton, Jr., 2021. *Forensic and Investigative and Accounting*, 8th Edition, CCH.

第6章

不正をめぐる対応と責任

6.1. はじめに

　企業は，さまざまな端緒により，企業活動において自社が関わる不正を把握し，組織的な調査や公表を行うかどうかの検討を経て，最終的に行政処分や刑事罰を受け，または企業が第三者から法的責任を追及され，あるいは役員や不正関与者の法的責任を追及するに至る。

　本章は，企業における不正の発見から不正をめぐる責任までのダイナミックなプロセスをテーマとする。第2節では，不正発覚の端緒となる不正の通報について解説し，第3節では，不正の公表について企業がどのような場合に不正を公表すべきかを解説する。第4節では，企業や役員，不正関与者が負う民事責任，刑事責任，行政処分などの不正をめぐる責任について解説し，第5節では，民事責任である損害賠償責任について解説する。第6節で本章を総括する。

　本章が取り扱う企業の不正は，企業の不祥事全般を指しており，会計不正に限られないが，会計不正に特有の論点（上場企業の会計不正の公表）も事例を取り上げて解説する。また，会計不正に特有の調査および責任追及訴訟については，会計士と弁護士が協働する案件や業務の一つとして，「第7章会計士と弁護士の協働」の第5節「会計不正の調査と責任追及訴訟」で解説する。

6.2. 不正の通報

　通報とは，一定の事実を他人に知らせることをいう。通報には，企業が設置したホットラインやヘルプラインのような窓口[1]に対する窓口通報に限らず，通常業務の指揮命令系統（いわゆるレポートライン）における上司や管理職に対する報告通報も含まれる。とくに報告通報では，企業の経営者が自

社に関わる不正を知るまでには，その不正を知った人が他人に一次的な通報をし，その通報を受けた人がさらに他人に二次的な通報をするという経過を辿るので，経営者が不正を知った時点では，通常，企業の内外に相当数の者が不正を知っていることになり，いずれ公に知られることにより企業がレピュテーションダメージを蒙るリスクを抱えている。また，いわゆる内部者（インサイダー；insider）取引規制や適示開示（timely disclosure）制度では，一般に企業の経営者が不正を知った時点で開示事由が発生したものとして取り扱うので，上場企業は，その時点から相当数の役員・従業員が内部者情報を抱えるリスクも負う。

　したがって，企業の経営者は，不正を知った時点から，不正に関する情報の管理を徹底しながら，自ら公表するかどうかやその時期を検討する段階に入る。また，経営者が不正を知るまでの通報が公益通報者保護法による公益保護の対象になるかどうかや，上場企業の場合には不正が内部者情報や開示事由に該当するかどうかを検討し，その取扱いにおいて法令遵守に留意しなければならない。

6.2.1　通報者

　通報者の属性によって通報者が秘密保持義務を負うかどうか，公益保護の対象になるかどうかが異なる。報告通報を受けた管理職や役員は二次的な通報者にもなり得る。

労働者・派遣労働者・取引先

　通報者としては，まず，不正に関与し，または不正を発見し易い企業内部の労働者・派遣労働者や，企業の周辺にある取引先の労働者等が考えられる。

　企業内部や取引先の通報者は，企業に対し，契約・慣習・職業上，企業の内部情報や取引上知り得た情報につき秘密保持義務を負うことが少なくない。企業内部への通報は，通常，秘密保持義務に違反することはないが，企業の外部への通報は秘密保持義務に違反するから，企業は，情報の管理を徹底し，通報者に対して秘密保持の注意を喚起すべきである。もっとも，公益通報者保護法は，一定の要件の下に公益通報を理由とする不利益な取扱いを禁止することにより秘密保持義務を解除しているから，企業は，正当な理由なく外部に通報しないように口止めするなどの通報妨害をしてはならない（公益通報者保護法3条3号ニ参照）。企業が通報者に対して秘密保持の注意

を喚起する場合には，正当な理由，たとえば，十分な調査により通報対象事実の要件に該当しないことが判明したこと，既に改善措置を講じたため通報対象事実が生じるおそれがないこと，内部者取引規制に関する重要事実に該当することなどを説明する必要がある。

　通報者が企業の外部者であり，企業に対して秘密保持義務を負わない場合には，通報内容の重大性によっては企業が自ら不正の内容を公表するかどうかを検討する段階に入る。

［公益通報の留意点］

　公益通報者保護法の目的は，公益通報をしたことを理由とする公益通報者に対する不利益な取扱い（解雇等）を禁止することにあるから，このような企業内部や取引先から通報があったときは，公益保護の対象になるかどうかを検討する必要がある。通報前1年内に退職した労働者や，通報前1年内に企業の取引先の事業に従事していた労働者・派遣労働者・取引先も公益保護の対象になる（公益通報者保護法2条1項）。

役員

　役員は，一次的な通報者になる場合もあるが，一次的な通報を受けた二次的な通報者にもなり得る。役員は，企業の不正を把握した取締役会や他の取締役がその不正を隠蔽するなどの不適切な意思決定や職務執行をした場合には，役員としての不作為が重大な責任を負うことになるため，行政機関，報道機関等の外部に通報することも検討する必要がある。役員として秘密保持義務に抵触する責任，たとえば，会社法423条1項の任務懈怠責任は，公益保護の要件に該当する限り免責されるが，免責される場合はそれに限らないと解すべきである。その意味で，公益通報者保護法はいわゆるセーフ・ハーバー・ルールの役割を果たす。

［公益通報の留意点］

　公益通報者保護法の一部を改正する法律（令和2年法律第51号）により，公益保護の対象に新たに役員が加えられ，公益保護の効果として，通報者は，企業に対し，公益通報によって損害を蒙ったことを理由に損害賠償責任を負わないので（公益通報者保護法7条），とくに社外役員がこの保護を利用して行政機関，報道機関等の外部に公益通報を行う場合がある。

　他方，役員は，企業との間で委任契約関係にあり，まずは通報内容の調査および是正の措置を講じる権限を行使すべきであるから，行政機関に対する通報の公益保護は，つぎのいずれかに該当することが要件とされている（公

益通報者保護法6条2号）。

・調査是正措置をとることに努めたにもかかわらず，なお通報対象事実が生じ，またはまさに生じようとしていると信ずるに足りる相当な理由がある場合

・通報対象事実が生じ，またはまさに生じようとしていると信ずるに足りる相当な理由があり，かつ，個人の生命・身体に対する危害または個人の財産に対する損害[2]が発生し，または発生する急迫した危険があると信ずるに足りる相当な理由がある場合

6.2.2　通報先

　通報先は，通常は通報内容の調査・是正権限を有する者であり，公益通報者保護法の区分に準じ，以下のとおり分類することができる。公益保護の要件は通報先によって異なり，通報先①，②，③の順に厳格になる。

通報先①：企業および企業集団内部

　労働者・派遣労働者・役員・取引先等の通報者の役務提供先である企業または当該企業があらかじめ定めた者（公益通報者法2条1項）が通報先となる。具体的には，報告通報では上司や管理職，コンプライアンスを管掌する管理部門，窓口通報では企業が設置した窓口が考えられる。通報を受ける者は，当該企業に属する役員・従業員に限らず，社外の弁護士なども含まれる。企業集団が窓口を設置している場合は，企業集団に属する他の企業に属する役員・従業員が通報を受けることもある。

　これらの通報先は，一般に，企業に対して秘密保持義務を有しており，とくに窓口通報を受けた者は法令に基づく秘密保持義務を負うので（公益通報者保護法12条）[3]，通報先から通報内容が外部に漏れることは少ない。しかし，報告通報は，一次的な通報から企業の経営者に報告されるまでに通報内容を知る者が相当数に及ぶため，通報内容の重大性によっては通報内容を知る者を特定し，秘密保持の注意を喚起するなどして情報の管理を徹底する必要がある。

　企業および企業集団内部が通報を受けた場合は，直ちに通報の内容を調査し，自社が関わる重大な不正である場合には，調査のプロジェクトチームを設置するなどの対応が必要になる。

［公益通報の留意点］

　通報者が通報対象事実が生じ，またはまさに生じようとしていると思料す

る場合である限り，公益保護の対象となるので，企業は，公益通報を理由とする解雇・労働者派遣契約の解除，降格，減給，退職金の不支給，派遣労働者の交代の請求その他不利益な取扱いをしてはならない（公益通報者保護法3〜5条）。役員は，公益通報を理由とする解任につき企業に損害賠償を請求することができる（公益通報者保護法6条）。また，企業は，公益通報によって損害を蒙ったことを理由に通報者に損害賠償を請求することができない（公益通報者保護法7条）。

通報先②：行政機関

　行政機関に通報する場合もあり，当該通報対象事実について処分・勧告等をする権限を有する行政機関または当該行政機関があらかじめ定めた者（公益通報者保護法2条1項）も通報先となる。

　通報者が企業および企業集団内部に通報することなく，いきなり行政機関に通報することは多くはない。窓口通報は，ハラスメントなど通報者の利害に関わる内容の通報が多い傾向にあるが，報告通報の中には通報者の業務に関連する法令違反の疑いなどが含まれる場合もある。通報者は，通常，最初に通報した上司や管理職が真摯に対応しない，相当の期間経過しても企業が必要な措置を講じてくれなかったと感じたことが原因で行政機関に通報する場合が多い。企業は，法令違反の疑いを含む通報を早期に把握し，重大な通報内容については通報者に情報を漏えいしないよう注意を喚起するだけでなく，企業がどのような措置を講じているのかを通報者に報告する必要がある。

［公益通報の留意点］

　労働者・派遣労働者・取引先の公益保護は，つぎのいずれかに該当することが要件とされている（公益通報者保護法3条2号，4条，5条）。

・通報対象事実が生じ，またはまさに生じようとしていると信ずるに足りる相当な理由がある場合

　※単に思料するだけでなく，信ずるに足りる相当な理由が必要になる。

・通報対象事実が生じ，またはまさに生じようとしていると思料し，かつ，所定の事項を記載した書面を行政機関に提出すること

通報先③：報道機関その他の外部の者

　消費者団体，事業者団体，報道機関，国会議員等に通報する場合もあり，当該通報対象事実を通報することがその発生またはこれによる被害の拡大を防止するために必要であると認められる者（公益通報者保護法2条1項）も

通報先となる。

［公益通報の留意点］

　労働者・派遣労働者・取引先の公益保護は，通報対象事実が生じ，または まさに生じようとしていると信ずるに足りる相当な理由があり，かつ，つぎ のイ～ヘのいずれかに該当する場合に限られる（公益通報者保護法 3 条 3 号）。

イ　通報先①または②に通報すれば解雇その他不利益な取扱いを受けると信 ずるに足りる相当な理由がある場合

ロ　通報先①に通報すれば通報対象事実に係る証拠の隠滅・偽造・変造のお それがあると信ずるに足りる相当な理由がある場合

ハ　通報先①に通報すれば企業が故意に通報者について知り得た事実を漏え いすると信ずるに足りる相当な理由がある場合

ニ　企業から正当な理由がなく通報先①または②に通報しないよう要求され た場合

ホ　書面により通報先①に通報した日から 20 日を経過しても，企業から調 査を行う旨の通知がない場合または正当な理由がなく調査を行わない場合

ヘ　個人の生命・身体に対する危害または個人の財産に対する損害が発生 し，または発生する急迫した危険があると信ずるに足りる相当な理由があ る場合

6.3.　不正の公表

　企業活動において自社または自社が属する企業集団に関わる不正またはそ の疑義が把握された場合には，企業は，不正に関する情報開示の必要に即 し，把握の段階から再発防止策の段階に至るまで迅速かつ的確に行う必要が ある（日本取引所自主規制法人 2016）。

　企業が不正を把握したときに，①法令や自主規制により特定の作為義務が 定められている場合には，その義務に基づき不正の内容を公表しなければな らないが，そのような定めがなくとも，②取締役の善管注意義務として不正 の内容を公表しなければならない場合がある。

6.3.1　法令や自主規制に基づく特定の措置を講じる義務

　企業が不正を把握したときに，法令や自主規制により，製品等の回収，情

報の開示その他必要な措置が義務づけられる場合がある。

法令による製品等の回収措置

　企業が把握した不正が，法令により製品等の回収その他必要な措置を講じることを義務づける所定の要件に該当するときは，個別に通知できる場合（企業が回収措置等を講ずべき製品等の所有者・所在を特定して把握している場合）でない限り，製品等の欠陥・危険性に関する情報を公表する必要が生じる場合がある。

　たとえば，法令が企業の努力義務として（例：食品衛生法3条，消費生活用製品安全法38条），または監督官庁の勧告・命令として（例：道路運送車両法63条の2，電気用品安全法42条の5），製品等の回収その他必要な措置を講じることを義務づけている。

法令による情報の開示

　金融商品取引法に基づく企業内容の法定開示制度（disclosure）では，上場企業および企業集団が把握した不正が投資者の投資判断に重要な影響を及ぼすときは，公衆の縦覧に供する臨時報告書の提出を義務づけている（金融商品取引法24条の5第4項，企業内容等の開示に関する内閣府令19条2項12号・19号）。

自主規制（有価証券上場規程）による情報の開示

　金融商品取引所の自主規制に基づく企業内容の適時開示制度では，上場企業および企業集団が把握した不正が投資者の投資判断に重要な影響を及ぼすときは，直ちにその内容を開示することを義務づけている。

　東京証券取引所有価証券上場規程402条は，上場会社が開示義務を負う事由として，決定事実（同条1号）と発生事実（同条2号）に分けて定め，発生事実としてa〜wに具体的事実を列挙し，xとして，aから前wまでに掲げる事実のほか，当該上場会社の運営，業務もしくは財産または当該上場株券等に関する重要な事実であって投資者の投資判断に著しい影響を及ぼすものが発生した場合は，直ちにその内容を開示しなければならないと定める。同条2号xは，包括的な定めであり，いわゆるバスケット条項と呼ばれる。上場会社の子会社の発生事実にも同様のバスケット条項がある（同規程403条2号1）。

　「投資者の投資判断に著しい影響を及ぼす」かどうかは，発生事実の内容，その影響等を踏まえて，実質的に判断することが求められている。とくに，つぎの（a）から（f）までのいずれかに該当する場合（該当しないこと

が明らかでない場合も含む）など投資者の投資判断に及ぼす影響が重要であると認められる場合には直ちにその内容を開示するよう求められている（東京証券取引所会社情報適時開示ガイドブック）。

(a)　金融商品取引法 166 条 2 項 4 号または 8 号に該当する事実

　　金融商品取引法 166 条 2 項 4 号は「前三号に掲げる事実を除き，当該上場会社等の運営，業務又は財産に関する重要な事実であつて投資者の投資判断に著しい影響を及ぼすもの」と定めており，いわゆる内部者取引規制に係る上場会社に関する重要事実のバスケット条項である。同項 8 号は同様に上場会社の子会社に関する重要事実のバスケット条項である。自主規制の目的に照らし，法令上の内部者取引規制に関する重要な事実に該当する場合には，具体的な金額基準を考慮するまでもなく，適時開示を求める趣旨である。

　　企業の不正の発覚は，将来の財務指標に与える金額的な影響が明らかでなくとも，その公表が株価の下落をもたらすことが予想されるため，内部者がその公表の前に「売り」判断を行うことが多い。そのため，証券取引等監視委員会が，企業の不正の発覚を内部者取引規制に関する重要事実のバスケット条項に該当すると判断した事例が少なくない。

(b)　当該発生事実による連結純資産の増加または減少見込額が直前連結会計年度の末日における連結純資産の 30% 以上

(c)　当該発生事実による連結売上高の増加または減少見込額が直前連結会計年度の連結売上高の 10% 以上

(d)　当該発生事実による連結経常利益の増加または減少見込額が直前連結会計年度の連結経常利益の 30% 以上

(e)　当該発生事実による親会社株主に帰属する当期純利益の増加または減少見込額が直前連結会計年度の親会社株主に帰属する当期純利益の 30% 以上

(f)　企業内容等の開示に関する内閣府令 19 条 2 項 12 号または 19 号の規定に基づく事由（財政状態または経営成績に影響を与える事象）で臨時報告書が提出される事実

　　企業内容等の開示に関する内閣府令 19 条 2 項 12 号は，単体損益に与える影響額が最近事業年度末日の純資産額の 3% 以上かつ最近 5 事業年度の当期純利益の平均額の 20% 以上に相当する重要な後発事象

を，同項19号は，連結損益に与える影響額が連結会社の最近連結会計年度末日の連結純資産額の3%以上かつ最近5連結会計年度の親会社株主に帰属する当期純利益の平均額の20%以上に相当する重要な後発事象をいう。

　以上のように，上場規程に基づく開示義務は，あくまで投資者の投資判断に著しい影響を及ぼすかどうかという観点から，基本的には企業の財務指標に及ぼす影響を基準として開示すべきかどうかを判断することとなる。

　企業の不正は，その発覚により生じる①是正措置・補償・賠償等による費用・損失，②罰金・課徴金等の財産に対する処分による損失，③許認可の取消・営業の停止等事業に対する処分による業績の低下，④取引先からの取引打切り等による業績の低下，⑤レピュテーション毀損による業績の低下，⑥財務諸表等の監査証明等が得られず上場廃止に至ること等の事象が投資者の投資判断に影響を及ぼす可能性がある。

　企業の不正から生じる①～⑥など種々の事象の中には，当該事象単独で上場規程402条2号a～wに定める各事由に該当する場合があり，その場合には当該事象が発生したときに適時開示しなければならない。たとえば，①の事象の中には，同条2号a「業務遂行の過程で生じた損害」に，③の事象の中には，同条2号f「免許の取消し，事業の停止その他これらに準ずる行政庁による法令に基づく処分」に，④の事象の中には，同条2号l「主要取引先との取引の停止または同一事由によるもしくは同一時期における複数の取引先との取引の停止」に該当する場合がある。また，⑥の事象に至る前には，同条2号t「監査証明等を行う公認会計士等の異動」，同条2号u「有価証券報告書または四半期報告書を」「期間内に提出する見込みのないことおよび当該期間内に提出しなかったこと」等に該当する場合がある。

　以上に対し，同条2号xのバスケット条項に該当する企業の不正は，一般に上場企業および企業集団内で発覚した時期に発生したと認定される。企業の不正が発覚した時点では，単独で同条2号a，f，l，t，u等に定める各事由に該当する事象は未だ発生していないことが多く，企業の不正の発覚という事象を適時開示するかどうかは，それら個別の事象が発生する可能性を織り込んで将来的・複合的に生じ得る数々の事象の金額的な影響を合算して判定する必要がある。

　企業の不正の発覚について，公表日前の近接した日に内部者取引が行われたケースでは，証券取引等監視委員会が内部者取引規制に関する重要事実の

バスケット条項に該当すると判断し，課徴金納付命令を発した事例が少なくない。この場合には，将来の財務指標に与える金額的な影響にかかわらず，上記（a）に該当することとなり，企業集団内で発覚してから直ちに開示していなかった場合には，上場規程 402 条 2 号 x に違背していたことになる。

　したがって，上場企業は，企業集団内で発覚してから公表までの期間を短くし，公表日前に内部者取引が行われることのないよう情報管理を徹底する必要がある。

　とくに企業の不正の中でも上場企業の会計不正は，その事実が公に知られたときに株価の低下に直結するので，見込まれる過去の財務指標の下方修正の金額的影響だけでなく，投資家の「売り」判断に与える影響を考慮する必要があり，発覚後直ちに公表すべき場合が多いと考えられる。

【事例：不適切会計の公表の株価影響】（証券取引等監視委員会「金融商品取引
　法における課徴金事例集〜不公正取引編〜」（令和 2 年 6 月）事例 10）

　ある上場会社（不動産開発販売事業）が税務調査を受けるなか，平成 30 年 10 月 15 日，マンション事業部が値引き販売を隠蔽し，売上高を過大に計上していたことが発覚した事案につき，重要事実は「同事業部が値引き販売を隠蔽し，売上高を過大に計上していたことが判明した事実」が金融商品取引法 166 条 2 項 4 号（バスケット条項）に該当し，同社の担当部長らが同日に IR 部門および財務部門の責任者である役員に対して同事案が発覚した旨を報告したことにより同社が同事案を認識するに至ったとして，重要事実は平成 30 年 10 月 15 日に発生したと認定した。同社は，同月 26 日午後 0 時 30 分，同事案を公表し，「平成 29 年 10 月期における売上高の過大計上額は 166 百万円と見込んでおりますが，今後精査してまいります」と伝えた。

　この事案では，証券取引等監視委員会は，マンション事業が同社の主力事業の一つとして成長・発展が期待されており，こうした重要な事業で不正が判明した事実は，昨今のコンプライアンス意識の高まりに照らすと，同社の社会的信用を著しく毀損すること，本件事案の発覚を受け，過年度の決算における当期純利益を下方修正し，四半期報告書の一部修正を余儀なくされるなど同社の業績に関し，重大な影響を及ぼすものであったことから，投資者がこの事実を知れば，当然に「売り」の判断を行うものと認められたことを理由にバスケット条項を適用している。

　上場会社の開示事由として投資者の投資判断に著しい影響を及ぼすかどうかは，基本的には将来の企業の財務指標に及ぼす影響を基準とし，上記（b）

図表　有価証券報告書の訂正報告書（平成 29 年 10 月期）

	訂正前（百万円）	訂正後（百万円）	増減割合（%）
売上高	46,482	46,315	▲ 0.3%
経常利益	4,116	3,904	▲ 5.1%
親会社株主に帰属する当期純利益	3,005	2,838	▲ 5.5%

出所：著者が作成した。

～（e）が目安となる。しかし，この事案では，同社の業種が対消費者取引（いわゆる B to C）に属し，企業の社会的信用の毀損が将来的に一般消費者に対する販売の業績低下をもたらすことや，会計不正であるため，過去の財務指標の下方修正は公表直前の株価自体が過大評価されていることを示すことから，証券取引等監視委員会は，投資判断に著しい影響を及ぼすと判断したものと考えられる。

なお，同社が平成 30 年 12 月 25 日に提出した訂正報告書によれば過去の財務指標の下方修正は，上の図表のとおりであったが，企業の不正の公表日である同年 10 月 26 日（金）の同社株式の株価は前日 608 円から 595 円（▲ 13 円，▲ 2.1%）に，同月 29 日（月）は 511 円（▲ 84 円，▲ 14.1%）に下落した。後に公表される過去の財務指標の下方修正ではさほど金額的影響が大きくないが，これに先立つ企業の不正の公表時点では株価に大きな影響を与えることを示している。

6.3.2　取締役の善管注意義務に基づく公表義務

企業が不正を把握したときに，法令や自主規制により，情報の開示，製品の回収その他必要な措置を義務づけられない場合でも，取締役の善管注意義務として不正の内容を公表しなければならない場合がある。

企業が不正を把握したときの初動として，事案の重大性の見極めと公表の要否の判断がとくに重要であり，法益侵害の性質（人の身体の安全や健康に関わるものか）や影響範囲（不特定多数に及ぶか，継続しているか）等を踏まえ，公表が必要であると判断した場合には，迅速かつ適切に行うことが求められる（経済産業省 2019, 4. 10. 2）。

取締役は，企業の中長期的な利益のため不正の内容を公表すべきかどうかを判断すべきであり，その判断には一定の裁量があるが（経営判断の原則），一般的に，不正の内容を公表する目的には，①公表することにより，製品を

購入した消費者など不特定多数の第三者に対する生命・身体・財産の損害や危険の発生または拡大を防止する目的（法益侵害防止目的）と，②自ら公表することにより，他の要因により公に知られた場合に企業が蒙るレピュテーションダメージを回避する目的（レピュテーションダメージ回避目的）がある。

公表することにより，不特定多数の第三者に対する損害や危険の発生または拡大を防止する目的（法益侵害防止目的）

　この目的による公表は，第三者に対する法益侵害の防止を直接の目的としている。企業が把握した不正は，法的侵害が拡大するおそれがあるかどうか，被害者が特定されているかどうかで類型化することができる。法益侵害が現在も継続中で拡大するおそれがあるときは，法益侵害の危険の発生・防止のため必要性がある限り，被害者に連絡しなければならない。この場合，被害者の住所等まで特定されているときは不正の内容を個別に通知することで足りるが，被害者が特定されていないときはこの目的による公表が必要になる。

　この目的による公表は，第三者の生命・身体・財産の危険の発生・拡大の防止を直接の目的としており，その目的にとって合理的な必要性がある限り，企業は速やかにその内容を公表すべきであって，公表の要否やその時期に関して取締役の裁量に委ねられる余地は小さい。

　法益侵害が既に終了し，拡大するおそれがない場合や，被害者が特定されており，個別に通知することができる場合でも，企業は，つぎのレピュテーションダメージ回避目的で不正の内容を公表するかどうかを検討する必要がある。

自ら公表することにより，他の要因により公に知られた場合に企業が蒙るレピュテーションダメージを回避する目的（レピュテーションダメージ回避目的）

　この目的による公表は，中長期の企業価値を支えるレピュテーションに対するダメージを抑制（コントロール）する考え方（レピュテーションマネジメント）に基づいており，その背景には，過去の不正事案の教訓から，企業としての正式発表前に報道された場合には，隠ぺいが疑われて信頼回復に時間を要すること，SNS の普及により内部告発等を端緒として一瞬にして社会問題として拡散され，企業としての対応が後手に回ることから，レピュテーションダメージが大きくなるケースが増加しているという事実認識がある（経済産業省 2019, 4. 10. 2）。週刊誌等の記者のスクープにより不正が報

道されたために企業が公表を余儀なくされ，その後も第2弾の記事が追い打ちをかけるようなケースもある。

　レピュテーションマネジメントの考え方では，企業にとって，つぎのA～Cのダメージの大きさは，一般にC＜A＜Bとなるので，Bのダメージを回避するため，Aのダメージを選択する合理性がある。

　A：企業が自ら公表する場合のダメージ

　B：他の要因により公に知られた場合のダメージ

　C：公に知られずに済む場合のダメージ

　企業が公表するかどうかを判断する時点で，将来的に他の要因により公に知られる確率（a%）は計測し難いが，仮に期待値として数値化すれば，❶自ら公表するという選択は，企業が蒙るダメージをA（× 100%）として確定させることを意味し，このダメージが❷自ら公表しないという選択により不確実な状況に置かれるダメージの期待値B×a% ＋ C×（100 － a）%を下回る場合に❶自ら公表するという選択をすることに合理性がある。

　このようにレピュテーションダメージを回避する目的の公表は，レピュテーションのダメージを最小化することが主な目的であり，公表の要否やその時期に関する取締役の判断には一定の裁量がある。もっとも，取締役は，企業の中長期的な利益を図るべきであり，企業の不正を把握したときは，その根本的な原因を究明し，それに即した実効性の高い再発防止策を策定し，迅速かつ着実に実行する必要がある（日本取引所自主規制法人 2016）。このような原因の究明と再発防止策の策定・実行を進める限り，不正を知る従業員や取引先が増加していき，内部告発やリーク，SNSなどで情報が漏えいする確率も高くなっていく。そのため，情報が漏えいすれば公に知られるような重大な事案（社会的な影響が大きく，報道価値のある事案）では，❷自ら公表しないという選択をすべきではない。

【事例：ダスキン株主代表訴訟事件】（大阪高等裁判所平成 17 年（ネ）第 568
　号同 18 年 6 月 9 日判決）

　株式会社ダスキンが「大肉まん」を「ミスタードーナツ」加盟店に販売していたが，「大肉まん」の販売終了から半年以上経過した後に，担当取締役以外の取締役・監査役が「大肉まん」に食品衛生法に違反して添加物（酸化防止剤 tert- ブチルヒドロキノン：TBHQ）が含まれていたことを知ったが，「大肉まん」に含まれていた添加物は通常の使用量では健康に影響が出ず，消費者の被害も報告されていなかったので，積極的には公表しないこと

とした。その後，その事実が新聞報道されたことから同社の売上が低下し，加盟店に対する補償等の損害を蒙ったとして，株主が同社を代表し，取締役・監査役に対して損害の賠償を求める訴えを提起し，その控訴審で取締役・監査役に2億円強の損害賠償が命じられた。

　なお，担当取締役2名は，「大肉まん」販売中に取引先からその事実を指摘されたにもかかわらず，同取引先に不明朗な理由で6,300万円を支払い，「大肉まん」の販売を継続しており，分離後の控訴審で53億円強の損害賠償が命じられている。

［判決の理由］

　自ら積極的には公表しないという対応は，未認可添加物の混入や販売継続，隠ぺいのような重大な問題を起こしてしまった食品販売会社の消費者およびマスコミへの危機対応として，到底合理的なものとはいえない。

　現代の風潮として，消費者は食品の安全性については極めて敏感であり，企業に対して厳しい安全性確保の措置を求めている。未認可添加物が混入した違法な食品を，それと知りながら継続して販売したという事実だけで，当該食品販売会社の信頼性は大きく損なわれることになる。また，マスコミの姿勢や世論が，企業の不祥事や隠ぺい体質について敏感であり，少しでも不祥事を隠ぺいするとみられるようなことがあると，しばしばそのこと自体が大々的に取り上げられ，追及がエスカレートし，それにより企業の信頼が大きく傷つく結果になることが過去の事例に照らしても明らかである。

　それに対応するには，過去になされた隠ぺいとはまさに正反対に，自ら進んで事実を公表して，既に安全対策がとられ問題が解消していることを明らかにすると共に，隠ぺいが既に過去の問題であり克服されていることを印象づけることによって，積極的に消費者の信頼を取り戻すために行動し，新たな信頼関係を構築していく途をとるしかないと考えられる。

　したがって，そのような事態を回避するために，そして，現に行われてしまった重大な違法行為によってダスキンが受ける企業としての信頼喪失の損害を最小限度に止める方策を積極的に検討することこそが，このとき経営者に求められていたことは明らかである。ところが，取締役会で明示的に議論することもなく，「自ら積極的には公表しない」などというあいまいで，成り行き任せの方針を，手続き的にもあいまいなままに黙示的に事実上承認したのである。それは，到底，「経営判断」というに値しないものというしかない。

6.4.」 不正をめぐる責任

　不正をめぐる責任は，責任の種類が民事責任か，刑事責任か，行政処分かによって，責任を追及する主体が第三者か，企業かによって分類することができる。

6.4.1　民事責任

　企業の不正により損害を蒙ったさまざまなステークホルダーが，企業，役員（執行役・会計監査人を含む）または不正関与者に対して損害賠償責任を追及するおそれがある。企業も役員または不正関与者に対して損害賠償責任を追及することができる。損害賠償責任の法的構成については，第5節「損害賠償責任」で述べる。

第三者が蒙った直接損害の賠償責任

　たとえば，企業の製品を購入した一般消費者，企業の取引先など，企業の不正によって直接に損害を蒙った第三者は，企業，役員または不正関与者に対して損害賠償責任を追及することができる。企業の役員の責任原因は，不正に対する関与そのものだけではなく，不正に対する監視・監督や不正を防止する内部統制の構築・運用，不正を把握した後の対応などに関する任務懈怠も含まれる。

第三者が蒙った間接損害の賠償責任

　企業の不正によって企業が蒙った損害を介して間接に損害を蒙った第三者も，企業，役員または不正関与者に対して損害賠償責任を追及することができる。たとえば，企業が損害を蒙ることによって，企業の債権者は企業の支払能力の低下を介して，企業の株主は企業の株式価値の低下を介して間接に蒙った損害の賠償を請求する場合がある。

企業が蒙った損害の賠償責任

　消費者・取引先等の第三者が蒙った直接損害の賠償・補償，補修・追加検査等の是正措置の費用負担，罰金・課徴金等の損失，許認可の取消・営業の停止・取引先からの取引打切り，レピュテーション毀損等による業績の低下などにより損害を蒙った企業は，役員または不正関与者に対して損害賠償責任を追及することができる。企業が役員に対して責任追及をしない場合には，株主が代わって責任を追及する株主代表訴訟がある。

6.4.2　刑事責任

　企業の不正をめぐる刑事責任については，不正によって第三者または企業に生じた法益侵害の結果や危険に対して追及される刑事責任のほか，法益侵害の危険を生じさせる行為を取り締まる法律に違反して罰則が適用される刑事責任などがある。

不正によって第三者に生じた結果や危険に対する責任

　不正によって第三者に生じた法益侵害の結果や危険について，役員や従業員など法人内の特定の行為者が刑事責任を追及される場合がある。たとえば，不正があった企業の製品を購入した一般消費者に傷害・死亡の結果が生じたときは業務上過失致死傷罪（刑法 211 条）が，虚偽の表示を信頼して企業の製品を購入した取引先に財産上の損害が生じたときは詐欺罪（同法 246 条）や詐欺未遂罪（同法 250 条）が成立する場合がある。

不正によって企業に生じた結果や危険に対する責任

　不正によって企業に生じた法益侵害の結果や危険について，役員や従業員など法人内の特定の行為者が刑事責任を追及される場合がある。たとえば，企業の役員が自己もしくは第三者の利益を図り，または企業に損害を加える目的でその任務に背き，企業に財産上の損害が生じたときは特別背任罪（会社法 960 条）が，株主の権利行使に関し，株主に利益を供与したときは贈賄罪（同法 968 条 2 項）が成立する。

不正による取締法規の違反

　法益侵害の危険を生じさせる行為を取り締まる目的で罰則を定める法令に違反した役員や従業員など法人内の特定の行為者が刑事責任を追及される場合がある。たとえば，食品衛生法違反（販売禁止），不正競争防止法違反（品質虚偽表示），金融商品取引法違反（財務書類の虚偽記載）などは罰則が定められている。これらの罰則では，行為者と併せて法人にも罰金を科す両罰規定が置かれることが多い。

日本版司法取引制度

　平成 28 年法律第 54 号「刑事訴訟法等の一部を改正する法律」により改正された刑事訴訟法 350 条の 2 ～ 15 が定める「証拠収集等への協力及び訴追に関する合意」が平成 30 年 6 月 1 日から施行されている。特定の財産経済犯罪や薬物銃器犯罪を対象に，検察官と被疑者・被告人が弁護人の同意の下，他人の刑事事件について真実に基づく供述をしたり，重要な証拠を提出したりするなど捜査に協力する代わりに，検察官が本人の刑事事件について

不起訴，軽い罪による起訴，軽い求刑などの有利な取扱いをする制度である。

　対象となる財産経済犯罪には，特別背任などの会社法違反，カルテル・談合などの私的独占の禁止及び公正取引の確保に関する法律違反，会計不正などの金融商品取引法違反など典型的な企業の不正が含まれる。

　日本版司法取引制度は，米国と異なり，被疑者・被告人が自己の刑事事件を認める代わりに有利な取扱いをする自己負罪型の類型を導入していない。

【事例：三菱日立パワーシステムズ外国公務員贈賄事件】

　タイで大型工事を請け負った三菱日立パワーシステムズの幹部が，2015年2月，現地で発生したトラブルを解決する目的で現地公務員に多額の現金を交付した。同社は，同年3月，現地従業員の内部通報により把握し，社内調査に着手し，同年6月，東京地検特捜部に調査報告書を提出して捜査に協力していたが，2018年6月，検察官が司法取引を提案し，最終的に幹部3名のみを起訴し，同社を起訴猶予とした。初めて日本版司法取引制度が適用された事案であるが，同社は，司法取引により最高3億円の罰金を免れるとともに，レピュテーションの低下などによる企業価値の毀損も免れたと評価することができる。

6.4.3　行政処分

　多くの取締法規で報告徴求・立入検査・勧告・公表などが定められており，企業がこれらに従わない場合に命令を発することも定められている。たとえば，食品衛生法—販売禁止命令，道路運送車両法—改善措置命令，消費生活用製品安全法—危害防止命令，電気用品安全法—危険等防止命令，建設業法—営業停止命令，不当景品類及び不当表示防止法—措置命令，私的独占の禁止及び公正取引の確保に関する法律—排除措置命令などがある。課徴金納付命令（不当景品類及び不当表示防止法，私的独占の禁止及び公正取引の確保に関する法律，金融商品取引法）も行政処分である。

6.5.　損害賠償責任

　企業の不正をめぐる民事責任の法的性質は，大きく債務不履行責任と不法行為責任に分けられ，それぞれに特別の責任が定められている。企業の役員に対する責任追及は，企業が原告になる責任追及訴訟と株主が原告になる株

主代表訴訟がある。

6.5.1　債務不履行責任

　債務不履行責任は，債務者がその債務の履行しないときに債権者に生じた損害を賠償する責任をいい，民法415条1項が定める。

　[民法415条1項]

　債務者がその債務の本旨に従った履行をしないとき又は債務の履行が不能であるときは，債権者は，これによって生じた損害の賠償を請求することができる。ただし，その債務の不履行が契約その他の債務の発生原因及び取引上の社会通念に照らして債務者の責めに帰することができない事由によるものであるときは，この限りでない。

　債務は主に契約によって発生するので，一般に債務不履行責任は，契約の当事者である債権者が債務者に対して追及する責任である。債務は，目的物の引渡し義務など契約から生じる本来的な債務だけでなく，善管注意義務（民法644条）など付随的な債務，契約（継続的取引基本契約を含む）の定め（特約）に基づく債務も広く含む。

　債務不履行責任を追及する場合には，債権者は，①債務の発生原因と，②債務者が債務の本旨（個々の契約により定まる）に従った履行をしないこと（不完全履行），または履行が不能であること（履行不能），③損害が発生したこと，④②と③との間の因果関係を立証する必要がある。債務者の責めに帰すべき事由（帰責性）は，債権者が立証する必要はなく，債務者がその不存在を立証すれば責任を免れる。

　企業の不正によって直接に損害を蒙った取引先は，企業との間の継続的取引基本契約，売買契約，請負契約，委託契約等に基づき，企業に対して債務不履行責任を追及することができる。

　また，企業の不正によって損害を蒙った企業は，役員または不正関与者との間の委任契約，雇用契約等に基づき，役員または不正関与者に対して債務不履行責任を追及することができる。

　株式会社が役員に対して追及する責任は，つぎに述べる会社法423条1項に基づく任務懈怠責任となる。

　企業が従業員に対して追及する責任は，報償責任の法理（利益の存すると

ころに損失も帰するべきという考え方）や過失相殺・損害の公平な分担の法理（企業にも指揮命令や安全配慮，内部統制の構築・運用を怠った責任がある），信義誠実の原則・権利の濫用等により責任が制限されること（軽過失を免責する，損害額の一定割合を限度とするなど）が少なくない[4]。責任が制限される場合に限度となる損害額の一定割合はさまざまであり，事案ごとに事後的に裁判所によって判断されており，従業員との契約で損害賠償の額を予定することはできない（労働基準法 16 条）。

役員の企業に対する損害賠償責任（会社法 423 条 1 項）

　役員は，企業との間の委任契約に基づき（会社法 330 条，402 条 3 項），善管注意義務（民法 644 条）を負い，役員のうち取締役（執行役を含む）は忠実義務（会社法 355 条，419 条 2 項）も負う。役員が委任契約の本旨に従った履行をしない場合には債務不履行責任を負うが，会社法 423 条 1 項が定める任務懈怠責任は，役員の任務が企業と役員との間の個々の定め（たとえば，義務を軽減する特約など）にかかわらず，法令によってその内容が規定されるという側面を有することから，その責任の明確化と厳格化を図るため，債務不履行責任を加重した特殊な法定責任である[5]。

[会社法 423 条 1 項]
　取締役，会計参与，監査役，執行役又は会計監査人は，その任務を怠ったときは，株式会社に対し，これによって生じた損害を賠償する責任を負う。

株主代表訴訟

　役員の任務懈怠責任（会社法 423 条 1 項）は，本来，役員との間で委任契約を締結する企業が自ら追及し，任意に履行されないときは責任追及の訴えを提起すべきである。この場合，取締役以外の役員に対する責任追及は，代表取締役が企業を代表するが（同法 349 条 4 項），取締役に対する責任追及は，監査役設置会社では監査役が（同法 386 条 1 項），監査等委員会設置会社では選定監査等委員が（同法 399 条の 7 第 1 項），指名委員会等設置会社では選定監査委員が（同法 408 条 1 項），これらのいずれでもない株式会社では株主総会が定めた者（同法 353 条）または取締役会が定めた者（株主総会が定めない取締役会設置会社の場合，同法 364 条）が企業を代表する。

　しかし，役員間の特殊な関係から，企業が自ら役員の責任を追及しないお

それがあるので，株主が企業代表者に対し，責任追及の訴えを提起するよう提訴請求をし（会社法 847 条 1 項），企業代表者が 60 日以内に訴えを提起しなかったときは，個々の株主が，企業のために役員の責任を追及する株主代表訴訟を提起することができることとしている（同条 3 項）。親会社の株主がその完全子会社の役員の責任を追及する多重株主代表訴訟制度もある（同法 847 条の 3）。

［会社法 847 条 1 項］（抄）
　六箇月前から引き続き株式を有する株主は，株式会社に対し，書面その他の法務省令で定める方法により，発起人，設立時取締役，設立時監査役，役員等若しくは清算人の責任を追及する訴えの提起を請求することができる。

［会社法 847 条 3 項］
　株式会社が第一項の規定による請求の日から六十日以内に責任追及等の訴えを提起しないときは，当該請求をした株主は，株式会社のために，責任追及等の訴えを提起することができる。

6.5.2　不法行為責任

　不法行為責任は，故意または過失によって他人の権利または法律上保護される利益を侵害した者がそれによって当該他人に生じた損害を賠償する責任をいい，民法 709 条が定める。

［民法 709 条］
　故意又は過失によって他人の権利又は法律上保護される利益を侵害した者は，これによって生じた損害を賠償する責任を負う。

　人（法人を含む）は，他人と契約関係になくとも一般的な社会生活関係において，他人の権利または法益（法律上保護される利益）を侵害してはならないという不可侵義務を負う。不法行為責任は，通常，被害者が契約関係にない加害者に対して追及する。

　不法行為責任を追及する場合には，被害者は，①加害者が自己の権利または法益を侵害したこと（違法行為），②加害者に故意または過失があること，③損害が発生したこと，④①と③との間の因果関係を立証する必要があ

り，債務不履行責任と異なり，債務者の責めに帰すべき事由（帰責性）に相
当する加害者の故意または過失の立証責任も負う。

　企業の役員または不正関与者は，企業の職務を行うときも，他人の権利ま
たは法益を侵害してはならないという不可侵義務を負っており，故意または
過失によりこの義務に違反し，他人の権利または法益を侵害したときは，不
法行為責任を負う。したがって，消費者，債権者，株主など企業の不正に
よって直接または間接に損害を蒙った第三者は，企業の役員または不正関与
者に対して不法行為責任を追及することができる。多くの場合，これを前提
にして，支払能力のある企業に対して，つぎに述べる使用者責任を追及する。

　なお，代表者が企業の職務を行うについて不法行為を行ったときは，企業
が不法行為責任を負う（会社法350条，600条，一般社団法人及び一般財団
法人に関する法律78条）。

使用者責任

　使用者責任は，被用者の不法行為責任を前提として，報償責任の法理や危
険責任の法理（危険を発生させるものを支配する者が責任を負うべきという
考え方）から，被害者を保護するため，使用者に負わせる代位責任であると
考えられており，民法715条1項が定める。

[民法715条1項]

　ある事業のために他人を使用する者は，被用者がその事業の執行につ
いて第三者に加えた損害を賠償する責任を負う。ただし，使用者が被用
者の選任及びその事業の監督について相当の注意をしたとき，又は相当
の注意をしても損害が生ずべきであったときは，この限りでない。

　使用者責任を追及する場合には，被害者は，①被用者の不法行為と，②使
用関係，③事業の執行についてされたことを立証する必要がある。これに対
し，使用者が責任を免れるためには，被用者の選任およびその事業の監督に
ついて相当の注意をしたこと，または相当の注意をしても損害が発生したこ
とを立証する必要がある。

工作物責任

　工作物責任は，危険責任の法理から，被害者を保護するため，占有者また
は所有者に負わせる責任であり，民法717条1項が定める。工作物責任を追
及する場合には，被害者は，①土地の工作物の占有者または所有者であるこ

と，②設置または保存の瑕疵，③損害が発生したこと，④②と③との間の因
果関係を立証する必要がある。これに対し，占有者は損害の発生を防止する
のに必要な注意をしたことを立証すれば免責されるが，所有者は免責されな
い（無過失責任）。

　たとえば，エレベーターなど企業の製品が土地の工作物に該当し，または
その一部を構成する場合，その設置または保存の瑕疵により損害を被った第
三者は，工作物の所有者または占有者に工作物責任を追及することができ
る。第三者に損害を賠償した工作物の所有者または占有者は，瑕疵の原因と
なる製品を納入した企業に対し，債務不履行責任または不法行為責任を追及
することになる。

製造物責任

　製造物責任法は，製造物の欠陥により生命，身体または財産に係る被害者
を保護するため，①製造業者（製造，加工，輸入をした者），②表示製造業
者（製造物に自ら製造業者として，または製造業者と誤認させるような表示
をした者）および③実質製造業者（製造，加工，輸入または販売に係る形態
その他の事情からみて，製造物にその実質的な製造業者と認めることができ
る表示をした者）に損害賠償責任を負わせる。

　製造物責任法が定める「欠陥」は，製造物が通常有すべき安全性を欠くこ
とをいい，契約において合意された品質・仕様等を満たさないばかりでなく，
他人の生命，身体，財産を侵害してはならないという一般的な社会生活関係
における不可侵義務にも違反するようなものをいう。製造物責任は，不法行
為責任の特則として位置付けられており，メーカーなどの企業と契約関係に
ない消費者が企業に対して直接責任を追及することができる点に意義がある。

役員の第三者に対する損害賠償責任（会社法 429 条 1 項）

　役員は，企業の職務を行うときも，第三者に対し，一般的な不法行為責任
（民法 709 条）を負う。しかし，会社法 429 条 1 項は，株式会社が経済社会
において重要な地位を占め，その活動がその機関である取締役の職務執行に
依存することを考慮し，第三者を保護する見地から，役員が企業に対して負
う任務を懈怠したことによって第三者に損害を加えたときは，特別に役員が
第三者に対して損害賠償責任を負うことを定める[6]。

[会社法 429 条 1 項]
　役員等がその職務を行うについて悪意又は重大な過失があったときは，当

該役員等は，これによって第三者に生じた損害を賠償する責任を負う。

　この規定により，企業の職務により損害を蒙った第三者が役員に責任を追及するためには，①職務を行った役員が自己の権利または法益を侵害すること（違法行為）につき主観的要件（故意または過失）を主張立証しなくとも，当該役員が企業に対して負う任務を懈怠することにつき主観的要件を主張立証すれば足りる。他方で，主観的要件につき軽過失だけでは足りず，重過失を主張立証することを要する。②当該役員の任務懈怠と第三者が蒙った損害との間に相当の因果関係がある限り，職務によって直接に第三者が蒙った損害だけでなく，職務によって企業が蒙った損害を介して間接に第三者が蒙った損害についても賠償を請求することができる。

6.6. おわりに

　いかなる企業でもガバナンス体制や内部統制が永続的に完全であるということはなく，不正は常に発生し得るものである。過去の事例から，企業が不正を隠蔽しようとすることは企業価値の毀損に直結するリスクが大きいことが明らかである。経営者は，不正を発見したときの初動として事案の性質と社会的な影響を正しく見極め，情報の管理と公表を迅速かつ適切に判断していくことが重要になる。企業は，平時から，不正の発生自体を予防するだけでなく，こうした有事の対応や危機管理に関しても発生し得る不正を類型的に予期して備えておく必要がある。

（片山智裕）

〈注〉
1　事業者は，公益通報を受け，当該公益通報に係る通報対象事実の調査をし，その是正に必要な措置をとる業務（公益通報対応業務）に従事する者（公益通報対応業務従事者）を定めなければならない（公益通報者保護法11条1項）。報告通報も公益通報に該当し得るので，事業所内のすべての従業員が公益通報対応業務を行う可能性があるが，通常，ライン部門を含む管理職すべてを公益通報対応業務従事者に指定することはない。したがって，大まかには公益通報対応業務従事者が受ける通報を窓口通報，それ以外の者が受ける通報を報告通報と分類することができる。
2　ここにいう「個人の財産に対する損害」は，個人（個人事業主の事業損害を除く）に対する回復することができない損害または著しく多数の個人における多額の損害であって，通報対象事実を直接の原因とするものに限る（公益通報者保護法3条3号ヘ

参照）。

3　秘密保持義務を負う主体は，あらかじめ事業者が指定した公益通報対応業務従事者に限られ（公益通報者保護法 12 条），故意に違反した場合は罰則（30 万円以下の罰金）が科される（公益通報者保護法 21 条）。報告通報を受けた管理職も公益通報対応業務を行う場合があるが，あらかじめ公益通報対応業務従事者に指定されていなければ，公益通報者保護法 12 条の秘密保持義務は課されない。

4　最高裁昭和 49 年（オ）第 1073 号同 51 年 7 月 8 日第一小法廷判決・民集 30 巻 7 号 689 頁は，使用者は，その事業の性格，規模，施設の状況，被用者の業務の内容，労働条件，勤務態度，加害行為の態様，加害行為の予防もしくは損失の分散についての使用者の配慮の程度その他諸般の事情に照らし，損害の公平な分担の見地から信義則上相当と認められる限度において，被用者に対し，損害の賠償または求償の請求をすることができると判示し，損害額の 4 分の 1 を限度として求償を認めている。

5　最高裁平成 18 年（受）第 1074 号同 20 年 1 月 28 日第二小法廷判決・民集 62 巻 1 号 128 頁。

6　最高裁昭和 39 年（オ）第 1175 号同 44 年 11 月 26 日大法廷判決・民集 23 巻 11 号 2150 頁。

〈参考文献〉

経済産業省．2019.「グループ・ガバナンス・システムに関する実務指針」。
日本取引所自主規制法人．2016.「上場会社における不祥事対応のプリンシプル」。

第2部 ─── 会計と法律の連携

　第2部は，法律専門家が取り扱う分野（民事訴訟，刑事訴訟，非訟，契約交渉，組織再編・M&A，倒産処理，企業不祥事の調査・対応など）で，会計・税務の素養や知見が必要となる案件や業務を紹介し，会計専門家が法律専門家と協働し，互いに支援・補完するために必要な基礎的な知識や理論，実務的な知見をテーマとする。

　第2部は，フォレンジック会計の重要なテーマである営業損害の算定が中心になるが，会計専門家が法律専門家と協働する案件や業務はそれだけにとどまらない。近年，企業法務を中心に会計と法律の業際化が進み，会計と法律にまたがる案件や業務が拡大している。しかし，わが国では，まだフォレンジック会計が発達していないこともあり，法律と会計の業際的分野を横断的に解説する入門書・基本書がほとんどなく，そのような学問領域も確立されていない。そこで，第7章では，法律と会計の業際的分野を概観するため，案件・業務の類型として，株式価値算定，組織再編（M&A），倒産処理，会計不正の調査と責任追及訴訟，商業的損害を取り上げ，法律専門家と会計専門家が互いに共通理解を得ておくべき要点を中心に整理して概説する。

　第2部の主題となる営業損害の算定は，民事訴訟における損害の認定（算定）にあたって管理会計と損害論（法律学）の素養や知見が必要不可欠である。わが国では，まだ営業損害に関する理論と実務が十分に発展・普及しているとはいいがたく，本書には弁護士，裁判官等の法律専門家向けに管理会計の基礎的な知識と思考を解説する部分も含まれている。企業から委託を受けた公認会計士・税理士だけでなく，企業内の財務・会計担当者を含む会計専門家

が，民事訴訟という慣れない場で，どのようにして営業損害の算定に必要な情報を収集・提供し，説得力のある意見書（報告書）を作成・提出して弁護士の主張立証を支援，補完し，裁判官の心証形成に影響を及ぼすかが課題となる。そこで，第8章で，会計専門家が訴訟に関与するときに必要となる訴訟の基礎的な知識や証拠の収集・提出について解説し，第9章で，営業損害の算定に関する理論と裁判例を含む実務を解説する。

　なお，第2部で想定する会計専門家は，主に公認会計士を念頭におくが，税理士，会計学者，企業の財務・会計担当者も含めて「会計士等」と表示する。また，法律の専門家は，主に弁護士を念頭におくが，裁判官，司法書士，法学者，企業の法務担当者を含めて「弁護士等」と表示する。

第7章

会計士と弁護士の協働

7.1. はじめに

弁護士等が取り扱う分野（民事訴訟，刑事訴訟，調停，契約交渉，組織再編，倒産処理，企業不祥事の調査・対応など）で，会計・税務の素養や知見が必要となる案件や業務があり，会計士等がそのような案件や業務を支援，補完するため弁護士等と協働することになる。

会計士等と弁護士等が協働する案件や業務では，会計士等は法律の素養と思考を，弁護士等は会計・税務の素養と思考を互いに理解し合うことによって相互の円滑なコミュニケーションにより協働の成果を達成することが重要になる。

本章では，会計士等が弁護士等と協働することが多い案件や業務を類型化し，第2節では株式価値算定を，第3節では組織再編（M&A）を，第4節では倒産処理を，第5節では会計不正の調査と責任追及訴訟を，第6節では商業的損害について取り上げ，会計士等と弁護士等が協働するに際して互いに共通理解を得ておくべき要点を中心に整理して解説する。

7.2. 株式価値算定

弁護士等が会計士等に価値算定を依頼する対象物の多くは，株式や企業，事業である。価値算定の目的は，主に取引目的と裁判目的に分けられる。裁判目的では，売り手と買い手との間で協議が成立しないときに申立てにより裁判所が株式の価格を決定するが，会計士等が当事者または裁判所から依頼を受けるのは株式の価値の算定である。価値にはさまざまな概念があるので，会計士等は，価格と価値の違いを十分に理解し，あくまで株式の価格の決定に参考となる株式の価値を算定すべきである。取引目的でも，取引の当事者間で成立すべき価格の参考となる価値を算定することが目的である。し

たがって，裁判目的および取引目的のいずれであっても，会計士等が算定すべき最も重要かつ不可欠な価値（概念）は売り手にとっての価値と買い手にとっての価値である。

7.2.1　価格と価値

価格

価格とは，売り手と買い手の間で決定された値段をいう（日本公認会計士協会 2013, 6-7）。あくまで具体的な売り手と具体的な買い手が現実に取引に際して交渉したときに成立する値段をいうので，売り手や買い手を捨象して純粋に対象物の客観的な価値だけから価格を決定することはできない。したがって，価格を決定するための参考になる価値（価格決定目的の価値）の鑑定・算定にあたっては，特定の売り手が売却せずに保有することにより享受できる価値がどれくらいなのか，特定の買い手が購入によって享受できる価値がどれくらいなのかを考慮することが不可欠であり，当事者が不特定であるなど算定が困難な事情がない限り，売り手にとっての価値と買い手にとっての価値を算定すべきである。

価値

価値とは，対象物から創出される経済的便益をいう。経済的便益は，将来的，潜在的なキャッシュ・フロー，すなわちキャッシュ・インフローの増加またはキャッシュ・アウトフローの減少により測定される。

価値は，評価の目的や当事者（売り手・買い手など）のいずれの立場か，または売買によって経営権を取得するかなどの状況によってさまざまな価値があり，いわゆる一物多価（多面的な価値）となる（日本公認会計士協会 2013, 6-7）。

7.2.2　評価対象と評価方法

評価対象

弁護士等が会計士等に価値算定を依頼する対象物の多くは，株式や企業，事業であり，評価対象によって，以下のとおり整理される（以下，事業価値・企業価値・株主価値・株式価値を総称して「株式価値等」という。日本公認会計士協会 2013, 6-7）。

事業価値…事業から創出される価値

企業価値…事業価値に加えて，事業以外の非事業資産の価値を含めた企業

　　　　全体の価値

　株主価値…企業価値から有利子負債等の他人資本を差し引いた株主に帰属
　　　　　する価値

　株式価値…特定の株主が保有する特定の株式の価値

　事業価値・企業価値・株主価値は，評価対象が事業や企業，株式全体であ
り，評価対象全部を譲渡・移転するため事業譲渡代金や株式全部（100％）
の譲渡代金，合併比率を算定するなどの特定の状況下では価格決定目的とし
て直接的な参考情報になるが，株式自体から創出される経済的便益を測定し
たものではないから，株式価格決定目的としてはあくまで間接的な参考情報
にすぎない。他方，株式価値は，特定の株主が保有する特定の株式を対象と
しており，株式価格決定目的としては直接的な参考情報になる。

評価方法

　株式価値等の評価方法は，大きく以下の3つのアプローチに分けられる。
いずれか一つの評価方法を適用する方法（単独法）もあるが，複数の評価方
法を適用した結果を考慮して評価結果を導く方法（併用法）や，複数の評価
方法を適用した結果に一定の折衷割合を適用して加重平均値から評価結果を
導く方法（折衷法）が採用されることが多い（日本公認会計士協会 2013,
9-11）。

①インカム・アプローチ

　インカム・アプローチとは，評価対象から期待される利益ないしキャッ
シュ・フローに基づいて価値を評価する方法をいい，たとえば，フリー・
キャッシュ・フロー法[1]，調整現在価値法，残余利益法，配当還元法がある。

②マーケット・アプローチ

　マーケット・アプローチとは，類似する会社，事業ないし取引事例と比較
することによって相対的な価値を評価する方法をいい，たとえば，市場株価
法，類似上場会社法（倍率法・乗数法）[2]，類似取引法，取引事例法がある。

③ネットアセット・アプローチ

　ネットアセット・アプローチとは，主として評価対象の貸借対照表記載の
純資産に着目して価値を評価する方法をいい，たとえば，簿価純資産法，時
価純資産法または修正簿価純資産法がある。

7.2.3　価値概念

売り手にとっての価値と買い手にとっての価値

　通常は，売り手と買い手が交渉し，ある価格が売り手にとって魅力的であり（売り手にとっての価値＜価格），かつ，買い手にとっても魅力的であるときに（価格＜買い手にとっての価値），価格の合意に至る，すなわち売り手と買い手の両者にとって魅力的な価格で取引が成立する（日本公認会計士協会 2013, 84-85）。したがって，価格決定目的で算定しなければならない価値は，特定の取引を前提とした特定の売り手にとっての価値と特定の買い手にとっての価値であり，一般に価格とこれらの価値にはつぎの関係式が成立する。

$$\text{売り手にとっての価値}　\leq　\text{価格}　\leq　\text{買い手にとっての価値}$$

　ここでいう売り手にとっての価値は，特定の取引（株式の売却や M&A）をしなかった場合に売り手が享受できる価値を指し，買い手にとっての価値は，特定の取引をした場合に買主が享受できる価値を指している。価格は，売り手にとっての価値以上かつ買い手とっての価値以下の範囲（価格成立範囲）内で決定される。言い換えれば，取引当事者や裁判所は，算定された価格成立範囲内で価格を決定すべきである。

継続価値と清算価値

　企業価値は，その評価対象とする企業の状況によって，企業が継続的に営業活動を行うことで創出される価値（継続価値）と企業の営業活動を停止し，個々の資産を処分することで創出される価値（清算価値）に分けられる。清算価値は，通常の処分期間で清算ができる場合の価値（非強制処分価値）と，売り手の事情，とくに債権者との関係により早急に清算しなければならない場合の価値（強制処分価値）に分けられる（日本公認会計士協会 2013, 85-86）。

　企業の財務諸表や計算書類は継続企業の前提で作成されており，通常は，インカム・アプローチによる動態的な企業価値すなわち継続価値を算定する。他方，7 章 4 節「倒産処理」で述べる財産評定では，ネットアセット・アプローチによる静態的な企業価値（清算価値）を算定することが多い。

株式価値と支配権プレミアム

　株式の価値は，経済的便益の獲得の方法に着眼し，大きくインカムゲインすなわち株式の保有により株主に生じるキャッシュ・インフローと，キャピ

タルゲインすなわち株式の売却・交換，発行会社の清算等により株主に生じるキャッシュ・インフローに分けられる。このうち，インカムゲインは，さらに，①剰余金の配当によるキャッシュ・インフローの増加またはキャッシュ・アウトフローの減少（発行会社が自己株式を取得するときはキャッシュ・アウトフローの減少が生じる）と，②発行会社に対する支配力を利用した，役員報酬の支払など発行会社との関連取引や，清算・組織再編など発行会社を変革する機関決定によるキャッシュ・インフローの増加またはキャッシュ・アウトフローの減少に分けられ，②に着眼した経済的便益を支配権プレミアムないしコントロールプレミアムと呼ぶ。

　発行会社に対する支配力を利用して発行会社との関連取引ができるようになるのは，一般に発行会社の議決権の過半数に相当する株式を保有する場合である（会社法 309 条 1 項）。このような支配株主（過半数支配株主）は，取締役の選解任を通して取締役会を支配し，代表取締役を選定することができるので，忠実義務（会社法 355 条）による制約はあるものの，発行会社との関連取引により株式の保有により株主に生じるキャッシュ・フローをコントロールすることができる。通常，過半数支配株主の地位に着眼した経済的便益を支配権プレミアムとして非支配株主が享受する経済的便益に加算して評価することが多い。

　発行会社に対する支配力を利用して発行会社を変革する機関決定（清算・組織再編等）ができるようになるのは，一般に発行会社の議決権の 3 分の 2 以上に相当する株式を保有する場合である（会社法 309 条 2 項）。このような支配株主（3 分の 2 支配株主）は，発行会社を清算することもできるから，株式の保有により株主に生じるキャッシュ・フローを過半数支配株主よりもさらに大きくコントロールすることができ，発行会社の全体の価値（株主価値）に対する持分割合によって株式価値を算定することにも合理的な根拠がある。発行会社を清算するためにはさまざまな制約があり，多大なコストが生じる場合があるものの，通常，このような 3 分の 2 支配株主に着眼した経済的利益も支配権プレミアムとして発行会社の全体の価値に対する持分割合を折衷するなどして評価することが少なくない。ただし，株式価値は，あくまで評価対象である株式の保有により株主に生じるキャッシュ・フローを基礎に評価すべきであり，発行会社がその事業から獲得するキャッシュ・フローを基礎に評価してはならない。3 分の 2 支配株主でない限り，株式価値の算定にあたって，発行会社自体が獲得するキャッシュ・フローを考慮す

ることは限定的でなければならない[3]。

　これに対し，持分会社（合同会社を除く）の社員は，持分の多寡にかかわらず，持分の払戻しを請求する権利を有しており（会社法611条，624条），株式会社の株主とは決定的な違いがあるから，持分会社がその事業から獲得するキャッシュ・フローを基礎として持分価値を評価することができる[4]。

非流動性ディスカウント

　非上場株式は，売却にあたって買い手を探すコスト，デューデリジェンス・株式価値算定に伴う専門家コスト，偶発債務・簿外債務等のリスクがあるため，自ら進んで売却しようとしても値引き（ディスカウント）しなければ売却できないことが多い。そこで，非上場株式は，取引目的の評価において，インカム・アプローチやネットアセット・アプローチで算定した価値から，流動性が低いことを理由に20 ～ 30% 程度の減価（非流動性ディスカウント）を行うことが多い。マーケット・アプローチでは，その評価方法自体に取引価格の比較が内在しており，非上場株式は流動性が低いことを考慮した相対的な価値が算定される。

　しかし，後に述べる反対株主が株式買取請求をした場合の裁判目的の評価では，非流動性ディスカウントをしてはならない[5]。反対株主の株式買取請求制度は，多数決による株式発行会社の変革行為に対して反対する少数株主に投下資本の回収手段を保障する趣旨があり，反対株主は自ら進んで株式を売却するわけではなく，制度上あらかじめ用意されている投資の解約を申し入れたとみるべきだからである。

7.2.4　評価目的

評価目的

　会計士等が株式価値等を評価する目的は，主に以下の3つに分けられる（日本公認会計士協会 2013, 7-8）。

①取引目的

　取引目的とは，株式売買や事業譲渡，M&A，組織再編などの取引を行うにあたって意思決定の参考にする目的をいう。会計士等は，取引の当事者から依頼を受けて株式価値算定書等を作成する。取引の当事者は，これを参考にして，取引を実行するかどうかおよび実行する場合の株式譲渡代金・事業譲渡代金・組織再編比率等を決定する。

②裁判目的

　裁判目的とは，裁判所の決定の参考にする目的をいう。会計士等は，裁判所から嘱託を受けた鑑定人や鑑定人補助者として作成した鑑定書を裁判所に提出し，または当事者から依頼を受けて作成した株式価値算定書等を証拠として裁判所に提出する。裁判所は，これを参考にして決定し，または当事者に和解を勧める。

③課税目的

　課税目的とは，税務上の判断の参考にする目的をいう。取引目的で評価した株式価値等は，同時に税務上の判断の参考にもなるが，類似業種比準方式など財産評価基本通達に準拠して評価する場合には，取引の当事者は税務上の判断の参考にすることが主目的であり，会計士等から提出を受けた株式価値算定書等を保存し，税務調査に備える。

裁判目的・取引目的の類型

　会計士等が裁判目的で株式価値等を算定するときは弁護士等と緊密に協働することになるが，譲渡制限株式の譲渡代金（取引目的）とその譲渡を不承認とした会社による株式買取りの価格（裁判目的），組織再編の比率（取引目的）とそれに反対する株主が会社に請求する株式買取りの価格（裁判目的）など，裁判目的で算定する株式価値等と取引目的で算定する株式価値等が密接に関連することがある。

　会社法が定める価格決定申立制度は，譲渡人と譲受人との間で取引する株式の価格を決定する類型（当事者型）と，一定の変革行為（組織再編や株式の内容を変革する行為）に反対する株主が請求する株式買取りの価格を決定する類型（反対株主型）に分けられる。この類型の違いは，図表 7-1 のとおり，一部の例外[6]を除き，概ね取引目的で株式価値等を算定する場合に着眼する，取引の前後で評価対象が利用できる経営資源（ヒト，モノ，カネのほか，情報，レピュテーションも含む）に変化がない類型（非事業型）と，取引の前後で評価対象が利用できる経営資源が著しく変化する類型（事業型）の違いに相当する。

図表 7-1　裁判目的の類型と取引目的の類型の相関

出所：著者が作成した。

図表 7-2　当事者型と条文の表現

制度内容	会社法の条文	条文の表現
株式会社または指定買取人による譲渡等承認請求者からの株式買取り	144 ②	売買価格
株式会社による相続人等に対する売渡請求	177 ②	売買価格
特別支配株主による株式等売渡請求	179 の 8 ①	売買価格
単位未満株式の買取請求・売渡請求	193 ②，194 ④	価格

出所：著者が作成した。

当事者型

　裁判目的における当事者型では，株式売買取引の売り手と買い手との間で交渉し，合意に至るべき価格を決定する。

　最も事例が多い株式会社または指定買取人による譲渡等承認請求者からの株式買取りでは，買い手は積極的に株式を買い取る意思決定をしたわけではない。特に発行会社が買い手になることが原則的形態とされており，買い手にとっては，自己株式の取得により基本的に剰余金の配当によるキャッシュ・アウトフローの減少のほかに経済的便益が生じないことが多い。そのため，買い手にとっての価値が売り手にとっての価値を上回るとは限らないから，譲渡制限株式について投下資本の回収手段を保障するため，売り手にとっての価値を補償することが基本となる。買い手にとっての価値は，売り手にとっての価値を上回る場合に限り価格の上限を画する機能を有する。

　当事者型では，反対株主型と異なり，取引の前後で評価対象である株式の発行会社が利用できる経営資源が変化することはない。したがって，当事者型では，発行会社がその事業から獲得するキャッシュ・フローには着眼せず，単純に評価対象である株式の保有により株主に生じるキャッシュ・フローに着眼して株式価値を算定すべきであり，譲渡制限株式については配当還元法が基本となる。取引目的で株式価値を算定する場合も，買い手が非事業目的で譲渡制限株式を購入する場合には配当還元法が基本となる。

反対株主型

　裁判目的における反対株主型では，一定の変革行為に反対する少数株主に投下資本を回収するために補償する経済的・合理的な価格を決定する。

　事業譲渡や組織再編のように株式会社の構造を変革する行為については，支配株主等が一定の変革行為の買い手と交渉し，多数決により現実に契約で決定した価格（組織再編比率）が存在するが，それに囚われずに，反対株主

図表7-3　反対株主型と条文の表現

制度内容	会社法の条文	条文の表現
譲渡制限もしくは全部取得条項を付する定款変更または種類株式に損害を及ぼす一定の行為に対する反対株主の株式買取請求	117 ②	公正な価格 （116 ①）
全部取得条項付種類株式の取得に対する反対株主の株式買取請求	172 ①	価格
株式の併合に対する反対株主の端株買取請求	182 の 5 ②	公正な価格 （182 の 4 ①）
事業譲渡に対する反対株主の株式買取請求	470 ②	公正な価格（469 ①）
合併，会社分割，株式交換，株式移転または株式交付に対する反対株主の株式買取請求	786 ②，798 ②，807 ②，816 の 7 ②	公正な価格 （785 ①，797 ①，806 ①，816 の 6 ①）

出所：著者が作成した。

が売り手として交渉したならば成立したであろう「公正な価格」を補償することに意義がある。

　事業譲渡や組織再編では取引の前後でシナジー効果により評価対象が利用できる経営資源が著しく変化することが多く，買い手にとっての価値が売り手にとっての価値を大幅に上回ることがある（企業価値が増大する組織再編）。こうした場合，買い手が売り手の支配株主でもある場合など売り手と買い手が経済主体として独立していない場合には，売り手と買い手との間に適切な価格交渉は期待できず，売り手が不当に安い価格（組織再編比率）で事業譲渡や組織再編を承認することがあり得る。

　また，組織再編対価が買い手の株式である場合には，売り手の支配株主（＝買い手）の利害だけから判断すれば，売り手にとっての価値を下回る場合（企業価値を毀損する組織再編）であっても，少数株主に著しく不利な価格（組織再編比率）で組織再編を承認することもあり得ることが知られている[7]。この場合には，反対株主には組織再編を承認しなければ株式が有していたであろう価値（いわゆる「ナカリセバ価格」）を補償する必要がある。

　「公正な価格」は，株主の利害を捨象した，株主による多数決に支配されない売り手（企業）自体の経済的・合理的な意思決定に従った価格，すなわち独立当事者間価格（売り手と買い手が経済主体として独立し，その間に実質的な支配従属関係がない場合に両当事者の交渉により合意に至る価格）を意味する。「公正な価格」は，売り手にとっての価値以上，買い手にとって

の価値以下の範囲（価格成立範囲）で，増加価値（シナジー効果）に対する売り手と買い手の貢献度合いに応じて適切に配分した価格であるということができる（片山 2014, 35-37）。

同様に，株式の内容を変革する行為についても，支配株主等の多数決による決定に反対する株主（少数株主）に投下資本を回収するための「公正な価格」を補償することに意義がある。

事業譲渡や組織再編に伴う反対株主型は，当事者型と異なり，当該取引を実行する前と後では，評価対象が利用できる経営資源に著しい変化がみられる。売り手にとっての価値は，当該取引を実行しなかった場合（従前の経営資源で経営する場合）に売り手が享受できる価値を指し，買い手にとっての価値は，当該取引を実行した場合（買い手が有する経営資源と組み合わせて経営した場合）に買い手が享受できる価値を指す。したがって，事業譲渡や組織再編に反対する株主が請求する株式買取りの価格を算定する場合には，シナジー効果を反映させた買い手にとっての価値（価格の上限）を考慮する必要がある。この場合，インカム・アプローチを採用し，買い手の事業計画を考慮し，シナジー効果を反映させて算出した事業価値・企業価値・株主価値を介して株式価値を算出することが多い。事業譲渡や組織再編に伴う譲渡代金・組織再編比率などの意思決定の参考にする取引目的でも，同様に買い手にとっての事業価値・企業価値・株主価値を考慮する必要がある。

7.3.　組織再編（M&A）

企業が組織再編（mergers and acquistions：M&A）を行うときは，会計の専門家である公認会計士や税務の専門家である税理士，法律の専門家である弁護士・司法書士が関与し，互いに協働することが少なくない。

組織再編（M&A）は，概ね①スキーム（ストラクチャー）の選択→②価格の決定→③契約書の作成というプロセスに各専門家が関与するが，売り手と買い手が独立の当事者か否か（グループ内か外か）が各プロセスの重要度や専門家の関与に影響を与える。

図表7-4のとおり，一般に，売り手と買い手が独立の当事者でない場合（グループ内）は，スキームの選択や価格の決定に重要性があり，公認会計士・税理士の支援の必要性が高い。逆に，売り手と買い手が独立の当事者の場合（グループ外）は，価格の決定や契約書の作成に重要性があり，公認会

図表 7-4　組織再編（M&A）のプロセスと各専門家の位置づけ

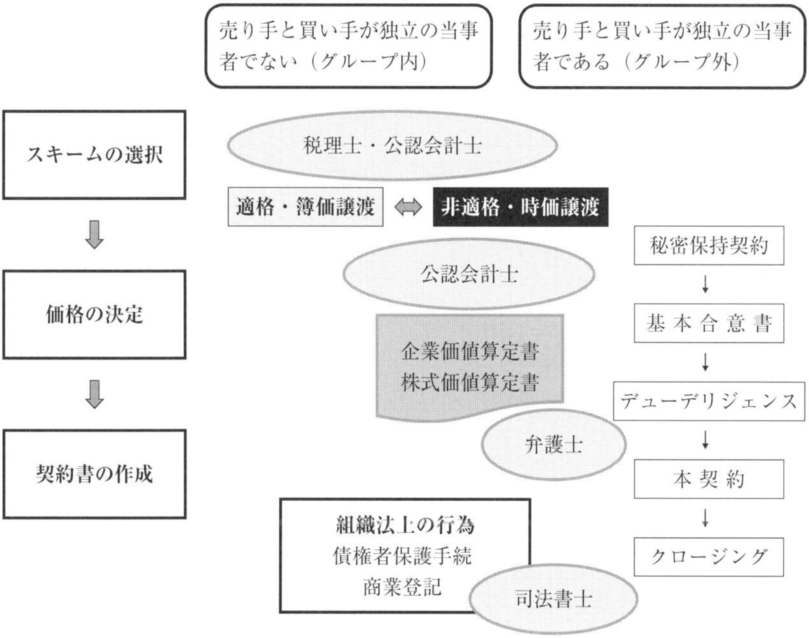

出所：片山（2015, 20）に依拠して著者が作成した。

計士・弁護士の支援の必要性が高い。スキームに組織法上の行為が含まれる場合には，債権者保護手続や商業登記に司法書士が関わることも少なくない。

7.3.1　スキームの選択
スキームの選択

　企業は，組織再編（M&A）の目的を達成するため，幾つかの種類の手法のうち単独で，または複数組み合わせて，スキームを選択する。

　組織再編（M&A）の手法としては，一般に事業譲渡（譲受け），株式譲渡（取得），株式配当（株式分配），特別支配株主による株式等売渡請求（キャッシュ・アウト），合併，会社分割，株式交換，株式移転，株式交付，現物出資（事後設立）が考えられる。

　組織再編（M&A）の目的を達成するためには，通常，複数の選択可能な手法があり，手法を複数組み合わせることもある。たとえば，対象企業の子

会社化を目的として，株式取得（公開買付けを含む）や株式交付，現物出資などが考えられ，さらに完全子会社化を目的として，特別支配株主による株式等売渡請求（キャッシュ・アウト）や株式交換を組み合わせることなどが考えられる。

　組織再編（M&A）の目的を達成するために複数の選択可能なスキームがある場合，各スキームの有利・不利を検討し，その目的にとって最も優れたスキームを選択する。このプロセスでは，買収企業・対象企業・株主の税負担の視点が欠かせないので，税理士や公認会計士の助言・支援を得る必要がある。

組織再編（M&A）の手法の類型

　スキームの検討にあたっては，図表7-5のとおり，組織再編（M&A）の手法を類型的に整理することが有用である。

　第1に，譲渡（譲受け）対象を事業とするか，株式とするかを検討する。買収企業は，対象企業が負う潜在的な債務（簿外債務・偶発債務）のリスクが大きい場合には，譲渡対象を事業とし，譲り受ける（承継する）資産・負債を選択・特定することができる事業譲渡・会社分割を選好する。他方，対象企業の株主に組織再編（M&A）に反対する者が多く，必要となる対象企業の株主総会の特別決議が確実に見込めないときは，譲渡対象を株式とし，段階的取得（公開買付け，株式交付，現物出資）を行うことになる。

　第2に，組織法上の行為を利用するかどうかを検討する。組織法上の行為

図表7-5　組織再編（M&A）の手法の類型

対象 ＼ 行為	組織法上の行為	取引法上の行為	譲渡損益がどこに生じるか？
事業	合併 会社分割	事業譲渡（譲受け）	事業の帰属元 （対象企業）
株式	株式交換 株式移転 株式交付 株式配当（株式分配） 現物出資（事後設立）	株式譲渡（取得） （自己株式の取得） 特別支配株主による株式等売渡請求	株式の帰属元 （対象企業の株主）

【組織再編税制】

譲渡損益の取扱い	適格	非適格
	簿価譲渡（繰延）	時価譲渡（課税）

出所：片山（2015, 20）に依拠して著者が作成した。

とは，会社法第五編「組織変更，合併，会社分割，株式交換，株式移転及び株式交付」に掲げられる行為のほか，組織再編税制の対象となる現物分配（現物による剰余金の配当・資本の払戻し・残余財産の分配・自己株式の取得）および現物出資（事後設立）を含む。組織法上の行為を利用することにより，①買収企業の株式など金銭以外の対価を用いることができる，②適格組織再編の要件を充足することにより事業を構成する資産を簿価で承継することができ，含み益に対する課税を繰り延べることができる，③事業に関する権利義務を包括承継する合併・会社分割は，事業譲渡と異なり，個々の債務や契約の承継に相手方の同意が不要になる，④対象企業と契約を締結する株式交換および株式移転は，株式譲渡と異なり，譲渡人（少数株主）の同意が不要になるなどの効果（メリット）がある。

　第 3 に，選択する手法に法律上の制約がないかどうかを検討する。自己株式の取得や現物（株式）による剰余金の配当（株式分配）には分配可能額規制が及ぶので（会社法 461 条 1 項），十分な剰余金がない企業は，分配可能額を計算し，これを超えないことを確認する必要がある。また，現物出資は一定の要件を満たさない場合には裁判所が選任する検査役の検査が必要になる（会社法 33 条，207 条）。

スキーム選択と税制の要点

　スキーム検討にあたって考慮する税制上の有利・不利は多岐にわたるが，最も重要になるのは，事業の構成資産や株式の移転により生じる譲渡損益（含み損益の実現）に対する課税である。

　組織再編（M&A）に伴って異なる支配下に移転した事業の構成資産や株式は，時価で譲渡したものとして時価と簿価の差額に相当する譲渡損益が生じる。図表 7-5 のとおり，基本的には譲渡対象を事業とするか株式とするかによって，この譲渡損益がどこに生じるか（対象企業か，その株主か）が異なる。株式交換および株式移転については，事業の構成資産は対象企業内のままで移転しないが，非適格の場合に特定の資産を時価評価する。ただし，一定の要件を満たす組織法上の行為（適格組織再編）では簿価で承継したものとして取り扱うため譲渡損益が繰り延べられる。適格組織再編は，一般に，①完全支配関係，②支配関係，③（支配関係のない）共同事業関係の 3 つの類型ごとに要件が定められている。

　譲渡損益が生じる関係者は，事業の構成資産や株式の時価が簿価を上回る（含み益がある）場合には譲渡益が実現しないよう簿価承継（適格）を選好

する。また，対象会社に繰越欠損金が存在する場合は，それを所得（譲渡益）と相殺して使い切るか，または引き継ぐことができるスキームを選好するので，譲渡損益がどこに生じるか，繰越欠損金を引き継ぐことができるかを考慮しながら，スキームを検討することとなる。

そのほか，スキーム検討にあたって，みなし配当制度と法人の受取配当等の益金不算入制度が関わることが少なくない。みなし配当制度とは，一定の事由に基づき株式の発行法人から金銭その他の資産の交付を受けたときに，対応する発行法人の資本金等の額を超える部分を配当とみなすことをいう（法人税法24条）。一定の事由には，自己株式の取得，合併・分割型分割・株式分配（適格を除く）などが含まれる。そのため，組織再編（M&A）にあたって，株式の譲渡先を発行法人にするか第三者にするかによって，所得（益金）の種類をみなし配当にするか株式譲渡益にするかを選択することができる。個人は，総合課税で累進税率が適用される配当所得よりも，分離課税で一律20%の税率（所得税15%，住民税5%）となる株式譲渡益を選好する。これに対し，法人は，受取配当等の益金不算入制度（法人税法23条）があるため，配当を選好する。

7.3.2　価格の決定
価格の決定

価格（組織再編比率）の決定は，組織再編（M&A）で，専門的な支援の必要性の高いプロセスである。譲渡対象となる事業や株式について，組織再編（M&A）実行後のシナジー効果を反映した将来キャッシュ・フローの見積りは容易ではなく，上場株式であっても適正な価格を決定し難い。他方で，価格が適正かどうかは，会社法（反対株主の株式買取請求制度，取締役の責任）の観点からも，税務上の観点からも問題になるので，価格の適正性を担保するため，公認会計士から企業価値（株式価値）算定書を取得する場合がある。

価格の決定のプロセスでは，売り手と買い手が独立の当事者であるかどうかが最も重要な視点となり，専門家の支援のあり方も大きく異なる。売り手と買い手との間に実質的な支配従属関係がある場合には，価格決定の前提となる対象企業の情報の偏在という問題はないが，他方で，売り手と買い手との間で価格交渉が期待できないため，適正・公正な価格の成立を確保するための特別な手当てが必要になり，企業価値（株式価値）算定書の取得が格段

に重要性を増す。

売り手と買い手が独立の当事者である場合

　売り手と買い手が経済主体として独立し，その間に実質的な支配従属関係がない場合には，価格決定の前提となる対象企業の経営・財務その他の情報は，交渉開始前は，売り手（対象企業またはその支配株主）に偏在しているので，この情報の偏在を解消するプロセス（秘密保持契約→基本合意書→デューデリジェンス）が重要になる。一般に買い手（買取企業）は，公認会計士や弁護士の支援を受け，対象企業のデューデリジェンスを行う。

　他方，このような両当事者間の交渉により合意に至る価格（独立当事者間価格）は，基本的に適正・公正な価格である。この場合に公認会計士から取得する企業価値（株式価値）算定書は，当事者やその取締役が価格交渉の参考または交渉材料とすることに重点がある。

売り手と買い手が独立の当事者でない場合

　逆に，売り手と買い手との間に実質的な支配従属関係がある場合には，買い手が価格決定の前提となる対象企業の情報を十分に入手しており，情報の偏在を解消するプロセスを省略することができる。

　他方，このような両当事者間で成立する価格は公正な価格（独立当事者間価格）とはいえないので，公認会計士から企業価値（株式価値）算定書を取得することが必要不可欠になる。これにより算定された企業価値（株式価値）は，反対株主による株式買取請求における「公正な価格」や，取締役が少数株主から善管注意義務違反を問われないための価格を直接立証する手段になり，また，税務上の適正な価格の重要な参考情報となる。

　売り手と買い手が独立の当事者でない場合には，企業価値（株式価値）算定書の客観性・信頼性を確保し，価格を決定した理由を十分に検討し，株主の判断の基礎となる情報を適切に開示する必要がある[8]。

　組織再編対価の相当性は，事前開示事項とされており（会社法 782 条 1 項，794 条 1 項，803 条 1 項，816 条の 2 第 1 項），とくに支配株主を有する上場会社は，組織再編を行う機関決定が少数株主にとって不利益でないことに関し，支配株主との間に利害関係を有しない者による意見書を入手しなければならない（上場有価証券の発行者の会社情報の適時開示等に関する規則 38 条の 2）。

7.3.3　契約書の作成

契約書の作成

　組織再編（M&A）の契約または計画は，①当事者間の合意内容を証明
し，後日の紛争を予防するとともに，②株主・債権者に組織再編の内容を明
示し，所定の意思決定（株主総会の承認，債権者の異議）に役立てる目的で
作成する。

　図表 7-5 で整理した取引法上の行為（事業譲渡・株式譲渡）は，①の目的
を重点としており，会社法に契約の必要的記載事項が定められていない。こ
れに対し，組織法上の行為（合併，会社分割，株式交換，株式移転，株式交
付）は，②の目的にも重点があり，会社法に契約または計画の必要的記載事
項が定められており（会社法第五編第二章〜第四章の二），事前に所定の事
項（事前開示事項）を記載した書面または電磁的記録を本店に備え置いて株
主および債権者の閲覧・謄写に供し，債権者に一定の期間（1 か月以上）内
に異議を述べることができる旨を催告する債権者保護手続（官報公告と個別
の催告または電子公告もしくは日刊新聞紙広告）を履践し，事後にも所定の
事項（事後開示事項）を記載した書面または電磁的記録を一定の期間（効力
発生日から 6 か月間）本店に備え置く必要がある（会社法第五編第五章）。

　売り手と買い手が独立の当事者である場合には，弁護士が契約書の作成を
支援する必要性が高い。売り手と買い手が独立の当事者である場合には，対
象企業の財務，法務その他の情報が売り手に偏在しているので，主に取引を
実行するか否かの意思決定や価格決定のため，通常，公認会計士が財務
デューデリジェンスを行い，企業の担当者が事業（ビジネス）デューデリ
ジェンスを行う。そのほか，必要に応じ，弁護士が法務デューデリジェンス
を行うほか，税務や人事に関するデューデリジェンスを行うこともあり，税
理士や社会保険労務士が担当する場合もある。

　弁護士は，法務（および人事）デューデリジェンスを担当するほか，財
務・税務デューデリジェンスを担当する公認会計士や税理士と連携し，契約
書の作成のためのリスク情報を把握し，契約書の作成に備える必要がある。
買い手は，限られた時間でデューデリジェンスを行うので，不十分または不
正確な情報に基づき取引の実行やその価格を決定するリスクがある。そこ
で，買い手は，通常，契約書により，売り手から開示された情報の網羅性と
真実性（正確性）について売り手に表明保証をさせ（表明保証条項），それ
が誤りであったときは，取引を実行せず，もしくは価格を減額し（価格調整

条項)，または取引後に売り手に補償させる（補償条項）。

表明保証条項

　表明保証条項は多岐にわたるが，事業譲渡・会社分割以外の手法では，対象企業が負う債務を包括的に承継するため，簿外債務や偶発債務などの潜在的な債務が存在しないことの表明保証が重要になる。会社分割も，承継する事業に関する潜在的な債務を承継しないように留意する。逆に，事業譲渡・会社分割では，事業に必要な資産（設備・知的財産・IT システム）・契約（購買，物流，人事制度）等が漏れなく譲渡・承継されるのかが重要になり，とくに売り手の企業集団から離脱したときに単独で事業運営ができるかどうか（スタンドアローン・イシュー）の検討が不可欠である。

　表明保証条項の文言は，売り手は「重要な」「重大な」「知る限り」などの文言を加えて責任を限定する方向で，買い手は主観的な要素を問わず，解釈の余地を与えない一義的な要件を定める方向で交渉するが，実務上，バーゲニングパワーにより妥結される。

補償条項

　補償条項は，取引実行後に売り手の表明保証違反が判明したときに売り手が買い手に補償することを定める条項である。補償条項では，現実の積極損害に制限する，請求期限を設ける，補償額の上限を設けることが少なくない。買い手は，表明保証条項と補償条項に過度の期待をするべきではなく，企業価値（株式価値）に対する影響が算定できるものは，できる限り価格調整条項を利用するべきである。

価格調整条項

　価格調整条項は，企業価値（株式価値）の変動を理由として事後に価格調整を行うための条項である。事後の財務指標を基準に価格を調整する条項（アーンアウト条項）が典型であるが，一定の事由の発生（判明）を理由に価格を減額する条項もある。たとえば，買い手が取引実行前の原因を理由に追加納税や未払賃金（残業代）の支払を余儀なくされた場合にその金額を譲渡代金から減額することなどが考えられる。買い手は，減額の事由を漏れなく特定して一義的な要件を定立し，売り手との協議や売り手の行為を介することなく，買い手の一方的な意思表示から直接的に代金減額の効果が発生し，減額すべき金額が一義的に算出されるように条項を工夫する必要がある。逆に，売り手は，減額の事由に影響を及ぼす買い手の対応（税務調査対応等）を制約する条項（事前に報告・協議するなど）を入れるよう交渉する

必要がある。

7.4. | 倒産処理

　弁護士が会計士等に支援を依頼する倒産処理の多くは，会社更生，民事再生，事業再生 ADR，私的整理ガイドラインによる私的整理，中小企業活性化協議会スキームなどの再建型の倒産処理である。

　再建型の倒産処理では，財産評定や資金繰り，弁済計画のタックスプランニングなどで会計士等の支援が不可欠であり，手続の開始から終了まで一貫して弁護士と会計士等が緊密に協働することが少なくない。

7.4.1　倒産処理の概要

倒産処理の種類

　倒産は，法人が経済的に破綻し，弁済期にある債務を一般的・継続的に弁済できない状態に陥ることをいう。

　倒産処理は，図表 7-6 のとおり，おおまかに手続の性質および利用の目的によって分けられる。

　利用の目的に着眼した区分である再建型は，法人の再建を目的とする倒産処理をいい，清算型は，法人の清算を目的とする倒産処理をいう。

　手続の性質に着眼した区分である法的整理とは，特定の法律に定められた手続に則って行われる倒産処理をいう。それ以外は，私的整理であり，当事者の合意に基づいて倒産処理を行う。特定調停は，特手の法律（特定債務等の調整の促進のための特定調停に関する法律）に基づき裁判所が主宰する民事調停の一種であり，法的整理に位置づけられるが，当事者の合意を基礎とするため，私的整理に近い。

　私的整理の中には，法的拘束力はないものの，当事者が自発的に遵守することが期待される指針として定められた「私的整理ガイドライン」による私的整理がある。「私的整理ガイドライン」は主に大企業の利用が想定されており，その中小企業版として「中小企業の事業再生等に関するガイドライン」もある。また，認証 ADR 制度（裁判外紛争解決手続の利用の促進に関する法律）に立脚した産業競争力強化法 47 条に基づく特定認証紛争解決事業者である一般社団法人事業再生実務家協会が中立的な立場で関与する事業再生 ADR がある。産業競争力強化法 134 条に基づき，中小企業活性化協議

図表 7-6　倒産処理の種類

手続\n目的	法的整理	私的整理
清算	破産手続\n特別清算	
再建	会社更生\n民事再生\n特定調停	事業再生 ADR\n私的整理ガイドラインによる私的整理\n中小企業活性化協議会の関与（協議会スキーム）

出所：著者が作成した。

図表 7-7　倒産手続の特徴

手続\n項目		会社更生	民事再生	私的整理
対象債権	金融債権\n取引債権	手続内弁済\n（一般更生債権）	手続内弁済\n（再生債権）	手続内弁済
	公租公課\n労働債権	手続内弁済\n（優先的更生債権）	手続外弁済\n（一般優先債権）	手続外弁済
	担保権	手続内弁済\n（更生担保権）	手続外弁済\n（別除権）	
事業経営		原則：管財人\n（管理型）	債務者自身\n（DIP 型）	債務者自身
弁済計画の\n主な\n可決要件		(1) 一般更生債権\n優先的更生債権\n議決権総額 1/2 超\n(2) 更生担保権\n議決権総額 2/3 以上	債権者頭数 1/2 超\nかつ\n議決権総額 1/2 超	基本的に全債権者\n（金融機関）の\n同意を要する\n（全行同意）

出所：著者が作成した。

会の再生支援業務部門が中立的な立場で関与する私的整理（協議会スキーム）もある。

倒産処理の流れ

　倒産処理は，法的整理も私的整理も，概ね手続開始（申立て）→対象債権の弁済禁止→債権者説明会という流れで始まり，対象債権に対する配当・弁済（平等弁済）によって終わるが，再建型では，対象債権者の同意ないし多数決によって認可・承認された弁済計画に従って対象債権の一部を弁済し，残部は債権放棄（債務免除）を行う。

　図表7-7のとおり，倒産処理の対象債権は，手続開始の前に発生原因が生じた債権であるが，法的整理では，すべての債権者が対象となるのに対し，私的整理では，金融機関だけを対象とすることが多い点に際立った特徴がある。また，再建型の法的整理では，裁判所の関与により公平性・透明性が高く，弁済計画の認可を多数決によることができる。私的整理では，裁判所が関与せず公平性・透明性がやや劣り，弁済計画は基本的に全行（全金融機関）同意が必要になる。

　法的整理では既存の取引先との信頼関係や顧客の信用・ブランドイメージなどの事業価値を毀損することが多く，私的整理はそれを抑えられる点に大きなメリットがあるが，他方で，すべての金融機関から同意が得られず，倒産処理を実現できずに法的整理に移行する場合もある。

7.4.2　財産評定

　財産評定とは，倒産した法人に属する一切の財産を倒産手続開始時における価額で評価した貸借対照表を作成することをいう。法的整理では法律の定めに基づき財産評定を行うが，私的整理でも再建型の弁済計画が清算価値保障原則を満たすかどうかを判断する目的で財産評定を行うことが多い。

　清算価値保障原則とは，再建型の倒産処理において，仮に法人が清算・破産した場合に想定される一般債権者に対する弁済（破産配当率）より再建型の弁済計画による弁済率および弁済条件が上回らなければならないとする原則をいう。この原則を満たさない弁済計画は，一般債権者の権利を侵害するので，再建型の弁済計画を見直すか，あるいは清算型の弁済計画に策定し直す必要がある。

　破産手続では，破産財団に属する一切の財産につき破産手続開始時における価額により評定を行う（破産法153条）。ここにいう価額は，個別資産ごとに現実に処分したときに想定される換価額（清算処分価額）をいう。特別清算手続でも，財産の現況を調査して清算処分価額を基準に作成する清算貸借対照表（会社法492条，会社法施行規則145条）を裁判所に提出しなければならない（会社法521条）。民事再生手続でも，再生債務者に属する一切の財産につき再生手続開始時における価額により評定を行うが（民事再生法124条），再生計画案における弁済率との比較情報を提供するため，原則として清算処分価額によって評価する（民事再生規則56条1項）。

　他方，会社更生手続では，更生会社に属する一切の財産につき更生手続開

始時における「時価」により評定を行う（会社更生法 83 条）。ここにいう「時価」は，①企業会計の「時価」を意味するものと，②企業会計上「時価」ではないが，代替的にまたは特定的にある価額によるもの（たとえば，金銭債権，たな卸資産，時価のない株式など）からなる「時価」であり，「第 83 条時価」と呼ばれる（日本公認会計士協会 2007, 233）。会社更生手続を申し立てた法人は，会社更生手続開始決定により，観念的に清算してその有する一切の財産を新たな更生会社に譲渡したと擬制され，資産につき財産評定で付した価額が更生会社の計算書類の作成にあたって取得価額（会社計算規則 5 条 1 項）とみなされる（会社更生法施行規則 1 条 2 項）。会社更生手続でも，更生計画案における弁済率との比較情報を提供するため，裁判所は，更生計画案提出者に清算処分価額による評価（清算貸借対照表）を提出させる（会社更生規則 51 条）。

7.4.3　資金繰り表

　資金繰り表は，平常時は月次で作成する場合が多いが，倒産処理にあたっては，月中に最も資金が減少する日を見極めるため日次の資金繰りが極めて重要になり，倒産会社が作成する日次の資金繰り表の精度を高めるため，会計士等の支援が必要になる。

　手続開始前は，倒産処理手続を開始しない場合（対象債権の弁済禁止がない場合）に資金不足に陥る時期を見極め，どのような倒産手続を選択するかを判断する。手続開始後は，対象債権の弁済禁止を前提として，とくに再建型で資金不足に陥らないように日々の資金繰りを管理し，事業や資産の売却その他の方法による資金調達の要否やその時期を検討する。

7.4.4　弁済計画

　弁済計画（更生計画・再生計画）は，基本的に倒産会社が将来稼得した弁済原資から対象債権者に対して平等に弁済し，残額を債権者が免除（放棄）するという内容になる。弁済計画は，弁済原資に着眼し，①収益弁済型（事業の収益から弁済する）と②代金弁済型（資産・事業の譲渡代金から弁済する）に分けられるが，両方を含むものもある。①を含む計画の多くは再建型であるが，②を含む計画は清算型も少なくない。

　弁済計画は，倒産会社が独力で再建を図る自力再建型と，スポンサーの資金支援を受けながら再建を図るスポンサー型がある。スポンサーの資金支援

は，貸付けによる方法や，資産・事業の譲渡代金の支払による方法などさまざまであり，スポンサーの事業（経営資源）とのシナジー効果により収益を改善する場合や，弁済計画の提出前にスポンサーに事業を譲渡する場合（プレパッケージ型）もある。

　また，再建する事業を倒産会社の従前の法人格で行う場合（旧会社型）と，異なる法人格に譲渡・承継して行う場合（第二会社方式）に分けられる。

　弁済計画に対する会計士等の支援は，主に事業計画の策定支援とタックスプランニングに分けられる。事業計画の策定支援は，倒産会社が立案する事業計画について専門家の立場から履行可能性をチェックし，客観性と信頼性を付与することである。タックスプランニングは，主に債務免除益の発生時期を考慮しながら，通常の経理による損金算入と倒産処理の特例の経理（資産の評価損・期限切れ欠損金）による損金算入を計画立案することである。

債務免除益課税

　債務免除の発生日は，一般に弁済計画に将来の特定の日として明示するが，弁済計画に数回に分けて段階的に債務免除が発生するよう定める場合も少なくない。仮に債務免除の発生日を明示しなければ，認可決定（確定）時に一時に債務免除の効果が発生する（会社更生法204条1項，民事再生法178条1項）。

　倒産会社は，全債権者が免除した債務額の総額を，債務免除の発生日が属する事業年度の益金に算入する。多大な債務免除益が生じれば，その事業年度の損金と十分に相殺することができず，一過性の多大な所得に対する法人税等の支払によるキャッシュ・アウトフローが生じ，弁済計画の履行可能性を阻害する場合がある。

　我が国の事業再生税制は，債務免除益そのものの課税を軽減するのではなく，資産の評価損や欠損金の取扱いに特例を設けて債務免除益に充当する（債務免除益と相殺する）という制度設計をしている。

　会計士等は，弁護士と連携し，将来の各事業年度に生じる債務免除益の金額と，つぎに述べる①通常の経理による損金算入の金額および②倒産処理の特例の経理による損金算入の金額が相殺されるように立案計画し，弁護士は，弁済計画に債務免除益発生の時期と金額を特定して明示する必要がある。

通常の経理による損金算入

　通常の会社でも，①繰越欠損金（青色欠損金），②不要資産（含み損のある資産）の売却・除却による損失，③貸倒損失，④仮装経理（粉飾決算）の修正に伴う損失などを損金に算入することができるので，倒産会社もこれらの損金を債務免除益に充当することが考えられる。

　倒産会社は，業績悪化を隠すために過年度に相当の期間にわたり粉飾決算（売上の架空計上や在庫の水増し計上）を行っている場合が少なくない。その場合，仮装経理について修正経理を行い，税務署長に当該事業年度の確定申告書を提出し，更正を受けることが多い（法人税法 129 条 2 項，135 条 1 項）。仮装経理に基づく更正では，基本的に過大納税額につき 5 年間の繰越控除制度の適用を受けるが（法人税法 70 条，135 条 3 項），更生手続・再生手続・特別清算開始決定や，後述する債務整理計画の要件を満たす事実，債権者集会の協議（または行政機関・金融機関その他第三者のあっせんによる当事者間の協議）で合理的な基準により債務者の負債整理を定める内容の決定もしくは契約締結の事実（法人税法施行令 175 条 2 項，法人税法施行規則 60 条の 2 第 1 項）があったときは，還付を請求することができる（法人税法 135 条 4 項）。

倒産処理の特例の経理による損金算入

資産の評価損

会社更生手続

　更生計画認可決定の時に，財産評定（会社更生法 83 条）の結果が会計帳簿の取得価額とみなされるので（同法施行規則 1 条 2 項），更生計画認可決定日を期末とする事業年度[9]において，資産（金銭債権を含む）の評価益が益金に算入され，資産の評価損が損金に算入される（法人税法 25 条 2 項，33 条 3 項）。

民事再生手続

　財産評定の結果と会計帳簿に関連はなく[10]，つぎの 2 つの方式のいずれかを選択適用することができる（重複適用は認められない）。いずれの場合も評価替えによる資産の「価額」は，「当該資産が使用収益されるものとしてその時において譲渡される場合に通常付される価額」（事業の継続を前提とした価額）をいうので（法人税基本通達 4-1-3，9-1-3），財産評定で付した再生手続開始時における清算処分価額（民事再生規則 56 条 1 項）とは異なることに留意する。

① 再生手続開始決定に伴う資産評価損（損金経理方式）

　　災害による著しい損傷その他法人税法施行令68条1項に定める「法的整理の事実（更生手続による評定が行われることに準ずる特別の事実をいう。）」が生じた場合に該当し，資産（金銭債権を含まない）の評価替えをしたときは，損金経理を条件に，資産の評価損の損金算入が認められる（法人税法33条2項，法人税基本通達9-1-3の2）。

② 再生計画認可の決定時における資産評価損益（別表添付方式）

　　再生計画認可決定その他法人税法施行令24条の2第1項に定める「再生計画認可の決定があったことに準ずる事実」があった場合に該当し，つぎのア〜オを除く資産につき同決定時の価額による評定を行ったときは，確定申告書に評価益明細・評価損明細を添付することを条件に，資産の評価損を損金に算入し，資産の評価益を益金に算入することができる（法人税法25条3項，6項，33条4項，7項，法人税法施行令24条の2第4項）。

（除外資産）

ア　一定の圧縮記帳資産

イ　短期売買商品等

ウ　売買目的有価証券

エ　償還有価証券

オ　少額減価償却資産，一括償却資産，中小企業等の少額減価償却資産（法人税基本通達4-1-9）

私的整理手続

　法人税法施行令24条の2第1項が定める「再生計画認可の決定があったことに準ずる事実」として債務処理計画がつぎのi〜ivのすべての要件に該当する場合に，民事再生手続の②と同様に資産の評価損益を損金・益金に算入することができる。債務処理計画の要件は，つぎのibおよびivaに着眼し，「2行3人要件」とも呼ばれる。事業再生ADRや，私的整理ガイドラインによる私的整理，中小企業活性化協議会スキームの多くはこの要件を満たす。

　i　つぎのaおよびbの事項が定められた，一般に公表された債務処理を行うための手続についての準則に従って策定されていること

　　a　債務者の有する資産および負債の価額の評定に関する事項

　　b　iiおよびiiiの要件を確認する手続ならびに確認をする者に関する事

項

　確認をする者として，基本的に，債務処理について利害関係を有せ
ず，債務処理に関する専門的な知識を有すると認められる者が3人以
上（有利子負債が10億円未満の場合は2人以上）選任される必要が
ある（法人税法施行規則8条の6第1項）。

ii　債務者の有する資産および負債につきiに従って行われた資産評定を
基礎とした貸借対照表が作成されていること

iii　iiの貸借対照表における資産・負債や債務処理計画における見込み損
益に基づき，債務免除等をする金額が定められていること

iv　つぎのaまたはbのいずれかを満たすこと

　a　2以上の金融機関等が債務免除等をすることが定められていること

　b　政府関係金融機関，株式会社地域経済活性化支援機構または協定銀
行が有する債権その他法人税法施行規則8条の6第2項に定める債権
につき債務免除等をすることが定められていること

期限切れ欠損金

期限切れ欠損金は，繰延欠損金を使用する期間制限を経過した欠損金をい
う。

事業再生税制では，期限切れ欠損金を，①債務免除益，②私財提供益（倒
産会社の役員等から贈与を受けた金銭その他の資産の価額），③資産評価益
（法人税法25条2項・3項に基づく評価益から法人税法33条3項・4項に基
づく評価損を控除した純額）に充当して損金に算入することが認められてい
るが，倒産処理手続や資産評価損の損金算入方式によって繰延欠損金に優先
して充当できるかどうかに違いがある。

<u>会社更生手続</u>

債務免除益・私財提供益・資産評価益の合計額に達するまで期限切れ欠損
金を損金に算入することができる（法人税法59条1項）。それでも課税所得
があれば，青色欠損金を損金に算入することができる。

<u>民事再生手続</u>

先に述べた資産評価損の損金算入方式により異なる。

①　再生手続開始決定に伴う資産評価損（損金経理方式）

　繰延欠損金を損金に算入し，それでも課税所得があれば，債務免除
益・私財提供益の合計額を限度として期限切れ欠損金を損金に算入する
ことができる（法人税法59条3項）。

②　再生計画認可の決定時における資産評価損益（別表添付方式）

　　債務免除益・私財提供益・資産評価益の合計額に達するまで期限切れ欠損金を損金に算入することができる（法人税法 59 条 2 項）。それでも課税所得があれば，青色欠損金を損金に算入することができる。

私的整理手続

手続の公正性・透明性によって取扱いが異なる。

①　「再生手続開始の決定があったことその他これに準ずる事実」として法人税法施行令 117 条の 3 が定める事実のうち「債務の免除等が多数の債権者によって協議の上決められる等その決定について恣意性がなく，かつ，その内容に合理性があると認められる資産の整理があったこと」（法人税基本通達 12-3-1）に該当する場合には，民事再生手続の①と同様に繰延欠損金に劣後して期限切れ欠損金を損金に算入することができる（法人税法 59 条 3 項）。

②　先に述べた債務処理計画の要件を満たし，資産の評価損益を損金・益金に算入した場合には，民事再生手続の②と同様に繰延欠損金に優先して期限切れ欠損金を損金に算入することができる（法人税法 59 条 2 項）。

7.5.　会計不正の調査と責任追及訴訟

　法的責任の有無に会計基準や監査基準，税法が関連する場合がある。企業不祥事が発覚したときは弁護士がその原因の調査や再発防止策の策定，役員や不正関与者の責任追及に関与することが多いが，企業不祥事が会計不正の場合には，会計や監査，財務報告に係る内部統制に関する知見がない限り，会計処理上の判断が適切かどうかや，不正を看過した役員（会計監査人を含む）の責任を適切に評価できない。会計不正の調査や責任追及訴訟には会計士等による支援，補完が必要不可欠である。

　本節では，会計不正に関する調査や責任追及訴訟を取り上げる。

7.5.1　会計不正の調査

調査委員会の目的

　企業不祥事が発覚したときに調査委員会が設置されることが少なくないが，その目的はさまざまであり，複数の目的がある場合でもその中で重視する目的が異なる。調査委員会の目的は，①企業価値の再生（信頼回復）（日

本取引所自主規制法人 2016），②適正な財務報告の確保，③外部報告対応，④社内目的（処分の適正性の確保や業務改善）などに分けられる。

　①企業価値の再生（信頼回復）は，社会的な影響の大きい不祥事に対して行う調査や上場企業が行う調査で最も重要な目的と位置づけられ，調査報告書の内容または調査結果の概要を公表することによってその目的が達成される。

　②適正な財務報告の確保は，企業不祥事の全容を解明しなければ財務報告に及ぼす影響が確定できない不祥事に対して行う調査であり，その結果に依拠して財務諸表・計算書類の作成・訂正または会計監査を行うことが目的であり，必ずしもその公表を前提としない。会計不正では，この目的の比重が大きく，会計監査人から調査委員会の設置を求められる場合もある（日本公認会計士協会 2012）。

　③外部報告対応は，企業が行政処分など外部の者から報告を求められるために行う調査である。外部の者は，監督官庁のほか，証券取引所などの自主規制団体や ISO（International Organization for Standardization；国際標準化機構）などの認証機関，取引先も含まれる。たとえば，取引先との継続的取引基本契約で，立入調査や報告を求めることができる旨が定められている場合がある。

　④社内目的は，役員や不正関与者に対する処分を行う前提として事案を適切に把握する目的や，業務を改善するため発生原因を分析する目的など企業内部の目的で行う調査である。

調査委員会の構成員

　調査委員会は，その構成員の属性に着眼し，大きく内部調査委員会と外部調査委員会に分けられる。内部調査委員会のメリットは，企業の事情に精通しており，迅速かつ低コストで調査を行うことができる点にあり，外部調査委員会のメリットは，調査の客観性・信頼性を担保することができる点にある。双方のメリットを生かすため，調査委員を外部委員にして，事務局や補助として企業内の従業員を用いる方法や，内部委員の調査を外部委員が検証するという方法もある。社外役員や顧問弁護士は，内部の性格と外部の性格を兼ね備えているため，メリット・デメリットの双方がある。

　①の目的の比重が大きい場合や，会計不正など事案の解明に専門的知見が必要になる場合，企業利益優先や組織ぐるみが疑われるなど調査に中立性が求められる場合には，外部調査委員会を設置する必要性が大きい。いわゆる

第三者委員会は，日本弁護士会連合会「企業等不祥事における第三者委員会ガイドライン」に従って設置される，企業から独立した委員のみによって原則として3名以上からなる外部調査委員会であり，第三者委員会を設置するケースの多くは①の目的の調査である。

　会計不正の調査委員会は，①または②あるいは①②両方の目的で設置されることが多い。会計や監査，財務報告に係る内部統制に関する専門的知見が必要になるため基本的には外部調査委員会を設置する必要があり，その目的の比重や事案の性質によっては第三者委員会を設置する場合もある。会計不正の調査委員会には，専門的知見を補完するため，少なくとも1名以上の公認会計士が委員に加わるべきである。

7.5.2　会計不正の責任追及訴訟

　企業不祥事に関する法的責任については，「第6章 不正をめぐる対応と責任」の第4節「不正をめぐる責任」，第5節「損害賠償責任」で解説している。

　会計不正により損害を蒙った企業は，会計不正に関与した役員または従業員に対し，委任契約・雇用契約等に基づく債務不履行責任を追及することができる。株式会社が役員に対して追及する責任は，会社法423条1項に基づく任務懈怠責任となる。

　また，株主，投資者および債権者など会計不正により損害を蒙った第三者は，企業に対して，債務不履行責任または不法行為責任を追及するほか，直接，株式会社の役員に対しても会社法429条1項に基づく損害賠償責任を追及する場合がある。

役員の責任

　役員は，会計不正に対する関わり方によって責任原因が異なる。

計算関係書類の作成に関する職務を行った取締役・執行役

　「計算関係書類の作成に関する職務」（会社計算規則124条4項2号，130条4項2号）を行った取締役または執行役は，会計不正に直接関与した従業員に対する業務執行権限に基づく適切な指揮命令を怠ったことによる任務懈怠責任を負う。取締役会設置会社では，いわゆるCFO（Chief Financial Officer；最高財務責任者）など計算関係書類作成に係る業務執行取締役（会社法363条1項2号）を定める場合には当該取締役が，その定めがない場合には代表取締役（同項1号）が，指名委員会等設置会社では執行役（同法418

条）が計算関係書類作成に関する業務執行権限を有する。

計算関係書類の作成に関する職務を行わなかった取締役

　計算関係書類の作成に関する職務を行わなかった取締役も，当該職務を行った取締役に対する監視義務を怠ったことによる任務懈怠責任を負う場合がある。取締役会設置会社では取締役会で計算関係書類を承認するので（会社法436条3項，444条5項），計算関係書類の不正を看過して承認した責任が問われる可能性がある。計算関係書類を承認した取締役会に参加して議事録に異議を留めなかった取締役は計算関係書類を承認したものと推定される（同法369条5項）。

会計監査人，監査役・監査等委員・監査員

　会計監査人設置会社では，会計監査役人が計算関係書類を監査して意見を表明する責任（会社計算規則126条1項2号）があり，監査役・監査等委員・監査委員は会計監査人の監査の方法および結果が相当かどうかの意見を表明する責任（同規則127条2号，128条2項2号，128条の2第1項2号，129条1項2号）があるから（会社法436条2項），それぞれの責任に応じて計算関係書類の不正を看過した任務懈怠責任を問われる可能性がある。会計監査人設置会社以外の会社では，監査役が計算関係書類を監査して意見を表明する責任があるから（同条1項，会社計算規則122条1項2号），監査役が計算関係書類の不正を看過した任務懈怠責任を問われる可能性がある。

計算書類等の重要な虚偽記載に関する責任

　計算書類・事業報告・これらの附属明細書・臨時計算書類に含まれる重要な事項について虚偽の記載があったときは，役員（取締役，執行役，監査役・監査等委員・監査委員および会計監査人）は，第三者に対し，それによって生じた損害を賠償する責任を負う（会社法429条2項1号ロ，3号，4号）。役員は，虚偽の記載について注意を怠らなかったことを立証すれば責任を免れる（立証責任の転換）。

　なお，過料の制裁を受ける場合もある（会社法976条7号）。

有価証券報告書等の重要な虚偽記載に関する責任

　有価証券届出書・有価証券報告書・半期報告書・臨時報告書・内部統制報告書・四半期報告書等に含まれる重要な事項について虚偽の記載があり，または記載を欠き，もしくは誤解を生じさせないために必要な重要な事実の記載を欠く場合（虚偽記載等）は，役員（取締役，執行役，監査役またはこれ

らに準ずる者）および監査証明をした公認会計士・監査法人は，有価証券の取得者に対し，それによって生じた損害を賠償する責任を負う（金融商品取引法 21 条 1 項，22 条，23 条の 2，23 条の 12 第 5 項，24 条の 4，24 条の 4 の 6，24 条の 4 の 7 第 4 項，24 条の 5 第 5 項）。役員や公認会計士・監査法人は，虚偽記載等を知らず，または相当な注意を用いたにもかかわらず知ることができなかったことを立証すれば責任を免れる（立証責任の転換）。

　なお，虚偽記載等のある有価証券報告書等の提出者は罰則を受ける場合もある（金融商品取引法 197 条 1 項，197 条の 2）。

会計不正の責任の争点

　会計不正に対する責任を追及するにあたっては，会計（会計基準・適用指針）の知見だけでなく，監査（監査基準・実務指針）や財務報告に係る内部統制に関する知見が必要になる。弁護士は，これらの争点に関して適切に主張立証できないおそれがあるため，会計士等の支援が必要不可欠である。

会計基準の解釈適用

　会計不正に直接関与した従業員は，会計事象を知ったうえで会計処理をしており，その会計処理が不適切かどうかや虚偽記載等に当たるかどうかが問題となることが少なくない。そのため，法的責任があるかどうかは，一般に公正妥当と認められる企業会計の基準（会計基準・適用指針）の解釈適用が争点となることが多い。

　たとえば，ライブドア事件[11] では，連結子会社が組合を利用して行った親会社株式の売却は，連結子会社による親会社株式の処分差益として処理すべきであり，連結損益計算書に売上高として計上することは，一般に公正妥当と認められる企業会計の基準に反するとして，有価証券報告書に虚偽記載等があると判断された。

財務報告に係る内部統制の構築・運用

　計算関係書類の作成に関する職務を行わなかった取締役の法的責任は会計不正の看過につき責めに帰すべき事由があるかどうか，すなわち会計不正を知っていたか，または知るべきであったか（財務報告に係る内部統制の構築・運用の責任を含む）が主な争点となることが多い。

　たとえば，日本システム技術事件[12] では，事業部長が営業成績を上げるため部下と共謀して取引先の注文書等を偽造し，監査法人から取引先に送付された残高確認状を未開封のまま回収するなどし，有価証券報告書に虚偽記載等が生じたが，代表取締役は，営業活動と営業事務（注文書・検収書等の

確認）の職務分掌を定めるなど通常想定される架空売上げの計上等の不正行為を防止し得る程度の管理体制は整備していたとしてその責任が否定された。

監査基準の解釈適用

　会計監査人（監査法人・公認会計士）や監査役の法的責任は，計算関係書類を監査して意見を表明するにあたって，一般に公正妥当と認められる監査の基準（監査基準や実務指針）に準拠したかどうかが争点となる。

　たとえば，山一證券事件[13]では，当時の連結財務諸表に関する会計基準では連結対象外となる国内外のダミー会社に顧客の有価証券を引き取らせて損失を隠すといういわゆる飛ばしのスキームを実行して簿外債務を隠蔽し，有価証券報告書に虚偽記載等が生じたが，ダミー会社は監査の対象外であることなどから監査人として通常要求される程度の注意を尽くしても簿外債務の発見は不可能であったとして監査法人の責任が否定された。

7.6. 商業的損害

　法的責任の金額（賠償額）に会計が関連する場合がある。たとえば，損害賠償請求訴訟では損害額を算定し，立証する必要があるが，企業が蒙る商業的損害を算定するには，計算書類や財務諸表の内容とその生成過程（財務会計）や原価計算（管理会計）の知見が必須となるため，会計士等の支援が必要不可欠である。

　本節では，商業的損害について概説し，営業損害については，「第 9 章 営業損害の算定」で詳述する。

7.6.1　民事訴訟と損害の認定

損害の発生の認定

　民事訴訟で損害の賠償を命ずる判決をするためには，損害の発生と債務不履行または不法行為（行為）との間に因果関係が存在しなければならない。この因果関係は，仮に行為がなければ損害が発生しなかったといえる場合に存在する。損害は幾つかの項目の合計額として主張されることが多く，因果関係の判断にあたっては，行為がないと仮定して各項目の損害が発生したかどうかをそれぞれ考察することになるが，事案によっては，行為としてどこまでの範囲の事実がなかったと仮定すればよいかが難しい場合もある。損害の発生および因果関係は，裁判官の自由な心証により判断されるが（民事訴

訟法 247 条），証拠に基づかない事実認定や経験則に反する事実認定は違法
とされる。

> ［民事訴訟法 247 条］
> 　裁判所は，判決をするに当たり，口頭弁論の全趣旨及び証拠調べの結
> 果をしん酌して，自由な心証により，事実についての主張を真実と認め
> るべきか否かを判断する。

損害の金額の認定

　損害が発生したことは認められるが，損害の性質上，その金額を立証する
ことが極めて困難な場合には，裁判所は，相当な損害額を認定することがで
きる（民事訴訟法 248 条）。逆に，このような場合に，裁判所が相当な損害
額を認定せずに，損賠賠償請求を棄却することは違法となる[14]。

> ［民事訴訟法 248 条］
> 　損害が生じたことが認められる場合において，損害の性質上その額を
> 立証することが極めて困難であるときは，裁判所は，口頭弁論の全趣旨
> 及び証拠調べの結果に基づき，相当な損害額を認定することができる。

財産的損害と精神的損害

　財産的損害とは，行為（不作為も含む）によって主体（債権者または被害
者）に生じる財産上の損害をいい，顕在的・潜在的なキャッシュ・フローの
減少額によって測定する。

　主体そのものに関連して生じる財産上の損害を**人的損害**といい，主体が保
有する財産に関連して生じる損害を**物的損害**という。

　精神的損害とは，行為によって主体に生じる精神的な損害（負荷や苦痛）
をいい，この損害額は慰謝料と呼ばれる。

　法人には精神的な負荷や苦痛がないため精神的損害（慰謝料）の賠償請求
は認められないが，代わりに**無形損害**（民法 710 条が定める「財産以外の損
害」）の賠償請求が認められる[15]。無形損害には，法人の社会的評価（名
誉・信用・声望・レピュテーション）の棄損・低下による損害額が含まれ
る。無形損害には，厳密には財産的損害に分類できるが，その算定が困難な
ものも含まれている。たとえば，信用毀損による損害額の実質は，信用の低

下により営業取引に悪影響を及ぼすことにより主体に生じる潜在的なキャッシュ・インフローの減少（消極損害）の見積りの困難なものとみることができ，財産的損害（消極損害）に代えて信用毀損による損害を認める裁判例も少なくない[16]。

積極損害と消極損害

　積極損害とは，行為によって主体から流出する財産の増加による損害であり，キャッシュ・アウトフローの増加額（純額）で測定する。

　消極損害とは，行為によって主体に流入する財産の減少による損害であり，キャッシュ・インフローの減少額（純額）で測定する。法律学では，得べかりし利益（逸失利益）とも呼ばれる。

7.6.2　商業的損害

　商業的損害は，一般に企業の営業取引または財産に関する損害をいう。損害の算定にあたって会計士等の支援が必要になるのは，企業の営業に生じる消極損害や，企業が発行する株式や企業が保有する知的財産その他の財産の価値の低下に係る損害である。

営業損害

　営業損害は，広義では営業に関する損害をいうが，とくに営業取引に関する消極損害をいう。

　営業損害は，行為と因果関係のある損害が生じる営業取引の範囲によって，企業が行う営業取引全部に関する消極損害と，企業が行う特定の範囲に属する営業取引に関する消極損害，特定の取引先との営業取引に関する消極損害などがある。

　たとえば，立退料の一項目である営業損害（営業補償）は，主に店舗の立地の移転により生じる売上高低下による消極損害であり，当該店舗が行う不特定多数の営業取引全部に関する消極損害である。また，知的財産（特許権，商標権など）の侵害による営業損害は，当該知的財産を利用する特定の範囲に属する不特定多数の営業取引に関する消極損害である。相手方の解除や違法な仮差押えで継続的取引が停止したことによる損害は，特定の取引先との営業取引に関する消極損害である。

　営業損害の算定では，会計士等の支援の必要性が高いので，「第 9 章　営業損害の算定」で詳述する。

財産損害

　営業に関連する財産（株式，知的財産など）の価値の低下によっても損害が生じる。価値（経済的便益）は，一般に将来的，潜在的なキャッシュ・フロー，すなわちキャッシュ・インフローの増加またはキャッシュ・アウトフローの減少により測定するので，第 2 節「株式価値算定」と同様に会計士等の支援の必要性が高い。

7.7. おわりに

　本章では，会計士等と弁護士等が協働することが多い案件や業務を類型化し，互いに共通理解を得ておくべき要点を中心に整理し，アウトラインを概説した。近年，企業法務を中心に会計と法律の業際化が進み，会計と法律が交錯する分野の裾野は広がっている。会計・税務と法律の垣根を取り払い，会計の専門家は法律の素養と思考を，法律の専門家は会計・税務の素養と思考を身につけることにより業際的な専門家が増え，さまざまな案件や業務で活躍することが期待される。

（片山智裕）

〈注〉
1　ディスカウント・キャッシュ・フロー法（DCF法）は，フリー・キャッシュ・フロー（FCF）をそのリスクを反映した割引率を用いて現在価値に割り引く方法をいう。
2　類似上場会社法は，財産評価基本通達が定める類似業種比準方式とは異なる。財産評価基本通達は，もともとは理論的に優れる類似会社比準法を採用していたが，類似会社の選択をめぐり納税者と課税庁との紛議が絶えないため，納税者の便宜，徴税費用の削減を推し進め，価値を画一的に簡便・迅速に評価することができる類似業種比準方式に改めたという経緯がある。しかし，国税庁が算定した業種別平均値では，事業の内容，規模，収益の状況等の類似性の検証ができないうえ，上場会社の平均値であるために具体的実体とはかけ離れるおそれがあり，株式価値の算定にあたって採用することはできない。
3　江頭憲治郎（1993）「取引相場のない株式の評価」『法学協会百周年記念論文集』第三巻：452, 472 は，「営利法人は，対外的事業活動によって得た利益を，構成員（株式会社においては株主）に対して，利益配当または残余財産分配の方法によって分配することを目的とする団体であり，かつ，株式会社においては，利益配当または残余財産分配以外の方法によって株主が会社から財産上の利益の提供を受けることはありえない。したがって，株式の売買は，経済的に評価するかぎり，本質的には，将来の利益配当・残余財産分配に対する期待の売買に他ならない」といい，「営利法人である会社の株式の評価については，原則として配当還元方式が採用されるべきであり，

現時点における会社の解散・清算を仮定する右方式（企業価値方式）を使用すべきでない」（括弧内は筆者による）と述べる。

4　中小企業等協同組合法に基づく組合員の脱退による持分払戻しに関し，最高裁昭和44年(オ)第551号同12月11日第一小法廷判決・民集23巻12号2447頁は，「一般に，協同組合の組合員が組合から脱退した場合における持分計算の基礎となる組合財産の価額の評価は，(中略)協同組合としての事業の継続を前提とし，なるべく有利にこれを一括譲渡する場合の価額を標準とすべきものと解するのが相当である」と判示する。

5　最高裁平成26年(許)第39号同27年3月26日第一小法廷決定・民集69巻2号365頁。

6　株式の内容を変革する行為（譲渡制限や全部取得条項を付す，株式併合に伴う端株化）は，それ自体では株式発行会社が利用できる経営資源に変化がないが，それ以外の組織再編行為と組み合わされる結果，発行会社が利用できる経営資源が著しく変化する場合もある。

7　藤田友敬（2007）「新会社法における株式買取請求権権制度」『企業法の理論［上巻］』商事法務。

8　最高裁平成23年(許)第21号・第22号同24年2月29日第二小法廷決定・民集66巻3号1784頁。

9　更生会社の事業年度は再生手続開始決定日に終了し，その翌日から更生計画認可決定日までが1事業年度となる（会社更生法232条2項，法人税基本通達14-3-1）。その事業年度が1年を超えるときは1年ごとに確定申告を行う（法人税法13条1項ただし書）。

10　再生債務者の事業年度は，民事再生手続によって変更されない。

11　東京高裁平成21年(ネ)第3956号同23年11月30日判決，原審東京地裁平成18年(ワ)第11635号他同21年5月21日判決。

12　最高裁平成20年(受)第1602号同21年7月9日第一小法廷判決。

13　大阪地裁平成10年(ワ)第2992号他同18年3月20日判決。

14　最高裁平成17年(受)第541号同18年1月24日第三小法廷判決。

15　最高裁昭和34年(オ)第901号同39年1月28日第一小法廷判決・民集18巻1号136頁。

16　福岡高裁平成22年(ネ)第1178号同24年3月15日判決，最高裁昭和51年(オ)第952号同52年3月15日第三小法廷判決・民集31巻2号289頁，原審名古屋高裁昭和49年(ネ)第265号同51年6月16日判決。

〈参考文献〉
片山智裕. 2014.「組織再編と『公正な価格』の基本的な考え方」『会社法務 A2Z』8月号。
片山智裕. 2015.「M&A のプロセスと実務上の留意点」『会社法務 A2Z』8月号。
日本公認会計士協会. 2007.「財産評定等ガイドラインとQ&A・事例分析」。
日本公認会計士協会. 2012.『監査・保証実務委員会研究報告第25号「不適切な会計処理が発覚した場合の監査人の留意事項について」』。
日本公認会計士協会. 2013.「企業価値評価ガイドライン（改訂版）」。
日本取引所自主規制法人. 2016.「上場会社における不祥事対応のプリンシプル」。

第8章

会計士の訴訟関与

8.1. はじめに

フォレンジック（forensic）は，もともと「法廷の」を意味する単語であり，フォレンジック会計も，重要な意味の一つとして法廷（訴訟）における会計の意味がある。そこで，本章では，訴訟の基本的な制度とその制度の下で会計の専門家たる会計士がどのように訴訟に関与するかについて説明する。

本章の第2節では，訴訟を大きな2つの区分，刑事訴訟と民事訴訟に分ける。そして，そのうち刑事訴訟について，裁判に必要な証拠の収集や会計不正に関連する犯罪の例を挙げ，その概略を説明する。第3節では，民事訴訟について，その原則である処分権主義や弁論主義を説明する。そして，これらの原則を前提として，会計士の訴訟関与として想定される専門委員や鑑定などが訴訟においてどのような意味を持つのかを説明する。さらに，会計士が意見を形成するための会計資料を収集するための手段や民事訴訟ではない非訟事件においても会計士の関与が期待されていることについても説明する。第4節では，会計士が訴訟に関与する場合に監査の独立性に関連して注意すべきことを説明する。また，第3節で説明した民事訴訟，非訟事件について，実際の裁判例を説明する。第5節は，以上で説明したことを踏まえて，会計士がどのように訴訟関与することを期待されているかのまとめである。

8.2. 刑事訴訟と民事訴訟

訴訟を大きく2つに分ければ，犯罪に当たるかどうかの事実を認定し，刑罰を明らかにする刑事訴訟と私的紛争の解決手段としての民事訴訟に分けられる。

　この点，フォレンジック会計が求められる分野においては，同じ事象について，刑事訴訟と民事訴訟の両方の訴訟が提起される場合がありうる。たとえば，会計不正を行えば，犯罪として刑事訴訟を提起されるとともに，損害賠償請求として民事訴訟も提起されうる。会計士の訴訟関与を説明するには，刑事訴訟と民事訴訟の各制度とフォレンジック会計との関係を説明することになるが，刑事訴訟については，公権力の発動およびそれに対する防御であるから，会計士が自ら積極的に訴訟に関与をすることは多くないものと思われる。

　そこで，刑事訴訟については，始めに概略を説明することにとどめ，民事訴訟についての説明を中心とする。

8.2.1　刑事訴訟

　刑事訴訟は，ある人の行為が犯罪に当たるかどうかについて事実を認定し，刑罰を明らかにする手続である。ここで，事実とは，ある人の過去の行為とその結果についての事実であるから，訴訟の場において，行為の事実自体が現存するわけではない。そこで，「事実の認定は，証拠による。」（刑事訴訟法 317 条）という法律の定めがある。これは，証拠裁判主義といい，刑事訴訟における厳格なルールの一つである。

［刑事訴訟法 317 条］
事実の認定は，証拠による。

　たとえば，不正な会計処理をし，内容虚偽の財務諸表を作成し，提出することは，犯罪であるが，内容虚偽の財務諸表を作成し，提出する行為が犯罪に当たる行為であり，内容虚偽の財務諸表は，その証拠の一つとなる。もちろん，誰が内容虚偽の財務諸表を作成したかについての証拠も必要である。

　刑事訴訟におけるフォレンジック会計では，内容虚偽の財務諸表であるかどうかを明らかにすることがその中心となると考えられるが，より広く考えれば，不正な会計処理を行う意思があったのか，誰の指示によるものかなどを，メールのやり取りを分析することなどで明らかにすることも対象となる場合も考えられる。

捜索・差押え・検証

　刑事訴訟においては，証拠裁判主義に従い，犯罪の事実の認定を証拠によって行うのであるから，証拠を収集することが重要である。ここで，上場企業を例にとれば，上場企業は財務諸表を公開しているから，公開された財務諸表は誰でも取得して証拠とすることができる。しかし，財務諸表の基になる会計帳簿やその関連資料は誰でも取得できるわけではない。刑事訴訟は，公権力の担い手である検察官が被告人[1]に対して，訴訟を提起するものであるから，公権力は，一定の制約の下に公権力を用いて証拠を収集することができる。公権力による強制的な証拠収集手段として代表的なものに捜索・差押え・検証がある。これらは，裁判所による許可（捜索差押許可状の発付など）などの一定の制約の下に行われる。証拠との関係でいえば，捜索は証拠を探すことであり，差押えは証拠を取得することであり，検証は証拠を認識することである。これを，公権力を行使する側ではなく，公権力を行使される側，たとえば会計不正の疑惑がある企業の側から見れば，会計帳簿やその関連資料がある場所を強制的に捜査されるということになる。

　強制的に捜査する権限のない監査においては，提供された，あるいは入手可能な監査証拠に基づいて会計不正の疑いがあるかどうかを判断するが，刑事訴訟におけるフォレンジック会計としては，強制捜査により取得した証拠を含めて実際に会計不正があるかどうかを判断することになる。

虚偽有価証券報告書提出の罪（金融商品取引法違反）

　会計不正に関連して刑事罰が科されるものとして重要なものに，虚偽有価証券報告書提出の罪（金融商品取引法197条1項1号）があるから，刑事訴訟の例として説明する。これは，重要な事項につき虚偽の記載のある有価証券報告書を提出する罪である。有価証券報告書の虚偽記載は，刑事罰のみならず，民事上の損害賠償責任（同法21条の2）や行政上の課徴金納付命令（同法172条の4）の対象となる場合などもありうる。もっとも，虚偽記載があるかどうかについて，容易に明らかになることが常ではない。現在の高度に専門化された会計においては，相応の専門知識がなければ，その内容が虚偽かどうかも判断できないことが多い。このような判断を行うためには，財務諸表の記載と証拠が矛盾することを会計基準を踏まえて説明したり，さらには，意図的に不正を行おうとしたことを証拠によって明らかにしたりする必要がある。

　虚偽有価証券報告書提出の罪におけるフォレンジック会計としては，そのような観点から，虚偽記載の疑いがあることを指摘するのでは足りず，虚偽記載があることを明らかにすることまで必要となる。反対に，被告人の側として関与する場合には，虚偽記載がないことを明らかにするまでは必要でなく，虚偽記載があることが明らかでないことを説明できれば足りる。

8.3. 民事訴訟

　民事訴訟は，私的紛争を解決する手段の一つである。私的紛争の解決のための制度であるから，先ほど説明した刑事訴訟の制度とは異なる点も多い。証拠，会計資料の収集をどうするかなどが問題となることもある。また，会計士の関与の形態も多岐にわたる。

8.3.1　処分権主義

　民事訴訟は，私的紛争を解決する手段の一つであるが，原告が被告を訴えることで，初めてその裁判手続が始まる。このことは，「訴えなければ裁判なし」とも表現され，当事者の意思に私的紛争の対象となる権利の処分を委ねているから，処分権主義ともいわれる。たとえば，ある者の会計不正により損害を被った者は，会計不正を行った者を被告として損害賠償請求の民事訴訟を提起することができるが，必ず民事訴訟を提起しなければならないわけではない。民事訴訟を提起しなくても，会計不正を行った者が，損害を生じさせた責任を認め，任意で賠償を支払ってくれるのであれば，時間とお金をかけて裁判を行う必要はない。厳密な意味ではフォレンジック会計といえないかもしれないが，損害を被った者が，会計士に依頼して，ある者の会計処理が不正であること，その不正な会計処理により生じた損害がいくらであるかを説明する資料を作成してもらって会計不正を行った者に説明をすれば，会計不正を行った者が責任を認め，その賠償を任意で支払ってくれる可能性もゼロではない。

　しかし，裁判をせずに交渉がまとまったとしても，会計不正を行った者が金銭を支払わなかった場合には，それを強制的に支払わせる手段がないことが通常である。また，大企業の場合には，そもそも代表取締役と一個人株主に交渉の機会が与えられるというのも現実的ではない。民事訴訟を提起すれば，訴えられた側（被告）が訴訟に応じない場合には，原告の主張する事実

が真実であると基本的に認められることになることから，訴訟に応じる事実上の義務が生じること，その訴訟で勝訴すれば，その判決に従って強制的に支払わせることができることから，時間とお金をかけて裁判を行うことの方が有効である場合がある。そのような場合には，民事訴訟を提起することが私的紛争を解決する有力な手段となる。なお，強制的に支払わせることができるといっても，そもそも支払う側に十分な財産がなければ支払わせようがないから，実際には，被告の財産状況なども踏まえながら，民事訴訟を提起すべきかどうかを検討することになる。

8.3.2 自由心証主義

　私的紛争を解決する手段として民事訴訟を選択したとしても，どのように判決が出されるかを知らなければ，期待するような判決を得られない可能性が高い。そこで，まずは裁判所がどのように判決を出すかについて説明する。

　「裁判所は，判決をするに当たり，口頭弁論の全趣旨及び証拠調べの結果をしん酌して，自由な心証により，事実についての主張を真実と認めるべきか否かを判断する。」（民事訴訟法247条）。これを自由心証主義という。刑事訴訟においても，証拠の証明力を裁判官の自由な判断に委ねるという意味では，自由心証主義は妥当するが（刑事訴訟法318条），民事訴訟においては，証拠調べの結果だけでなく弁論の全趣旨も考慮して事実を認定することに特色がある。

［民事訴訟法247条］

　裁判所は，判決をするに当たり，口頭弁論の全趣旨及び証拠調べの結果をしん酌して，自由な心証により，事実についての主張を真実と認めるべきか否かを判断する。

［刑事訴訟法318条］

　証拠の証明力は，裁判官の自由な判断に委ねる。

　裁判所の自由な心証により判断が委ねられるといっても，実際に判断を行う人である裁判官の知識は有限であり，法律以外の専門知識まで全て持ち合わせているわけではない。他方で，裁判所で解決が求められる私的紛争は，法的紛争であるといえども，事実を法的に評価するには，その前提として会

計知識などの他の専門知識が必要になる場合もありうる。そのような場合には，専門的知見を要する訴訟において裁判官を補助する者として，専門委員が訴訟に関与する場合がある。また，訴訟の証拠調べとして，裁判官の専門的知識を補うために学識経験者に意見を述べさせる鑑定が行われる場合がある。

専門委員

　専門委員は，専門的知見を要する訴訟において，その専門的知見で裁判官を補助する非常勤の裁判所職員である。裁判官を補助するアドバイザーのような者であるから，専門委員自身が判決を出すわけではなく，判決に関与することもできない。しかし，専門委員から提供された専門的知識についての説明は，裁判官がその説明を前提として訴訟運営や判断を行うことが多いから，判決に大きな影響を及ぼすことがあると思われる。

　専門委員の活用が行われている代表的な分野としては，医療関係訴訟，建築関係訴訟，知的財産権関係訴訟などがある。それゆえ，専門委員も医療関係，建築関係，知財関係の分野を専門とする者が多く，財務関係や税務関係の専門委員は少数である。ただし，令和4年10月に設置された東京地方裁判所中目黒庁舎（ビジネス・コート）では，専門委員として会計士が関与することも期待されている。

　専門委員という制度自体，平成16年4月から設けられた比較的新しい制度であるが，会計士が専門委員として会計分野についての専門的知識を提供する場合については，法律と会計基準等との関係を整理しておいた方が良いと思われる。

会計基準等の法的位置づけ

　通常の会計士は，訴訟を目的として企業会計に関与しているわけではない。一般的には，会計士は，企業会計基準委員会が公表した企業会計基準・企業会計基準適用指針・実務対応報告，企業会計審議会が公表した会計基準（企業会計原則等を含む。），日本公認会計士協会が公表した会計制度委員会報告（実務指針），監査・保証実務委員会報告および業種別監査委員会報告のうち会計処理の原則および手続を定めたものなどの会計基準等を用いて会計に関連する業務を行っているものと思われるが，これらの会計基準等の法律上の位置づけを意識しなくてもあまり問題となることはない。

　しかし，会計基準等の法的位置づけは，訴訟においては極めて重要であり，それは法解釈の問題として，裁判官が行うものであるが，訴訟に関与する会計士としてもそのことを意識しておくことが望ましいものと考えられる。たとえば，全ての会社に適用される会社法では，その会計の原則として，「株式会社の会計は，一般に公正妥当と認められる企業会計の慣行に従うものとする。」（同法 431 条）と定められている。そして，上記の会計基準等は，一般に公正妥当と認められる企業会計の慣行とも概ね一致するものと解される。ただし，会計基準等として明文化されていなくても一般に公正妥当と認められる企業会計の慣行として解釈される余地はある。また，「従うものとする」という文言は，「従わなければならない」という文言に比べて義務付けの程度が強くないと解釈される可能性もある。

［会社法 431 条］
株式会社の会計は，一般に公正妥当と認められる企業会計の慣行に従うものとする。

　別の例としては，上場企業等に適用される金融商品取引法では，「この法律の規定により提出される貸借対照表，損益計算書その他の財務計算に関する書類は，内閣総理大臣が一般に公正妥当であると認められるところに従つて内閣府令で定める用語，様式及び作成方法により，これを作成しなければならない。」（同法 193 条）と定められ，それを受け，財務諸表等の用語，様式及び作成方法に関する規則（以下「財務諸表等規則」という。），連結財務諸表の用語，様式及び作成方法に関する規則（以下「連結財務諸表規則」という。）などが定められている。それゆえ，それぞれの財務諸表等は，財務諸表等規則や連結財務諸表規則などに従って作成されることになるが，企業会計審議会により公表された企業会計の基準は，一般に公正妥当と認められる企業会計の基準に該当するものとする（財務諸表等規則 1 条 2 項，連結財務諸表規則 1 条 2 項など），連結財務諸表の用語，様式及び作成方法に関する規則に規定する金融庁長官が定める企業会計の基準を指定する件，財務諸表等規則に規定する金融庁長官が定める企業会計の基準を指定する件などにより，法的位置づけが根拠づけられている。

　会計基準等が法的にどのように位置づけられているかは，法の解釈の問題であり，裁判官が行うものであるが，会計士が専門委員となる場合，会計に

ついての専門知識により，その法解釈を行う手助けをする。

鑑定

　鑑定とは，裁判官の専門的知識を補うために学識経験者に意見を述べさせる証拠調べである。意見を述べる者が鑑定人である。民事訴訟における自由心証主義では，「口頭弁論の全趣旨及び証拠調べの結果をしん酌して」と定められているが，証拠調べとは，裁判所が，証拠を取り調べて，判断をするための情報を得る行為やその手続をいう。すなわち，鑑定においては，裁判官は，学識経験者に意見を述べさせることで，判断のための情報を得る。

　専門委員と鑑定人の違いを説明するには，弁論主義という民事訴訟の制度を先に説明する必要があるから，先に弁論主義について説明する。

8.3.3　弁論主義（主張立証責任）

　弁論主義とは，裁判に必要な事実に関する資料の収集は当事者の権能かつ責任であるという原則をいい，当事者が主張しない事実は裁判の基礎としてはならない。すなわち，当事者が主張しない事実は，たとえ，真実，その事実が存在するとしても，訴訟上は存在しないものとして扱われる。それゆえ，当事者は，それぞれ事実を主張することになるが，対立する当事者がお互いに主張する事実が，常に一致するとは限らない。当事者間に争いのない事実は，そのまま裁判の基礎にしなければならないが，当事者間で争いのある事実は，当事者が申し出た証拠によることになる。さらに，証拠調べも当事者の申し出があって，初めて行われるのが原則である。

　証拠調べとして，最も一般的なものは，書証である。書証では，当事者が提出した契約書などの文書を，裁判官が閲読して記載内容である思想や意味を証拠資料とする。また，一般的な裁判としてイメージされやすい証人尋問も証拠調べの一種である。証人尋問では，当事者が申し出た証人に対して，当事者や裁判官が尋問を行い，その証言された事実を証拠資料とする。

　鑑定も証拠調べの一種である。鑑定には，いわゆる鑑定書として書面により意見を述べる場合もあるが，証人尋問のように裁判所において，当事者や裁判官が質問する場合もある。証人尋問では，証人は個別具体的な事実を知るものであり，自らの知る事実を証言するが，鑑定では，鑑定人は個別具体的な事実ではなく，専門的知識に基づく意見を述べる。専門的知識に基づく意見を述べることができる者であれば，鑑定人となれるので，その意味で

は，鑑定人には代替性がある。

　なお，両当事者がお互いに事実の存否を主張しても，その事実の存否が，裁判官にとって明らかにならない場合も当然ありうる。その場合には，法律上，立証責任がある者が立証責任を果たすことができなかったとして，その事実が認められないことになる。立証責任は法律により定まっている。

専門委員と鑑定人の違い

　専門委員も鑑定人も専門的知識を有する者として，訴訟に関与する者であるが，その関与の仕方は異なる。端的に表現すれば，専門委員は専門分野についての説明を行う者であり，鑑定人は専門分野についての意見を述べる者である。弁論主義に従えば，専門委員の説明は証拠にならず，鑑定人の意見は証拠になるというのが原則である。それゆえ，「専門委員は鑑定人と異なることから，事件についての結論や当事者間で真に争いがある事項について，専門委員自身の意見を述べることはしないように留意する必要があります。」（最高裁判所事務総局 2014, 34）とされる。

　ただし，説明と意見の区別が困難な場合があることは否定できず，また，専門委員に意見を求め，それを証拠とした方が便宜である場合もありうる。そこで，専門委員について，「例外的に，当事者双方が専門委員が意見を述べることについて同意している場合には，意見を求められることがありま

図表8-1　専門委員と鑑定人の主な差異

	専門委員	鑑定人
身分	裁判所に所属する職員 （専門的な知見に基づく説明をするために必要な知識経験を有する者）	裁判所に所属する職員ではない。 （鑑定に必要な学識経験のある者）
関与の場面	争点および証拠の整理等 証拠調べ 和解	主に証拠調べ
説明または意見の性質	専門的な事項に関する当事者の言い分や証拠等について，裁判所のアドバイザー的な立場から，分かりやすく説明をする。 この説明は，アドバイザー的な立場からのものであり，説明した内容は，証拠とはならない。	裁判所から求められた鑑定事項について，意見を述べる（鑑定人の意見として，書面（鑑定書）の提出を求められるのが一般的である。）。 この意見は証拠となり，判決の基礎となる。

出所：最高裁判所事務総局（2014, 23）に依拠して筆者が作成した。

す。その場合には裁判所の指示に従ってください。」（最高裁判所事務総局 2014, 34），「当事者双方が専門委員の説明内容を証拠とすることに同意している場合には，手続保障を放棄していると見て，証拠にすることができると理解されています。」（最高裁判所事務総局 2014, 35）などと，例外的な証拠化の方法の道も開いている。さらに，会計士の関与が想定される後述する第5節「非訟事件（株式価格決定申立事件）」では，専門委員の意見の証拠化にも道を開いている。

8.3.4　証拠の収集

　刑事訴訟との違いはあるけれども，自由心証主義のある民事訴訟においても証拠が重要であることに変わりはない。また，弁論主義に従い，証拠調べは，各当事者が申し出なければならない。そして，最も一般的な証拠調べである書証の申し出は，当事者がその文書を提出することが基本である。文書の所持者にその提出を命ずることを申し立ててする場合もあるが，それは例外的である。したがって，当事者は，文書などの証拠を自ら収集することになる。

証拠調べの区分

　証拠調べには，証人尋問，当事者尋問，鑑定，書証，検証がある。これらのうち，会計士が特に関与する可能性が高いのは，鑑定と書証である。鑑定については，先に説明したとおり，裁判官の会計知識を補うために学識経験者である会計士に意見を述べさせる場合が考えられる。書証については，ありとあらゆる文書が対象となるため，会計士が作成した文書が証拠として用いられることもあれば，会計士が監査した財務諸表等が証拠として用いられることもある。また，現在では，紙の文書のみならず，電子データの記録媒体などが準文書として文書に準じて証拠調べされる場合もある。

　ここで，鑑定とは，裁判官の専門的知識を補うために学識経験者に意見を述べさせる証拠調べであると説明したが，裁判官が専門的知識を有していないと考えられる分野について，書証によって専門的知識を補うことができる場合も考えられる。そして，ありとあらゆる文書が書証の対象となるのであるから，学識経験者が専門分野について意見を述べた文書も書証の対象となる。そして，当事者の立場から考えれば，学識経験者が自分にとって有利な意見を述べてくれる方が望ましい。鑑定人は，裁判官を補助する者であり，

ある種，中立的な立場から証拠調べに応じることになるが，書証の場合には，学識経験者が一方当事者の立場に立って，専門的知識に基づいた意見を述べた文書を作成する場合がある。もっとも，一方当事者にとって有利な意見といえども，専門的知識に基づいた合理的な意見でなければ意味がないことは当然である。

　会計士の訴訟関与として，先に専門委員，鑑定を説明したが，実際に会計士が訴訟に関与する場合は，専門委員，鑑定といった裁判所の側ではなく，一方当事者の依頼に基づいて，書証の対象となる文書を作成するという一方当事者の側に立った訴訟関与が多いものと思われる。

私鑑定

　学識経験者が，一方当事者の依頼に基づき，専門分野についての意見を述べた文書を作成した場合，その文書は，私鑑定報告書などと呼ばれることがある。一方当事者が提出する不動産鑑定評価書，不動産価格査定報告書なども私鑑定報告書の一種ということができる。当然のことながら，私鑑定報告書は，それを提出する当事者にとって有利なもののみが提出され，有利でないものは提出されない。また，一方当事者からの依頼に基づき，その当事者から報酬を受けて私鑑定報告書を作成する以上，その当事者にとって有利な意見を述べようというインセンティブが働くことも考えられる。それゆえ，その中立性が問題になる場合や両当事者がお互いに私鑑定報告書を提出しあう場合もある。

　依頼者あるいはその代理人である弁護士が，会計士に対して私鑑定を依頼するものとして代表的なものには，株式価値の算定書などがある。もっとも，私的紛争において争点になっているものが何かによって，私鑑定の対象は異なる。株式価値の算定書のほかに会計士に私鑑定を依頼することが考えられるものには，会計不正に関する意見書，商業的損害に対する算定書なども考えられる。

会計帳簿閲覧等請求

　会計士が，依頼者あるいはその代理人である弁護士から会計分野についての専門的な意見を求められたとしても，会計分野の意見を形成するための資料が十分になければ，会計士がその意見を述べることは困難である。

　私鑑定においても，依頼者が会社側の人間であれば，必要な会計資料が依

頼者の手元にあり，その提供を受けることができる。しかし，依頼者が会社に対立する側の当事者である場合，たとえば，代表取締役の会計不正を追及し，その損害賠償を請求したい株主が依頼者である場合などには，依頼者は必要な会計資料をほとんど持っていないことの方が通常である。そこで，会社に対立する側の当事者としては，何らかの手段で会計資料を入手する必要がある。会社に対立する側の当事者が株主等である場合，一定の要件を満たせば，会社の会計帳簿やそれに関する資料などを閲覧，謄写する権利が認められている（会社法 433 条）。したがって，会計帳簿閲覧等請求権を行使して，会計資料を入手することが考えられる。しかし，会社としては，株主等からの会計帳簿閲覧等請求に対して，素直に応じないことも多く，その場合には，別途，会計帳簿閲覧等請求訴訟を提起し，その判決を得た上で，会計資料を入手しなければならないことになる。

　依頼者が会社に対立する側である場合において，株主でない場合，株主であっても要件を満たさない場合，さらには会社が会計資料の提出に応じない場合などには，意見の基礎となる会計資料が甚だ不十分な中で，会計士に対して意見（算定書の作成など）を求めることも多い。これは，請求する側が，株式価格，損害額，会計不正があったかなどを含めて主張立証しなければならないことが弁論主義，主張立証責任に従った原則であるからである。そのため，会計資料が不十分な中で依頼があった場合には，入手可能な資料を基に，推測できることなどを踏まえながら，会計士は一応の意見を述べるということになる。もっとも，あまりに会計資料が不十分な場合には，その依頼を受けないということも考えられる。

　なお，株主だけでなく債権者も会社に対して計算書類等閲覧等請求権を有するから，最低限，計算書類等を基にして，会計分野についての意見を述べることも考えられる。もっとも，会社が計算書類等の閲覧等にすら応じず，計算書類等閲覧等請求訴訟を提起しなければならない場合もある。

訴えの提起前における証拠収集の処分等

　訴訟には証拠が重要であること，しかし，証拠の収集が容易にいかない場合があること，さらには，私鑑定を求められた場合に，意見の基礎となる会計資料も十分に得られない場合もあることなどを説明したが，訴訟上，証拠の収集を手助けする制度もある。たとえば，民事訴訟法は，訴えの提起前における証拠収集の処分等として，訴えの提起前における照会，訴えの提起前

における証拠収集の処分などを定める（同法 132 条の 2 以下）。ただし，これらは，つぎに説明する証拠保全が訴え提起前でも利用可能であり，おそらく，証拠保全の方が使いやすいと考えられているなどの理由から，あまり利用されていないものと考えられる。

証拠保全

　証拠保全とは，あらかじめ証拠調べをしておかなければその証拠を使用することが困難となる事情があるときに，当事者の申立てにより，あらかじめ証拠調べをする手続である（民事訴訟法 234 条）。訴えの提起の前後を問わず，行うことができる。たとえば，証人が重病であり，証人尋問前に死亡してしまうおそれがある場合や，文書の廃棄，改ざんのおそれがある場合に利用することが考えられる。さらに，証拠保全が利用できる要件をどの程度疎明すればよいかによっては，証拠開示を目的として証拠保全が利用されていることも指摘されている。

　証拠保全は，伝統的に医療過誤訴訟におけるカルテなどに対して用いられ，電子カルテに対しても利用されている。会計帳簿等の会計に関する資料についても，会計システムを用いて処理されていることが通常であるから，電子カルテからの類推により，会計システムにおける会計帳簿等の証拠保全を検討する。

会計システムにおける証拠保全

　電子カルテからの類推による，会計システムにおける会計帳簿等の証拠保全を検討すると以下のようになると考えられる。なお，電子カルテの証拠保全については，東京地方裁判所証拠保全・処分検討委員会，医療訴訟対策委員会「電子カルテの証拠保全について」『判例タイムズ 1329 号』（2010, 5）を参考にしている。

更新履歴

　証拠保全の申立てにおいては，会計システムの更新履歴の検証を含めることが考えられる。会計不正においては，情報の改ざんのおそれもありうるからである。更新履歴が会計システム上，どのように記録されるかは各システムによるものと考えられるが，更新履歴から会計不正の証拠が得られる可能性がある。

改ざんのおそれ

　更新履歴がどのように記録されるかは会計システムによるが，それにより改ざんのしやすさなども変わりうる。それ以外にも会計システムの権限設定がどのようになっているか，実際の運用がどのようになっているかなど，様々な事情により，改ざんのおそれは変わりうるが，証拠保全を申し立てる側としては，会計不正としての改ざんのおそれを疎明することになる。

検証現場における立会人等

　検証現場における検証には，検証現場の管理責任者のほか，会計システムの管理者や会計システムベンダーの保守担当者などが立会人となることが考えられる。会計システムの検証においては，会計システムの基本的な操作方法および仕様，会計システムに保存されている電磁的記録の全てをディスプレイ上の操作により確認できるか，印刷機能がついているか，印刷機能が正常に作動しているか，などの確認が必要となるからである。さらに，更新履歴や修正・削除前の電磁的記録の検証には，更新履歴は残っているか，更新履歴の表示権限，権限により更新履歴の編集は可能か，更新履歴の表示方法，修正・削除前の電磁的記録を表示できるか，その他更新履歴等についてどのように検証できるかなどの確認も必要となる。

会計帳簿提出命令

　以上は，会計システムを対象とした証拠保全の概略であるが，訴訟上は，会計帳簿提出命令という制度もある（会社法434条）。証拠の収集で上述したとおり，書証の申し出は，当事者がその文書を提出することが基本であるが，文書の所持者にその提出を命ずることを申し立ててする場合もある。これについては，民事訴訟法においては，文書提出命令の申立てという一般的な制度があるが，文書提出義務があるかなど，一定の要件がある。

　これに対して，会社法上の会計帳簿提出命令は，会社債権者や株主と会社との訴訟などにおいて，会計帳簿が重要な証拠になることに鑑み，より緩やかに提出命令を認めている。なお，会計帳簿どころか計算書類等すら任意に開示されない場合には，計算書類等提出命令（会社法443条）の定めもある。

弁護士会照会

　弁護士が証拠収集をする手段として代表的なものには，弁護士会照会がある。弁護士は，各都道府県にある弁護士会に所属しており，当該所属している弁護士会を通じて，訴訟外に各種機関に照会を行う。ただし，弁護士会照会は，全ての照会に応じてもらえるものではなく，照会先の機関の守秘義務などを理由に回答が行われない場合もある。

　会計士が，主に一方当事者の側に立って訴訟に関与する場合においては，以上のような手段によって入手した証拠や資料を基に，会計分野についての専門意見を述べることになる。

8.3.5　非訟事件（株式価格決定申立事件）

　民事訴訟の項目の最後として，訴訟ではない民事裁判制度を説明する。非訟は読んで字のごとく訴訟ではない。したがって，今まで説明した処分権主義や弁論主義がそのまま妥当するわけではない。処分権主義は制限され，裁判所は当事者の主張立証によらず，裁判所が自ら判断の資料を収集することもある。これは，職権探知主義と呼ばれる。非訟事件においても専門委員制度があるが，以下の表のような相違がある。

　非訟事件は，民事訴訟以上に，一般的にはなじみが薄いものであると思われる。しかし，会計士に対しては，非訟事件に専門委員として参加することが期待されている。具体的な非訟事件としては，株式価格決定申立事件がある。

　「株式価値の算定は，対象会社の資産内容，財務，収益状況等，多種多様な事情を総合考慮した上で行われ，高度に専門的な判断が求められ」（最高裁判所事務総局 2014, 51）るものであり，そのような高度に専門的な知識を持つ者として，会計士の関与が期待されているのである。

　会計士の関与としては，鑑定（私鑑定を含む。）があるが，「鑑定には，相当高額な費用が必要となるのが通例であったため，当事者が十分な資力を有しているとは限らず，また，鑑定費用が株価総額に照らして経済的に見合わない場合も少なくないことから，当事者が鑑定費用の予納や最終的な分担に難色を示すことがあり」（最高裁判所事務総局 2014, 51），「価値評価のアプローチ自体が複数存在し，考慮要素も多岐にわたることから，鑑定の実施に当たって困難が生じる等の問題も指摘され」（最高裁判所事務総局 2014, 52）ていた。会計士が専門委員として関与することで，「鑑定の要否の見極め，

215

図表8-2　訴訟手続と非訟事件の手続における専門委員の相違

	訴訟手続における専門委員	非訟事件の手続における専門委員
聴取の対象	専門的な知見に基づく説明	専門的な知見に基づく意見
関与の内容	裁判所のアドバイザー的な立場で，機動的に手続に関与して，専門的な事項に関する当事者の言い分や証拠等について，分かりやすく説明する。	裁判所のアドバイザー的な立場で，機動的に手続に関与して，事件の審理に必要な専門的な事項について，意見を述べることができる。
聴取した内容の性質	説明した内容は，証拠資料とはならない。	意見の内容は，裁判所の判断のための資料となり得る。
関与の場面	争点整理および証拠の整理等 証拠調べ 和解	非訟事件の手続一般（的確かつ円滑な審理の実現のため，または和解を試みるため）
関与の手続	当事者の意見を聴いて，裁判所が決定 ただし，和解を試みる期日における関与は，当事者の同意が必要	当事者の意見を聴いて，裁判所が決定
証人等尋問における専門委員の質問	当事者の同意および裁判長の許可が必要	裁判長の許可が必要
関与の取消し	裁判所は，申立てによりまたは職権で，専門委員を手続に関与させる決定を取り消すことができる。 ただし，当事者双方の申立てがあるときは，これを取り消さなければならない。	裁判所は，当事者の意見を聴いて，専門委員を関与させる裁判を取り消すことができる。

出所：最高裁判所事務総局（2014, 50）に依拠して筆者が作成した。

　また，鑑定を要するとした場合の鑑定事項の設定や鑑定に向けた争点・証拠の整理等について専門的知見を提供していただくことが考えられ」（最高裁判所事務総局 2014, 52）ている。
　会計士が訴訟（非訟事件を含む。）に関与する場合は，上記のとおり様々な場合が考えられるが，どのような手続における関与であるか，どのような立場による関与であるか，誰からの依頼による関与であるかなどによって，会計士に求められる関与は様々であるから，上記のような制度の概略を知り，自らの立ち位置を把握しておくことが望ましいものと考えられる。

8.4. 会計知識の提供

　訴訟の制度の概要と会計士の訴訟関与の概要は以上のとおりであるが，関与にあたって，注意すべきこととして監査の独立性との関係に触れる。また，実際の裁判に会計士がどのように関与しているかについて裁判例を通して説明する。

8.4.1　監査の独立性との関係

　今まで説明したとおり，会計士による訴訟関与には様々な場合があるが，その関与の仕方によっては，監査の独立性との関係が問題となり得るから，この点については，特に注意を要する。

　公認会計士法施行規則 6 条 6 号は，監査または証明をしようとする財務書類を自らが作成していると認められる業務または被監査会社等の経営判断に関与すると認められる業務の制限を定める。そして，独立性に関する法改正対応解釈指針第 4 号「大会社等監査における非監査証明業務について」5 項(6)（イ）具体的な禁止業務として，被監査会社等の訴訟案件に関わるサポートサービス等，被監査会社等の利益を擁護するような業務が挙げられている。したがって，被監査会社等の訴訟案件に関わる場合などには，特に注意が必要である。

8.4.2　裁判例

　会計士が実際に関与した裁判例として，東京高裁平成 27 年(ラ)第 2156 号同 28 年 9 月 14 日決定（株式買取価格決定に対する抗告事件。以下「平成28 年 9 月 14 日決定」という。）と東京地裁平成 27 年(ワ)21457 号等令和 2年 7 月 6 日判決（損害賠償請求事件。以下「令和 2 年 7 月 6 日判決」という。）を挙げる。

　平成 28 年 9 月 14 日決定は，株式買取価格決定に関する非訟事件であり，申立人から公認会計士作成の株式の価値を算定した株式理論価値算定書が提出されたほか，非訟事件における専門委員が関与している。

　令和 2 年 7 月 6 日判決は，有価証券報告書等の虚偽記載等を理由とする損害賠償請求事件であり，虚偽記載に当たるかどうかについて公認会計士（大学教授でもある）の意見書が証拠として提出されている。なお，平成 27 年に提起された訴訟が，令和 2 年になって判決が出るなど，専門的な知識を要

する訴訟は，訴訟期間が長期となる場合がある。

株式買取価格決定非訟事件（平成 28 年 9 月 14 日決定）

　本事件は，株式交換に反対した株主である申立人（抗告人）らが，裁判所に対し，株式買取価格の決定を申し立てた事案である。反対株主は，自己の有する株式を公正な価格で買い取ることを請求することができる（会社法785 条 1 項）が，公正な価格がいくらかについて，裁判所に対し，決定を求めたのである。

　前提として，「裁判所による価格の決定は，客観的に定まつている過去の株価の確認ではなく，新たに「決議ナカリセバ其ノ有スベカリシ公正ナル価格」を形成するものであるといわなければならない。そして，右にいう「公正ナル価格」の特質からみて，価格決定に当たり考慮さるべき要素はきわめて複雑多岐にわたらざるをえないが，法が価格決定の基準について格別規定していないことからすると，法は価格決定を裁判所の裁量に委ねているものと解することができる」[2] とされ，「吸収合併等によりシナジーその他の企業価値の増加が生じない場合には，増加した企業価値の適切な分配を考慮する余地はないから，吸収合併契約等を承認する旨の株主総会の決議がされることがなければその株式が有したであろう価格（以下「ナカリセバ価格」という。）を算定し，これをもって「公正な価格」を定めるべきである」[3] とされる。さらに，評価手法についても，「非上場会社の株式の価格の算定については，様々な評価手法が存在するが，どのような場合にどの評価手法を用いるかについては，裁判所の合理的な裁量に委ねられていると解すべきである」[4] とされる。

　これらの引用したものは判例として，裁判官や弁護士が議論の前提として共有しているものである。すなわち，公正な価格の決定は，基本的には裁判所の合理的な裁量に委ねられている。

　このような前提の中での本事件における会計士の関与については，まず，反対株主である申立人（抗告人）らは，公認会計士が本件株式の価値を算定した株式理論価値算定書を提出している。非訟事件といえども，全ての判断の資料を裁判官が収集するのではなく，当事者としては，自己に有利になると考えられる資料を提出する。この場合，申立人（抗告人）らが提出した株式理論価値算定書は，申立人（抗告人）らにとって有利な内容のものであったと考えられる。

　つぎに，本事件における専門委員の関与については，申立人（抗告人）ら
や参加人が主張する株式価格の算定がインカム・アプローチに分類される
DCF法を用いているところ，一般的に企業の将来の収益獲得能力や固有の
性質を評価結果に反映させる点で優れており，継続企業の株式の評価方法と
して，原則としてDCF法によるのが相当であると解されるが，「DCF法に
より株式の評価をするためには，経営者による誠実な事業計画が策定されて
いることが前提となる」という意見，「一般にゴルフ場経営は成熟した事業
で保有不動産が収益の源泉となっていることからネットアセット・アプロー
チに分類される純資産法による評価に適している」という意見，「マーケッ
ト・アプローチに分類される取引事例法は，適切な取引事例があれば一定の
客観性を有している」という意見を述べ，そのことを踏まえて，裁判所は，
「本件各株式の評価に当たっては，DCF法による評価を基礎としつつ，純資
産法や取引事例法による評価も考慮するのが相当であると解される」とし
た。

　さらに，実際の価格決定に当たっては，「減価償却費と将来の設備投資額
とは直接の関連はなく，両者が長期的に一致する保障もない」という意見や
「貸借対照表で負債として計上され，法律上も返還を請求される可能性があ
り，現に相当額が継続的に返還されているのであるから，利息が付されない
からといって，DCF法による評価に際してその償還を考慮しないとすべき
理由があるとは認め難い」という意見，「純資産法による評価については，
参加人が継続企業であることから，純資産法のうち簿価純資産法と修正簿価
純資産法を検討するのが相当であると解される」という意見などが取り入れ
られている。

損害賠償請求事件（令和2年7月6日判決）

　本事件は，上場企業の株式を取得した原告らが，被告会社が虚偽記載のあ
る有価証券報告書を提出したこと等を原因として株式価格が下落するなどの
損害を被ったとして，被告役員らを含めて，損害賠償請求をした事案であ
る。主な争点は，「〈1〉被告らについて原告らの主張に係る本件有価証券報
告書等及び本件内部統制報告書の虚偽の記載や職務を行うについての悪意又
は重大な過失等の責任原因が認められるかどうか，〈2〉原告らに生じた損害
の有無及びその額いかん」である。

　前提として，「まず，本件有価証券報告書等に係る金商法第21条の2第1

項本文に規定する虚偽の記載を認めることができるかどうかについて，検討する」とし，「本件有価証券報告書等中の連結損益計算書等を含む金商法の規定により提出される財務計算に関する書類は，財務諸表等の用語，様式及び作成方法に関する規則（昭和38年大蔵省令第59号。以下「財務諸表規則」という。）及び連結財務諸表の用語，様式及び作成方法に関する規則（昭和51年大蔵省令第28号。以下「連結財務諸表規則」という。）の定めるところ並びに一般に公正妥当と認められる企業会計の基準に従って作成しなければならない（金商法第193条並びに同条の委任命令である財務諸表規則第1条第1項及び連結財務諸表規則第1条第1項）が，金商法第21条の2第1項本文に規定する虚偽の記載に当たるかどうかが本件において問題とされる取引に係る会計処理（上記第2の2（2）の前提事実）については，当該会計処理が上記の一般に公正妥当と認められる企業会計の基準に従わないものであるかどうかが問題となるものと解される」として，「本件において問題とされる取引に係る被告会社の個々の会計処理が一般に公正妥当と認められる企業会計の基準に従わないものであるかどうかについて，順次検討」された。なお，本件では，有価証券報告書等の訂正はあったが，被告会社が会計処理を訂正した以上，訂正前の記載は虚偽と評価されなければならない旨の原告らの主張は，独自の見解として退けられている。

　虚偽記載があるかどうかの前提として，会計処理が適正であったかどうかも争点となったが，被告らは会計学の文献を証拠として提出したほか，公認会計士であり，大学教授でもある会計の専門家の意見書も証拠として提出した。その結果，裁判所は，「本件において問題とされる取引に係る被告会社の個々の会計処理が一般に公正妥当と認められる企業会計の基準に従わないものであると認めることはできない」と判断した。

　ここからは，本章で説明したことのまとめのような内容となるが，本事件では，被告会社は，有価証券報告書等を訂正し，課徴金の納付にも応じている。原告らも「被告会社が，本件調査報告書を前提として本件有価証券報告書等の訂正を行うとともに本件調査報告書の内容の公表を行っていること，証券取引等監視委員会に対する金商法第26条第1項の規定に基づく報告において本件調査報告書とほぼ同様の事実関係を認めていること，課徴金納付命令の発令の勧告における虚偽の記載の事実を認め，課徴金の納付に応じていることから，虚偽の記載であったことが推認される旨を主張している」。しかし，裁判所は，「本件第三者委員会の指摘が極めて保守的で，訂正前の

会計処理が一般に公正妥当と認められる企業会計の基準に従わないとまでは
いえないものの，早期に問題を収束させるために経営判断としてこれらを受
け入れ，本件有価証券報告書等の訂正を行った旨の被告会社の主張が一概に
不合理とはいうことができないし，上記ア及びイにおいて検討したところも
併せて考えれば，上記の原告らの主張において指摘されている事情をもって
本件有価証券報告書等の記載が虚偽の記載に当たるとの推認をすることも相
当ではない」として，原告らの主張を採用せず，「本件有価証券報告書等に
係る金商法第 21 条の 2 第 1 項本文に規定する虚偽の記載を認めることはで
きない」とした。すなわち，訴訟においては，今まで説明した自由心証主
義，弁論主義などの訴訟の制度・原則に基づき，訴訟の場において，会計基
準等の位置付けを含む法の解釈や提出された証拠に基づく事実の認定がなさ
れた上で，判決が出されるのである。

0.5.　おわりに

　本章では，会計士の訴訟関与として，訴訟の基本的な制度とその制度の下
で会計士がどのように訴訟に関与するかなどについて，裁判例を含めて説明
した。訴訟外の当事者の行動も確かに有力な推認資料となることはあり得る
が，訴訟においては，法律に定められた要件に従って，その要件事実の一つ
一つが主張，立証され，すべて充足するのかをもって判断する。たとえ訴訟
外で，社内の第三者委員会の調査結果で虚偽記載の指摘があった，有価証券
報告書の訂正を行った，課徴金を納付したなどの虚偽記載の存在を認めたか
のような事実があったとしても，訴訟においては，これらの事実から虚偽記
載の存在を直ちに認定するのではなく，訴訟の場において，改めて虚偽記載
があったかどうかの事実を主張，立証により認定する。会計士の訴訟関与も
そのような事実認定や法解釈に対する会計の専門家としての重要な意見，説
明としてなされることが期待されている。

（金谷利明）

〈注〉
1　メディアによっては，「被告」と表現している場合があるが，法律上は「被告人」
　　である。
2　最高裁昭和 47 年 (ク) 第 5 号同 48 年 3 月 1 日第一小法廷決定・民集 27 巻 2 号 161
　　頁。

3　最高裁平成 22 年（許）第 30 号同 23 年 4 月 19 日第三小法廷決定・民集 65 巻 3 号 1311 頁。

4　最高裁平成 26 年（許）第 39 号同 27 年 3 月 26 日第一小法廷決定・民集 69 巻 2 号 365 頁。

〈参考文献〉
最高裁判所事務総局（2014）「専門委員参考資料（改訂版）」。
東京地方裁判所証拠保全・処分検討委員会，医療訴訟対策委員会（2010）「電子カルテの証拠保全について」『判例タイムズ』1329 号。

第9章

営業損害の算定

9.1. はじめに

　本章では，営業損害[1]の金銭的評価について，裁判実務が採用する差額説と相当因果関係説の考え方を前提に，管理会計の考え方を用いながら，営業損害の算定方法を論じる。

　まず，第2節で，現在の裁判実務において営業損害の算定方法が確立されていないという問題点について，具体的な裁判例も紹介しつつ論じた上，第3節から第6節において，営業損害の算定方法を提示する。これらの節でも，それぞれ最後の項において，営業損害の算定が争点となった裁判例のうち，その節で論じた事項が関係するものを紹介する。第3節では，判例が採用する差額説の考え方を前提とした営業損害の算定方法を提示する。管理会計の考え方を用いつつ，費用を変動費と固定費とに分解した場合の算定方法も併せて提示する。第4節では，判例が採用する相当因果関係説の考え方に基づき，賠償されるべき営業損害の範囲，その中でも主に営業損害の算定期間について論じる[2]。第5節では，営業損害の算定に用いる減少した売上高の算定について論じ，第6節では，同じく営業損害の算定に用いる負担を免れた費用の算定について論じる。最後に，第7節にて，本章のまとめを述べる。

9.2. 現在の裁判実務

9.2.1 現在の裁判実務における問題点

　現状，裁判実務において，営業損害の算定方法について確立された考え方はない。また，営業損害の算定方法を研究した文献も数が少なく，議論が進んでいるとはいえない。民法学者の間で議論される損害論は抽象度が高く，具体的な損害額の算定方法を議論するものではない[3]。このような状況は，

以下のような不都合を生じさせている。

　まず，企業活動が契約を締結しようとする場面，または，締結した契約を履行する場面において，いずれかの当事者に契約違反があり他方当事者に営業損害が生じた場合の損害賠償額を予見できないとすると，契約に係るリスクを適切に見積もれず，企業が合理的な経営判断を行うことが難しくなる。

　また，債務不履行または不法行為により実際に営業損害が生じたという場面においても，営業損害はその額が大きくなることも多く，加害者・被害者の双方に与える影響が大きい。損害賠償に係る交渉は，対立当事者間で，双方がそれぞれ裁判となった場合の見通しを立てつつ，落としどころを探る作業となることが通常であるが，営業損害の算定方法について当事者間で共通した考え方がないと，損害賠償に係る合理的な解決が困難となったり，交渉が長引いたりする要因となる。

　裁判に至るまで具体的な営業損害を見通せないことは円滑な企業活動を阻害する要因となっており，営業損害の一般的な算定方法が早期に確立されることが望まれる。

9.2.2　裁判例

　ここで，営業損害の賠償請求がなされた二つの裁判例を紹介する。営業損害の算定方法について，裁判実務において確立した考え方がないことが窺われる。

　名古屋高裁金沢支部平成15年（ネ）第243号同18年10月16日判決・民集63巻1号123頁（【裁判例1】）は，浸水事故によりカラオケ店の営業ができなくなったことを理由として，営業損害の賠償請求がなされたという事案であり，漏水という加害原因により店舗の休業による利益の減少という結果が生じたものである。判決では，営業損害の算定方法について一般的な考え方を述べつつ，当該事案における営業損害の具体的な計算過程を示している[4,5]。同判決は，営業損害の算定方法について，漏水事故の前事業年度の売上高から「実際に営業をしていないことで支出を免れる経費」を差し引いて営業損害を算定するという考え方を採用しており，差額説の帰結として妥当な考え方といえる（詳細は，本章第3節で説明するので参考にされたい）。

【裁判例1】　名古屋高裁金沢支部平成 15 年（ネ）第 243 号同 18 年 10 月 16 日判決・民集 63 巻 1 号 123 頁

〈事案の概要〉
　X は，カラオケ店などの経営を目的とする株式会社であり，Y1 が所有していたビル（以下「本件ビル」という。）の地下 1 階の一部（以下「本件店舗」という。）を賃借してカラオケ店を経営していたところ，平成 9 年 2 月 12 日，本件店舗の床上 30cm ないし 50cm が浸水する事故（以下「本件事故」という。）が生じた。本件事故発生後，Y1 は，X に対し，本件ビルの老朽化を理由として，本件賃貸借契約を即時解除したとして，本件店舗の明渡しを求める旨を通知した。
　これに対し，X は，本件事故は Y1 の修繕義務違反または本件店舗の隠れた瑕疵により発生したものであるとして，債務不履行または瑕疵担保責任による損害賠償請求権に基づき，Y1 に対し，カラオケ機器の毀損による損害，建築物の改修費用，逸失営業利益の支払および遅延損害金の支払を求めるとともに，Y1 の代表者として本件ビルの管理にあたっていた Y2 に対し，民法 709 条又は中小企業等協同組合法 38 条の 2 第 2 項による損害賠償請求権に基づき，同額の損害金及び遅延損害金の支払を求めた。

〈判決の要旨〉
　ある企業が，第三者の不法行為等により一定の期間営業ができなくなった場合において，その企業が上記休業期間中も従前と同様に営業を行っていたと仮定した場合に得られるであろう営業利益は，従前の営業活動の結果としての営業利益（過去の営業利益）からこれを推認せざるを得ない。そして，一般に，企業における営業活動の結果としての営業利益は，企業会計原則に従って，営業上の収入からこれを得るために必要とする営業上の経費を控除して算出されるのであるが，営業上の経費の中には，企業が休業期間後の営業再開のため，実際に営業をしていなくとも引き続き支出せざるを得ない経費部分（いわゆる固定経費）と実際に営業をしていないことで支出を免れる経費部分（いわゆる変動経費）とがあるから，上記休業期間中に営業していたならば得られたであ

ろう営業利益が得られないことで被る損害（休業損害又は逸失営業利益損害）の算定に当たっては，過去の営業利益の算出の際に営業上の収入から控除していた営業上の経費のうち固定経費は控除せず，変動経費に該当する経費のみを控除し，その控除後の額を逸失営業利益損害とすべきものである。

　X は，平成 8 年 3 月期及び平成 9 年 3 月期においては，それまでと違い，本件店舗部分でのカラオケ店営業のみを行い，それ以外の営業を実質的には行っていなかったのであるから，本件事故のあった平成 9 年 2 月 12 日以降に X が同営業を休業したことによる逸失営業利益損害は，本件事故の前年度である平成 8 年 3 月期（平成 7 年 4 月 1 日から平成 8 年 3 月 31 までの事業年度。以下「本件事業年度」という。）の営業利益によって算定するのが相当である。

　本件事業年度の決算報告書中の損益計算書の販売費及び一般管理費のうち，X の逸失営業利益損害の算定に当たって，固定経費等として営業上の収益から控除すべきでない経費は次のとおりである。

① 　役員報酬 180 万円
② 　減価償却費 274 万 8693 円
③ 　販売員給与 697 万 6824 円のうち 290 万円（実質的責任者である従業員の給与）
④ 　租税公課 163 万 8027 円のうち 112 万 7227 円（消費税額以外）
⑤ 　保険料 5 万 8700 円のうち 1 万 3400 円（本件事故によりそのほとんどが使用不能となったカラオケ機器に付していたもの以外）

　これに従って X の逸失営業利益損害の年額を算出すると，次のとおり 702 万 8515 円となる。

《営業収益》2681 万 8760 円
　純売上高（収入）2681 万 8760 円
《営業経費》1979 万 0245 円
　売上原価 218 万 0954 円
　販売費及び一般管理費（控除すべき経費）1760 万 9291 円
《営業利益》702 万 8515 円
　営業収益－営業費用 702 万 8515 円

　X は，その主張する平成 9 年 2 月 12 日（本件事故の日）から平成 13 年 8 月 11 日までの 4 年 6 か月間，本件店舗部分でのカラオケ店営業が

できなかったのであるから，Y1 の本件修繕義務不履行（本件事故の 1
か月後からの修繕義務不履行）により 3104 万 2607 円（702 万 8515 円／
年×4 年 5 か月）の逸失営業利益損害を被ったものということができる。

　X の Y らに対する請求は，逸失営業利益損害 3104 万 2607 円及びこ
れに対する平成 13 年 8 月 12 日（逸失利益算定期間の最終日の翌日）か
ら支払済みまで民事法定利率年 5 分の割合による遅延損害金の支払を求
める限度で理由があるからこれを認容する。

　他方，横浜地裁横須賀支部平成 12 年(ワ)第 390 号・同 13 年(ワ)第 152 号
同 15 年 12 月 15 日判決（【裁判例 2】）は，営業損害の算定に関する当事者
の主張・立証活動が尽くされたとはいえず，判決の内容も説得的でない。

　【裁判例 2】は，爆発事故という加害原因により，原告は，約 3 か月間，
スクラップ加工処理業の営業ができなくなり，顧客も失ったという事案であ
る。原告は，営業損害額について，過去 3 年の売上総利益の平均額であると
主張し，被告は，具体的な反論を行わなかった。判決は，爆発事故の前後 5
年度の平均営業損益と爆発事故のあった事業年度の営業損益との差額を営業
損害額と認定した。

　判決は，営業損益を営業損害算定の基礎にした理由について，「企業の収
益性の判定に当たっては経常損益のレベルで捕捉するのが一般的であるこ
と，しかしながら，X の場合には経常損益のレベルではばらつきが大きく，
必ずしも企業の収益性を正確に反映しているとは認められないことから，営
業損益のレベルでこれを捕捉するのが妥当であること，売上総利益は販管費
を見ておらず，売上高の 50 パーセント以上を占める販管費を考慮した営業
損益のレベルの方が企業の収益性を正確に反映していること」を挙げるが，
「企業の収益性」と営業損害額とは別の概念であり，不適切である。なお，
爆発事故の前後 5 年度の平均営業損益を採用したことについては，理由が述
べられていない。

【裁判例 2】　横浜地裁横須賀支部平成 12 年(ワ)第 390 号・同 13 年(ワ)
第 152 号同 15 年 12 月 15 日判決

〈事案の概要〉
　X は，鉄のスクラップ加工処理業等を目的とする会社である。Y2

は，土木建築，舗装一式工事を主たる目的とする会社であり，神奈川県が所有する土地（以下「本件土地」という。）上の建物の除却工事（以下「本件工事」という。）を請け負った。本件工事により，本件土地から，旧海軍の二式爆雷又は九五式爆雷が一六個ほど掘り起こされた。Xは，解体作業に伴う廃棄物のうち金属くずの処分を行うことになった。平成12年8月30日，本件土地から搬出した鉄くずをXが裁断処理した際に，爆発事故（以下「本件爆発」という。）が起こった。

　本件土地は，旧海軍省実習所の敷地として使用されていた。その後，旧大蔵省が所有し，譲与により横須賀市が，売買により神奈川県が，それぞれ所有権を得ている。Y1（国）の公務員は，本件土地を横須賀市に譲与する際に，本件土地に爆雷等の危険物が埋められていることを横須賀市に伝えなかった。

　Xは，①Y1に対し，爆雷を撤去すべき義務違反等の過失があると主張して，使用者責任又は国家賠償法に基づく損害賠償を求め，②爆雷を発掘したY2に対し，同社社員には爆雷を廃材処理業者に引き渡す際に危険物であることを報告すべき義務違反の過失があると主張して，使用者責任に基づく損害賠償並びにこれらに対する民法所定の遅延損害金（始期は爆発事故発生の日である。）を請求した。

〈判決の要旨〉

　Xは，本件爆発により，約3か月間，全く営業することができなかった。その間，顧客が別の業者を探したことにより，失った顧客がある。営業を開始した後，新しい顧客探しをした。平成13年末には，営業がようやく軌道に乗った。

　Xの平成10年から平成15年までの毎年1月決算期の経営成績は，以下のとおりである。

年度	売上高	売上総利益	販管費	営業利益	経常利益
平成10年	2億3518万円	1億2468万円	1億1825万円	643万円	650万円
平成11年	1億7165万円	8927万円	8465万円	461万円	397万円
平成12年	1億4365万円	8830万円	9858万円	▲1027万円	26万円
平成13年	1億6849万円	8716万円	9871万円	▲1155万円	9837万円
平成14年	1億7320万円	1億1469万円	1億0873万円	596万円	396万円
平成15年	2億7581万円	1億5666万円	1億4611万円	1054万円	1016万円

　本件爆発前の3年間（平成10年から平成12年）の売上総利益の平均

は1億0075万円，営業利益の平均は25万円であり，本件爆発後3年間（平成13年から平成15年）の売上総利益の平均は1億1950万円，営業利益の平均は165万円である。

　本件爆発による約3か月間の営業停止の影響は平成13年1月決算期の営業損失が1155万円となったことに端的に現れている。

　そこでこの期を除く前3期（平成10年から平成12年）及び後2期（平成14年及び平成15年）の営業損益の平均値を算出すると345万円となる ｜(643万 + 461万 - 1027万 + 596万 + 1054万) ÷ 5｜。

　つまり，本件爆発事故の前後5年間においては平均年345万円の営業利益が出ることになり，これに平成13年1月決算期の1155万円の営業損失を加えた1500万円が本件爆発による営業損害となる。

　Xは，営業損害の算定に当たっては売上総利益を用いるべきであると主張するが，企業の収益性の判定に当たっては経営損益のレベルで捕捉するのが一般的であること，しかしながら，Xの場合には経常損益のレベルではばらつきが大きく，必ずしも企業の収益性を正確に反映しているとは認められないことから，営業損益のレベルでこれを捕捉するのが妥当であること，売上総利益は販管費を見ておらず，売上高の50パーセント以上を占める販管費を考慮した営業損益のレベルの方が企業の収益性を正確に反映していることに照らし，営業損益のレベルで捕捉するのが相当である。

9.3. 営業損害の算定

9.3.1　差額説へのあてはめ

　損害の概念について，通説・判例は，債務不履行・不法行為を問わず，差額説を採用しているとされる（奥田 2011, 262）。差額説とは，「もし加害原因がなかったとしたならばあるべき利益状態と，加害がなされた現在の利益状態との差」を損害と捉える考え方である（於保 1972, 135）。

　営業損害については，差額説の述べる「利益状態」を売上と費用とに分解することにより，以下の①式のように表現することができる[6]。

営業損害＝加害原因がなかったときの利益状態－現在の利益状態

$\qquad$ ＝（加害原因がなかったならば得られたはずの売上

$\qquad$ 　　－加害原因がなかったならば生じたはずの費用）

$\qquad$ －（実際の売上高－実際の費用）

$\qquad$ ＝（加害原因がなかったならば得られたはずの売上－実際の売上高）

$\qquad$ 　　－（加害原因がなかったならば生じたはずの費用－実際の費用）

$\qquad$ ＝　減少した売上高－負担を免れた費用　…①

減少した売上高：

　　加害原因がなかったならば得られたはずの売上－実際の売上高

負担を免れた費用：

　　加害原因がなかったならば生じたはずの費用－実際の費用

ここで，以下の命題を考察したい。なお，前述した【裁判例2】における原告が類似した主張をしている。

　命題1：加害原因により減少した売上高が営業損害の額となる。

まず結論を述べると，命題1は，正しくない。減少した売上高から負担を免れた費用を減算せずに損害額を計算し，減少した売上高の分だけ賠償をなされたならば，加害原因がなかったと仮定した場合のあるべき利益状態と比較して，負担を免れた費用の分だけ利益が増加し，いわゆる焼け太りのような状態が生じてしまう。

　たとえば，小売業者が店舗を休業せざるを得なかったという場合，休業期間，売上は得られないが，商品は，手元に残ったままであり，新たな仕入れも生じず，売上原価の負担は免れている。また，顧客に商品を運送して納品するという場合，梱包用資材や運送などに要する販売費の負担も不要となるし，店舗の休業に伴い従業員を解雇した場合，負担すべき賃金が減少するということもあり得る。

9.3.2　営業損害と限界利益（貢献利益）との関係

　営業損害について，限界利益（貢献利益ともいわれる）を用いて論じられることがある。裁判例においても「限界利益」および「貢献利益」という用語が用いられているものが多くある。特に知的財産権侵害を理由とする損害

賠償請求訴訟においては，加害原因により減少した売上高に対する限界利益を損害の額と推定すると解釈される規定があるため[7]，「限界利益」および「貢献利益」という用語が頻繁に使用されている[8]。

　限界利益の概念は，管理会計において，損益分岐点分析のために使用される。損益分岐点分析とは，損失と利益が分岐する点，つまり，利益がゼロになる点を算定するための分析であり，限界利益とは売上高から変動費[9]を差し引いた利益をいう[10]。また，限界利益を売上高で除した割合を限界利益率という。

　ここで，変動費が売上高に比例して変動するという前提において，限界利益の概念を用いて損益分岐点における売上高を算出する式の導出過程を考察する。

　費用を変動費と固定費に分解すると，売上高，変動費，固定費および利益の関係について，以下のように表現できる[11]。

　　売上高 − 費用 = 利益
　　売上高 −（変動費 + 固定費）= 利益
　　売上高 = 変動費 + 固定費 + 利益

　損益分岐点における売上高は，利益がゼロの場合の売上高であるので，上式に利益 = 0 を代入すると，損益分岐点における売上高と費用の関係について，以下のように表現できる。

　　損益分岐点における売上高 = 損益分岐点の変動費 + 固定費
　　損益分岐点における売上高 − 損益分岐点の変動費 = 固定費

　売上高から変動費を差し引いたものは限界利益なので，損益分岐点における限界利益は固定費と等しくなることがわかる。

　　損益分岐点の限界利益 = 固定費

　上式の両辺を限界利益率で除算することで，以下のとおり，固定費と限界利益率から損益分岐点における売上高を求める算式を得ることができる。

損益分岐点における売上高＝固定費÷限界利益率

　損益分岐点を図示すると，図表 9-1 または図表 9-2 のように表現でき，売上高と変動費・固定費との関係を視覚的に捉えることができる。

　図表 9-1 は，固定費の上に変動費を積み上げて費用を表し，費用と売上高との差を利益として表現するものである。利益がゼロになるときが損益分岐点である。

　これに対し，図表 9-2 のように変動費の上に固定費を積み上げて費用を表

図表 9-1　損益分岐点

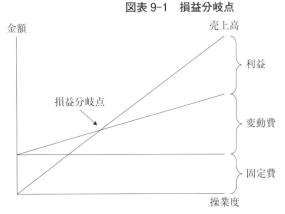

出所：Horngren et al.（2013, 64）の図表 2-8 に依拠して筆者が作成したものである。

図表 9-2　損益分岐点と限界利益

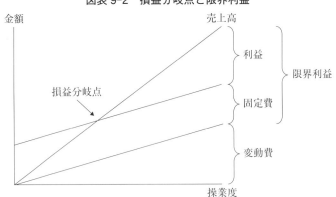

出所：櫻井（2019, 240）に依拠して筆者が作成したものである。

すと，売上高と変動費の差として限界利益を併せて表現することができ，損益分岐点における限界利益が固定費と等しくなることも図表から読み取ることができる。

　ここで，営業損害に関する議論に戻り，以下の二つの命題を考察する。なお，いずれも，費用を変動費と固定費の二つに分解できることを前提とする。

　　　命題2：利益の出ていない事業が加害原因により停止させられた場合には，営業損害は生じない。
　　　命題3：営業損害とは，加害原因がなければ得られた限界利益である。

　まず，命題2は，正しくない。その事業の営業利益がプラスであってもマイナスであっても，加害原因により停止させられた事業の限界利益がプラスで，操業停止後も固定費の負担が変わらない場合，操業停止により減少した限界利益の分だけ利益が減少する（損失が拡大する）。なお，経営者は，事業を停止するよりも継続した方が利益が大きくなるため（損失が小さくなるため），事業を継続していると考えられ，通常，限界利益はプラスであるはずである。

　これを図示すると，図表9-3のように表現できる。図表9-3は，あるべき操業度が損益分岐点における操業度を下回る場合（利益がマイナスの場合）

図表9-3　操業停止時の営業損害（負担を免れた固定費がない場合）

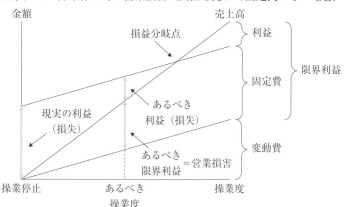

出所：筆者が独自に作成したものである。

であるが，損益分岐点における操業度を上回る場合（利益がプラスの場合）にも，操業停止の場合には限界利益の分だけ利益が減少することに変わりはない。

　つぎに，命題3も，正しくない。加害原因による事業の停止または縮小により固定費の負担を免れることもあるからである。この場合，負担を免れた固定費の分だけ，あるべき限界利益より営業損害は小さくなる。たとえば，従業員の賃金は，固定給として支払われる部分が多く，通常は固定費といえるが，加害原因による事業の停止または縮小に伴い従業員を解雇し，賃金の負担が減少した場合には，その分だけ営業損害は小さくなる[12]。

　加害原因により事業を停止させられた場合において，負担を免れた固定費がある場合を図示すると，図表9-4のように表現できる。図表9-3とは異なり，操業停止により負担を免れた固定費がある場合，あるべき限界利益から負担を免れた固定費を差し引いた部分が営業損害となることがわかる。

　なお，図表9-4では，図表9-3と比較しやすいよう，あるべき操業度が損益分岐点における操業度を下回る場合（利益がマイナスの場合）を図示したが，あるべき操業度が損益分岐点における操業度を上回る場合（利益がプラスの場合）にも，あるべき限界利益から負担を免れた固定費を控除した部分が営業損害となることに変わりはない。あるべき操業度が損益分岐点におけ

図表9-4　操業停止時の営業損害（負担を免れた固定費がある場合）

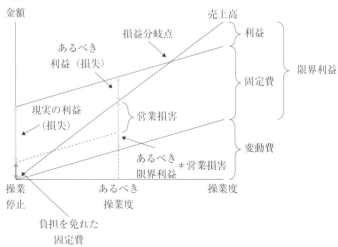

出所：筆者が独自に作成したものである。

図表9-5　操業縮小時の営業損害（あるべき操業度＞損益分岐点における操業度）

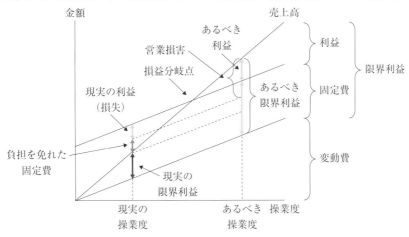

出所：筆者が独自に作成したものである。

る操業度を上回り，現実の操業度がゼロではない（加害原因により事業が停止していない）場合は，図表9-5のように表現できる。

9.3.3　限界利益を用いた営業損害の算定

　費用を変動費と固定費の二つに分解できるという前提に立つと，営業損害は，限界利益を用いて表現することもできる。

　①式（営業損害＝減少した売上高−負担を免れた費用）のうち負担を免れた費用は，加害原因がなかったならば生じたはずの費用と現実の費用をそれぞれ変動費と固定費とに分解することにより，減少した売上高に対応する変動費と負担を免れた固定費とに分解できる。これを算式で表すと，以下のように表現できる。

　　負担を免れた費用
　　　＝（生じたはずの変動費と固定費）−（現実の変動費と固定費）
　　　＝（生じたはずの変動費−現実の変動費）
　　　　＋（生じたはずの固定費−現実の固定費）
　　　＝減少した売上高に対応する変動費＋負担を免れた固定費

上式を①式に代入すると，営業損害は，以下の②式のようにも表現できることがわかる。

営業損害＝減少した売上高－負担を免れた費用（…①）
　　　　＝減少した売上高
　　　　　－（減少した売上高に対応する変動費＋負担を免れた固定費）
　　　　＝（減少した売上高－減少した売上高に対応する変動費）
　　　　　－負担を免れた固定費
　　　　＝減少した限界利益－負担を免れた固定費　　…②

　すなわち，費用を変動費と固定費とに分解できるという前提に立つと，営業損害は，減少した限界利益から負担を免れた固定費を差し引くことによっても算定できる。②式は，図表 9-4 および図表 9-5 に表現されていることを数式で示したものである。

9.3.4　裁判例

　営業損害の算定が問題となった裁判例においても，①式または②式と同様の考え方が背景にあると思われるものは多い。他方で，営業損害の一般的な算定方法を論じることなく当該事案における損害額の算定について論じていたり，なぜそのような方法で損害額を算定するのか理由が記載されていなかったりすることも多い。

　前掲【裁判例 1】は，漏水事故の前事業年度の売上高から「実際に営業をしていないことで支出を免れる経費」を差し引いて営業損害を算定している。同裁判例は，漏水事故により営業を停止したという事案であるため，実際の売上高がゼロであり，あるべき売上高（判決は，漏水事故の前事業年度の売上高としている）が減少した売上高となる。

　すなわち，同裁判例の判決は，①式の算定方法を採用したものといえ，以下のように表現できる。

営業損害＝減少した売上高－負担を免れた費用（…①）
　　　　　＝（あるべき売上高－実際の売上高）－負担を免れた費用
　　　　　＝漏水事故の前事業年度の売上高－負担を免れた費用

　なお，同判決は，営業上の経費には「企業が休業期間後の営業再開のため，実際に営業をしていなくとも引き続き支出せざるを得ない経費部分（いわゆる固定経費）と実際に営業をしていないことで支出を免れる経費部分（いわゆる変動経費）とがある」とした上で，「実際に営業をしていないことで支出を免れる経費」について「変動経費」と表現しているため，一見，限界利益（売上高から変動費を控除したもの）を営業損害と捉えているように思える。しかし，同判決は，「変動経費」という用語について，管理会計における変動費とは異なる概念で使用しており，管理会計における固定費を含めて「実際に営業をしていないことで支出を免れる経費」を意味するものとして使用していると考えられる。カラオケ店における旅費交通費や接待交際費は，通常，その操業度に応じて変化する費用（＝変動費）ではないと考えられるが，同判決は，「変動費用」に含めている。これらの費用は，管理会計における変動費であるか否かにかかわらず，カラオケ店が休業している間は支出を免れる費用であると判断したためと考えられる。

　仙台地裁平成25年(ワ)第1233号同29年5月17日判決（【裁判例3】）は，個人事業主Xが原子力発電事業を営んでいたYに対して営業損害の賠償を請求した事案であるが，その判決では，加害原因が生じた前年の売上高から変動費を差し引いて算出された額を前年の売上高で除した「利益率」を算出し，加害原因が生じた前年の売上高から損害が生じた年の売上高を差し引いた額に「利益率」を乗じて営業損害額を算定するという方法を採用している。
　同判決が述べる「利益率」は，管理会計における限界利益率であり，同判決は，減少した売上高に限界利益率を乗算した額（＝減少した限界利益）を営業損害とするという考え方に立つものといえる。負担を免れた固定費の有無およびその金額が問題となり得るが，Yは，減少した限界利益から負担を免れた固定費を差し引くべきという主張をしていないため，同判決では争点とされておらず，②式と全く同じ考え方を採用しているかは不明である。
　この算定方法を算式にすると，以下のように表現できる。

　　営業損害＝減少した限界利益
　　　　　　＝減少した売上高×限界利益率
　　　　　　＝(損害が生じた年の売上高−前年の売上高)×「利益率」

「利益率」＝（前年の売上高－前年の変動費）÷前年の売上高

【裁判例3】　仙台地裁平成 25 年（ワ）第 1233 号同 29 年 5 月 17 日判決

〈事案の概要〉

　X は，自営でピアノ調律を行っており，a 社からピアノの調律の業務委託を受けていた。しかし，福島第一原発の原発事故により，a 社の顧客が避難を余儀なくされた。そのため，X は，福島第一原発を保有して原子力発電事業を営んでいた Y に対し，営業損害を被ったとして，その賠償を請求した。

〈判決の要旨〉

　X の損害額の算定に当たっては，平成 22 年の売上額から経費のうち変動費を差し引いたものを売上額で除して，利益額の割合を算出した上，平成 22 年の a 社に対する売上額から平成 23 年及び平成 24 年の a 社に対する売上額を差し引いた額に乗じて算出すべきである。

　固定費と変動費の区別は，費目の性質及び実際の売上げの増減に伴う変動の有無によって判断すべきであるところ，水道光熱費は，前記認定のとおり，平成 23 年は平成 22 年に比べて売上げが減少しているにもかかわらず増加していること及び平成 24 年は平成 22 年に比べて売上げが増加しているにもかかわらず減少していることから，売上げの増減に伴って増減する変動費であるとは認められない。また，修繕費は，本件事故後支出しておらず，何年かに 1 度定期的に支出するものと推認されるので，売上げの増減に伴って増減する変動費であるとは認められない。よって，水道光熱費及び修繕費は固定費と認められる。

　他方，接待交際費は，平成 22 年に比べて売上げが減少した平成 23 年に全く支出がなくなり，売上げが増加した平成 24 年に再び支出しており，費目の性質に照らして，変動費であるというべきである。

　東京地裁平成 17 年（ワ）第 25872 号同 20 年 1 月 15 日判決（【裁判例4】）は，汚水漏れ事故によりうどん店を休業したという事案であるが，同判決は，事故直前月の粗利から支出を免れた月平均の販売費を控除した額を 31（直前月の日数）で除して，1 日あたりの休業損害を算定するという方法を

採用している。

　事故直前月の粗利を用いる理由は記載されていないが，同判決は，直前月の売上高を減少した売上高，その売上原価を負担を免れた費用とした上，その差額である粗利から販売費のうち負担を免れたものを差し引いて営業損害を算定したと推測することができ，その場合，①式の考え方と合致することとなる。

　これを算式にすると，以下のように表現できる。

　　営業損害＝減少した売上高－負担を免れた費用（…①）
　　営業損害／日
　　　＝（減少した売上高／月－負担を免れた費用／月）÷１か月の日数
　　　＝（事故直前月の粗利
　　　　　＋事故後の販売費のうち支出を免れた費用の月平均額））／31

　　減少した売上高／月＝事故直前月の売上高
　　負担を免れた費用／月＝事故直前月の売上原価
　　　＋事故後の販売費のうち支出を免れた費用の月平均額

　なお，同裁判例において，両当事者は，判決の算定方法とは全く異なる主張をしている。原告は，保険会社が休業損害保険金として支給した１日あたりの金額が１日あたりの営業損害であると主張し，被告は，原告の営業経費を原告の各店舗の売上高を基準として配賦し，本件店舗に配賦される営業経費を本件店舗の粗利から差し引くと，本件店舗は営業損失となるため，休業損害は存在しないと主張した。同判決は，いずれの主張も排斥している。

【裁判例4】　東京地裁平成17年(ワ)第25872号同20年1月15日判決

〈事案の概要〉

　Ｘは，ビルの地下１階店舗（以下「本件店舗」という。）を賃借し，うどん店を経営していたところ，ビルの汚水漏れ事故（以下「本件事故」という。）により，本件事故当日の平成17年4月11日から同年8月8日までの122日間，本件店舗の営業を停止した。Ｘは，ビル所有者であるＹに対し，民法717条による損害賠償請求権（工作物責任）に

基づき，損害保険によって塡補されなかったとする清掃費用，改修工事費用，備品の買換費用，休業損害，営業補償（本件店舗の再開から1年間の売上減少分）および慰謝料等合計2499万2469円の支払を求めた。

〈判決の要旨〉（休業損害の額の算定について）

　Xは，本件事故により本件店舗の休業を余儀なくされ従業員を全員解雇したと主張しているから，販売費のうち従業員給与は休業により支払を免れたはずであり，また水道光熱費など，それ以外にも支払を免れた販売費が存するはずである。これら支払を免れた販売費の額を確定する的確な証拠は存しないが，平成16年12月から平成17年2月までの本件事故直前3か月（同年3月の不明）の販売員給与の平均は約178万円であり，また，休業前2か月間の本件店舗の室内電気料，水道費及び冷暖房費用の合計額は月平均40万円余りであったものが，休業当初の2か月（工事開始前）は1〜2万円程度に減少していることが認められる。そうすると，Xは，休業により少なくとも216万円（178万円＋40万円−2万円）程度の販売費の支出を免れたものと推認される。

　原告の休業損害としては，直前の平成17年3月の粗利約457万円から，支払を免れた販売費（月額）216万円を控除し，その残額を31（3月の日数）で除して算出される額7万8000円（1000円未満四捨五入）をもって，1日当たりの休業損害と認めるのが相当である。

9.4. 賠償すべき営業損害の範囲

9.4.1　損害賠償の範囲

　本章第3節で述べた方法により営業損害を算定するにあたり，その前提として，加害原因により生じた営業損害のうち賠償すべき範囲を確定する必要がある。

　つまり，もし仮に，あるべき利益状態と現在の利益状態との差が存する限り，その差額として算定される損害の賠償が求められるとすれば，それは妥当でない。たとえば，加害原因が生じた後，損害を被った者自らが損害を拡大させたような場合や，当事者の誰もが知り得なかった特別な事情により損害が拡大したような場合にまで，それら全てを賠償の範囲に含めるのは，公平性を欠く。

損害賠償の範囲の確定について通説とされているのは，相当因果関係説という考え方である。相当因果関係説によれば，債務不履行または不法行為と相当因果関係のある全損害が賠償されるべきこととされる。相当因果関係のある損害とは，原則として，その行為により通常生じると認められる損害をいうが，これに，特別の事情として，行為の当時，行為者が知っていたか，または合理的な行為者であれば知ることのできた事情をも基礎として，当該行為により通常生ずべきといえる損害も範囲に含まれるとする[13]。

9.4.2　営業損害の算定期間

賠償すべき営業損害を算定するにあたっては，その算定期間を確定する必要がある。すなわち，減少した売上高と負担を免れた費用を算定するにあたり，いつからいつまでの期間を対象とするのかを確定する必要がある[14]。

相当因果関係説の考え方からすれば，営業損害の算定期間は，加害原因と営業損害との間に相当因果関係がある損害が生じている期間とするのが妥当と考えられる。たとえば，加害原因により店舗を休業せざるを得なくなった場合には，原則として，店舗の休業期間を営業損害の算定期間とすべきである。

もっとも，通常であれば店舗を再開できたにもかかわらず，加害原因と関係なく再開を遅らせたような場合には，通常であれば再開が可能であったと考えられるべき時までを営業損害の算定期間とすべきである。

また，逆に店舗を再開できたとしても，休業が長引いたことにより客足が鈍ったような場合には，再開から一定期間を算定期間に加えるべきと考えられる。

9.4.3　裁判例

最高裁平成19年（受）第102号同21年1月19日第二小法廷判決・民集63巻1号97頁（【裁判例5】）は，前掲【裁判例1】の上告審であるが，「遅くとも，本件本訴が提起された時点においては，被上告人がカラオケ店の営業を別の場所で再開する等の損害を回避又は減少させる措置を何ら執ることなく，本件店舗部分における営業利益相当の損害が発生するにまかせて，その損害のすべてについての賠償を上告人らに請求することは，条理上認められないというべきであり，民法416条1項にいう通常生ずべき損害の解釈上，本件において，被上告人が上記措置を執ることができたと解される時期以降

における上記営業利益相当の損害のすべてについてその賠償を上告人らに請求することはできないというべきである。」と判示し，休業期間であっても損害を回避又は減少させる措置を執ることができたと解される時期以降は，営業損害の算定期間に含めないものとした。

【裁判例5】　最高裁平成19年（受）第102号同21年1月19日第二小法廷判決・民集63巻1号97頁（【裁判例1】の上告審）

〈事案の概要〉
　【裁判例1】〈事案の概要〉記載の事実関係のもとで，原判決は，Xは，Xの主張する平成9年2月12日（本件事故の日）から平成13年8月11日までの4年6か月間，本件店舗部分でのカラオケ店営業ができなかったのであるから，Y1の本件修繕義務不履行（本件事故の1か月後からの修繕義務不履行）により3104万2607円（702万8515円／年×4年5か月）の逸失営業利益損害を被ったものということができるとして，逸失営業利益損害3104万2607円及びこれに対する平成13年8月12日（逸失利益算定期間の最終日の翌日）から支払済みまで民事法定利率年5分の割合による遅延損害金の支払を求める限度で認容した。なお，必要な修繕をするには1か月程度の期間を要するものと推認されるから，本件事故後1か月については，Y1には上記修繕義務不履行について帰責事由を肯定できないとした。

〈判決の要旨〉
　Y1が本件修繕義務を履行したとしても，老朽化して大規模な改修を必要としていた本件ビルにおいて，Xが本件賃貸借契約をそのまま長期にわたって継続し得たとは必ずしも考え難い。また，本件事故から約1年7か月を経過して本件本訴が提起された時点では，本件店舗部分における営業の再開は，いつ実現できるか分からない実現可能性の乏しいものとなっていたと解される。他方，Xが本件店舗部分で行っていたカラオケ店の営業は，本件店舗部分以外の場所では行うことができないものとは考えられないし，Xは，平成9年5月27日に，本件事故によるカラオケセット等の損傷に対し，合計3711万6646円の保険金の支払を受けているというのであるから，これによって，Xは，再びカラオケセッ

ト等を整備するのに必要な資金の少なくとも相当部分を取得したものと解される。

　そうすると，遅くとも，本訴が提起された時点においては，X がカラオケ店の営業を別の場所で再開する等の損害を回避又は減少させる措置を何ら執ることなく，本件店舗部分における営業利益相当の損害が発生するにまかせて，その損害のすべてについての賠償を Y らに請求することは，条理上認められないというべきであり，民法 416 条 1 項にいう通常生ずべき損害の解釈上，本件において，X が上記措置を執ることができたと解される時期以降における上記営業利益相当の損害のすべてについてその賠償を Y らに請求することはできない。

東京地裁平成 17 年（ワ）第 25872 号同 20 年 1 月 15 日判決（【裁判例 6】，前掲【裁判例 4】）は，汚水漏れ事故によりうどん店を休業したという事案だが，店舗再開後の客離れによる損害について，「本件店舗が比較的単価の低い商品を販売するうどん店であり，近隣のサラリーマンや学生あるいは飛込みの客が主たる客層であると推認されることを考慮すると，休業による客離れを回復するには，通常 3 か月程度の営業努力があれば十分と考えられ，これを超える期間の売上げ低迷については，本件事故との相当因果関係を認めることができない。」と判示し，店舗再開後の 3 か月間の売上低迷について加害原因との相当因果関係を認め，営業損害の算定期間に含めた。もっとも，なぜ 3 か月間としたのか，その期間の根拠は示されていない。

【裁判例 6】　東京地裁平成 17 年（ワ）第 25872 号同 20 年 1 月 15 日判決（【裁判例 4】と同じ）

〈事案の概要〉
【裁判例 4】〈事案の概要〉記載の事実関係のとおり。

〈判決の要旨〉（営業補償されるべき期間について）
　飲食店の営業にとって 4 か月間の営業停止が客離れを招き，売上減少を招くことは容易に予想されるところであり，現に，本件店舗の営業が再開した平成 17 年 8 月以降平成 18 年 2 月までの間は売上げが月 500 万円台に止まり，事故直前の平成 17 年 3 月の約 666 万円から 100 万円余

り割り込んでいることが認められる。

　しかし他方，本件店舗が比較的単価の低い商品を販売するうどん店であり，近隣のサラリーマンや学生あるいは飛込みの客が主たる客層であると推認されることを考慮すると，休業による客離れを回復するには，通常3か月程度の営業努力があれば十分と考えられ，これを超える期間の売上げ低迷については，本件事故との相当因果関係を認めることができない。

9.5. 減少した売上高の算定

9.5.1　減少した売上高の算定方法

　営業損害を①式により算定する場合において，減少した売上高は，本章第3節で述べたとおり，加害原因がなかったならば得られたはずの売上高から現実の売上高を減算することにより算定される。

　　減少した売上高
　　　＝加害原因がなかったならば得られたはずの売上高－現実の売上高

　加害原因がなかったならば得られたはずの売上高は，加害原因がなかったという仮定を置いて推計することになる一方，現実の売上高は，実績値を用いればよい。そのため，仮定を置いた推計が必要になる前者の方が，金額の算定が困難といえる。

9.5.2　現実の売上高

　現実の売上高は，営業損害の算定期間における営業損害の生じた事業の売上高である。

9.5.3　加害原因がなかったならば得られたはずの売上高

　加害原因がなかったならば得られたはずの売上高は，基準とする売上高を決定し，売上高の増加傾向や減少傾向などを理由として必要があれば基準とする売上高に調整を行い，1日または1営業日あたりの売上高を算出した上，これに営業損害の算定期間の日数を乗じて算定するのが，通常，合理的

と考えられる。

　以下，順に論じる。

9.5.4　基準とする売上高

　基準とする売上高は，通常，加害原因が生じる以前の直近の売上高とするのが妥当と考えられる。加害原因がなかった場合の売上高は，通常，それ以前から連続的に推移したと推認され，直前の売上高が最も相関性が高いと考えられるためである[15]。

　直前の売上高としては，通常，加害原因の直前月の売上高を用いるのがよいと考えられる。一般的に，少なくとも費用は月次で計上されるものが一定程度あると考えられ，売上と費用とを比較するためには月次の金額を基準とするのが扱いやすい。なお，売上高の季節変動がある場合で，加害原因がなかったと仮定した場合も同様の季節変動が繰り返されていたと合理的に推認されるときには，前年同月の売上高を基準とするのが合理的と考えられる。

　季節変動以外の理由により月ごとの売上高の変動が大きい場合には，その事情に応じて，1か月より長い期間の売上高を基準とするのが合理的な場合も考えられる。たとえば，売上単価のばらつきが大きく，月次売上高のばらつきも大きいという場合には，直近月ではなく，直近3か月またはそれより長い期間の売上高を基準とすることが考えられる。もっとも，期間を長くするほど加害原因が生じた時までに事情の変化が生じている可能性が高くなるため，留意が必要である。

　なお，現実には，前事業年度の経営成績が基礎とされることも多いと考えられる。月次の会計資料が整っておらず，新たに作成もしないという場合には，直近事業年度の計算書類や確定申告書により立証を行わざるを得ないためである。ただ，それが最善かは措くとして，経営成績に大きな変動がなければ，結論に大きな影響はないとも考えられる。

9.5.5　売上高の増加傾向や減少傾向による調整

　あるべき売上高を算定するにあたり，基準とする売上高と比較して増減したと合理的に推認される場合には，基準とする売上高を調整することも考えられる。

　もっとも，加害原因が生じた時までの一定の期間に売上高の増加傾向や減少傾向があることのみをもって基準とする売上高を調整することは，妥当で

はないと考えられる。売上高の増加傾向や減少傾向があることのみからでは，通常，加害原因が生じた後の売上高もその傾向に合わせて推移したとまで合理的に推認することはできないと考えられるためである。

売上高の増加傾向や減少傾向にはその要因があるはずであり，その要因と売上高との間に相関関係があることと，加害原因がなかったと仮定した場合にもその相関関係が存続したであろうことが合理的に認められる場合には，その要因と相関関係に基づき基準とする売上高に調整を加えることが妥当と考えられる。たとえば，学校が顧客であり，その生徒数に比例して売上が増加するような場合には，加害原因が生じた後の生徒数に合わせて基準とする売上高に調整を加えることは考えられる[16]。

9.5.6　算定期間の違いによる調整

基準とする売上高を算定した期間と営業損害の算定期間とは長さが異なる場合があり，その算定期間の違いに応じた調整を加える必要がある。

具体的には，売上が暦日単位で生じるか営業日単位で生じるかに応じて，基準とする売上高をその期間の日数または営業日数で除し，1日あたりまたは1営業日あたりの売上高を算出した上，この1日あたりまたは1営業日あたりの売上高に営業損害の算定期間の日数または営業日数を乗じることで，加害原因がなかったならば得られたはずの売上高を算定することができる[17]。

9.5.7　裁判例

前掲【裁判例4】は，汚水漏れ事故によりうどん店が休業した事案において，当該事故の直近月の粗利を基準とし，1日あたりの営業損害を算定した[18]。

これに対し，前掲【裁判例1】と前掲【裁判例3】は，前事業年度または前年の1年間の経営成績を基礎として，営業損害を算定している。いずれの判決も，当事者らの主張・立証活動に沿って判断したものと考えられる。

9.6.　負担を免れた費用の算定

9.6.1　負担を免れた費用

営業損害を①式により算定する場合において，負担を免れた費用は，本章

第3節で述べたとおり，加害原因がなかったならば生じたはずの費用から現実の費用を減算することにより算定される。

　　負担を免れた費用
　　　　＝加害原因がなかったならば生じたはずの費用－現実の費用

　同じく本章第3節で述べたとおり，これを変動費と固定費に分解して表すと，以下のように表現できる。そのため，減少した売上高に対応する変動費と負担を免れた固定費を算定できれば，負担を免れた費用を算定することができる。

　　負担を免れた費用
　　　　＝減少した売上高に対応する変動費＋負担を免れた固定費

　負担を免れた費用には，現実に負担を免れたものだけでなく，通常，負担を免れ得た費用も含めるべきである。相当因果関係説の立場からは，減少した売上額から通常であれば負担を免れる費用を控除した額こそが通常生ずべき損害といえる。免れ得る費用を負担する者を保護する必要もない。

9.6.2　減少した売上高に対応する変動費

　減少した売上高に対応する変動費は，減少した売上高に変動費率（＝ 1 －限界利益率）を乗じることで求めることができる[19]。

　　減少した売上高に対応する変動費＝減少した売上高×変動費率

　変動費とは，操業度の増減に応じて比例的に変化する費用であるが，裁判実務においては，費用を固定費と変動費とに区分する方法として，通常，勘定科目法が採用されていると考えられる[20, 21]。勘定科目法は，勘定科目を精査し，変動費と固定費とに区分する方法である。勘定科目ごとに売上の増減に比例して変化する費用であるかを分析し，売上に比例するものを変動費とし，そうでないものを固定費とする。一つの勘定科目に固定費と変動費が含まれていることもあり得る[22]。

　どの期間の売上高と費用を対象として変動費率を算定するかが問題となるが，減少した売上高に対応する変動費を求めることが目的であるので，減少

した売上高を算定するために基準とした期間を対象として変動費率を算定するのが合理的と考えられる。

9.6.3 負担を免れた固定費

負担を免れた固定費についても，売上と費用は同じ期間を基準とすることで加害原因がなかったならばあるべき利益が適切に算定されると考えられ，減少した売上高を算定するために基準とした期間における固定費と営業損害の算定期間における現実の固定費とを比較し，負担を免れた固定費を算定するのが合理的と考えられる。たとえば，加害原因による営業の停止または縮小により従業員を解雇した場合に負担が減少した賃金が考えられる[23]。なお，本節第1項で述べたとおり，実際に負担を免れた固定費だけでなく，負担を免れ得た固定費も含めるべきことには留意が必要である。

9.6.4 裁判例

東京地裁平成23年（ワ）第37931号同25年11月20日判決（【裁判例7】）は，店舗を賃借して美容室を経営する会社が同じフロアに所在する鍼灸接骨院からの漏水により40日間休業したという事案において，「旅費交通費等の費用は，一般に変動費であって，本件店舗での営業を全面的に休止することにより，その相当部分の支出を免れうる性質のものであるから，これを損益相殺するのが相当である。」と判示し，売上総利益から支出を免れうる費用として旅費交通費，新聞図書費，消耗品費等と水道光熱費の一部を差し引いて，営業損害を算定した。

同判決は，管理会計において用いられる変動費とは異なる意味で「変動費」という用語を用いており，店舗での営業を全面的に休止することでその相当部分の支出を免れうる性質を有する費用を指しているように思われる。原告が美容室を経営していることからすると，確かに水道光熱費や消耗品費は売上高の増減と比例的に変化する部分が多そうであるが，旅費交通費や新聞図書費は，通常，美容室において売上高の増減と比例的に変化する費用ではないように思われる。

【裁判例 7】　東京地裁平成 23 年（ワ）第 37931 号同 25 年 11 月 20 日判決

〈事案の概要〉

　X は，マンション 1 階の店舗（以下「本件店舗」という。）を賃借して美容室を経営する会社である。Y1 は，同じマンションの 1 階で鍼灸接骨院を営む会社である。鍼灸接骨院から本件店舗に漏水し，平成 23 年 8 月 17 日から同年 9 月 30 日までの間，本件店舗について解体及び復旧工事が行われた。

　X は，Y1 およびその代表者 Y2 に対して，不法行為に基づく損害賠償請求などとして，損害金 2364 万 2000 円及びこれに対する不法行為日の後であり，訴状送達日の翌日である平成 23 年 12 月 4 日から支払済みまで民法所定の年 5 分の割合による遅延損害金の支払を求めた。

〈判決の要旨〉

　旅費交通費等の費用は，一般に変動費であって，本件店舗での営業を全面的に休止することにより，その相当部分の支出を免れうる性質のものであるから，これを損益相殺するのが相当である。もっとも，新聞図書費は，月極契約によることが多いから，上記必要工事期間からすれば，1 か月分の限度として，損益相殺するのが相当であり，また，水道光熱費については，基本料金部分も多いので，70 パーセントの限度で損益相殺するのが相当である。そして，その計算関係は，次表に記載のとおりである。

項　　　目		年間発生額	1 日当たり発生額	対象日数	支出を免れる割合	期間利益又は損益相殺額
売上総利益		29,249,475	94,049	40		3,761,960
変動費	旅費交通費	908,312	2,920	40	100%	116,800
	通信費	286,208	920	40	100%	36,800
	水道光熱費	786,016	2,527	40	70%	70,756
	消耗品費	1,899,699	6,108	40	100%	244,320
	事務用品費	31,988	102	40	100%	4,080
	新聞図書費	133,188	月額で計算		100%	11,099
	損益相殺額				小計	483,855
休業損害額						3,278,105

9.7.　おわりに

　本章では，管理会計の考え方を用いつつ，合理的と考えられる営業損害の算定方法を提示した。営業損害は，「減少した売上高－負担を免れた費用」（①式）により算定でき，費用を変動費と固定費とに分解すると，「減少した限界利益－負担を免れた固定費」（②式）により算定できる。算定の過程を概観すると，以下のとおりである。

　本章第4節で述べたとおり，加害原因との間に相当因果関係のある営業損害の算定期間を確定する。減少した売上高は，本章第5節で述べたとおり，過去の売上高を基礎として算定するのが合理的であり，具体的な事案に応じて適切な期間の売上高を基準とした上，必要があれば調整する。負担を免れた費用は，本章第6節で述べたとおり，加害原因がなかったならば生じたはずの費用から現実の費用を減算することにより算定される。減少した限界利益は，減少した売上高から負担を免れた変動費を差し引くことにより算定でき，負担を免れた変動費は，勘定科目ごとに分析して算定する。負担を免れた固定費には負担を免れ得た固定費を含むことに留意が必要である。

　裁判実務においても，上述した考え方が背景にある場合が多いと考えられるものの，会計用語の使用方法や営業損害の算定方法にはばらつきがあり，予見可能性が確保されているとはいいがたく，企業活動を阻害する要因となっている。裁判実務に営業損害の算定方法が確立していないのは，裁判における判断材料となる主張・立証を行う弁護士等にも原因があるだろう。裁判に関わる者が共通の認識を持つことで円滑な裁判の進行が期待できるのであって，裁判に関わる者が共通の用語および概念を使用し，建設的な議論ができるようになることを切に望む。

（神庭雅俊）

〈注〉
1　「営業損害」は，法令上，定義のある用語ではなく，本書においては，「第7章　会計士と弁護士の協働」の第6節「商業的損害」に記載する意味で用いる。
2　営業損害の賠償請求においては，加害原因と営業損害との間の因果関係も主要な論点となるが，本書の目的に照らして，本章では，弁護士等と会計士等との協働がより重要となる，営業損害の算定方法を主眼として議論を進める。
3　この点，升田（2019, 2）は，損害賠償訴訟一般について，「損害賠償額の訴訟実務における現状は，交通事故等の人身損害を除くと，ほかの類型の損害については，明確で合理的な基準が形成されていないため，言いっ放し，立証しっ放し，どんぶり勘

定の認定・算定の実務が相当に広くみられる」と指摘する。

4　この判決では，本書での「営業損害」と同じ意義を有する用語として，「休業損害」または「逸失営業利益」等の用語が使用されている。

5　上告審（最高裁平成 19 年（受）第 102 号同 21 年 1 月 19 日第二小法廷判決・民集 63 巻 1 号 97 頁（【裁判例5】））で営業損害の算定期間に係る判断について破棄されているが，営業損害の計算過程に係る判断については覆されていない。

6　差額説は損害を利益状態の差として捉えるため，各算式中の「営業損害」は，営業損害の額を表す。

7　知的財産権の侵害による損害賠償については，法律上，損害の額を推定する規定があり（特許法 102 条 1 項・2 項，著作権法 114 条 1 項・2 項，不正競争防止法 5 条 1 項・2 項等），それらの規定による計算過程では限界利益を用いるものと解釈されていることから，知的財産権の侵害に関する訴訟では，特に「限界利益」という用語が用いられている。

8　中山（2019, 400）は，特許法における損害の推定規定で用いられる「限界利益」について，「会計学上の用語で，売上から変動費を引いたもので，利益と固定費を足した額になるが，法律上はこのような会計学上の厳格な概念より緩やかに用いられている場合もあるようである。ここでは，権利者が，侵害者の販売した分だけさらに製造するには，プラスいくらかかったか，と考えるべきである。」と指摘しており，管理会計における概念とは異なる意義で用いられている可能性があることに注意が必要である。

9　「変動費」とは，操業度の増減に応じて総額で比例的に変化する原価をいい，「固定費」とは，操業度の増減にかかわらず総額では変化しない原価をいう（櫻井 2019, 100）。

10　「限界利益」および「損益分岐点分析」は，櫻井（2019, 239）における表現を引用した。なお，「損益分岐点分析」は，広義では「損益分岐点を算出する過程を通じて原価・操業度・利益（C-V-P）の関係を分析すること」を意味する（櫻井 2019, 239）。

11　費用は必ずしも固定費と変動費に区分できるものではなく，準固定費（ある操業度では固定的であるが，次の操業度において増加し，またしばらく固定化する原価）や準変動費（水道料や電力料のように，操業度ゼロにおいても一定の原価が発生し，操業度の増加とともに比例的に増加する原価）も存在する（櫻井 2019, 100）。

12　東京地裁平成 17 年（ワ）第 25872 号同 20 年 1 月 15 日判決【裁判例4】は，漏水事故により店舗の休業を余儀なくされたという事案において，「原告は，本件事故により本件店舗の休業を余儀なくされ従業員を全員解雇したと主張しているから，販売費のうち従業員給与は休業により支払を免れたはずであり，また水道光熱費など，それ以外にも支払を免れた販売費が存するはずである」と述べ，営業損害の算定において，得られたはずの粗利から解雇された従業員の給与を控除している。

13　債務不履行に基づく損害賠償の対象となる損害は，民法 416 条の規定により，その債務不履行によって通常生ずべき損害と当事者がその事情を予見すべきであった損害とされ，判例は，不法行為に基づく損害賠償の場合にも，民法 416 条を類推適用する（大審院大正 12 年（オ）第 398 号／同 12 年（オ）第 521 号同 15 年 5 月 22 日中間判決・民集 5 巻 386 頁，最高裁昭和 28 年（オ）第 849 号同 32 年 1 月 31 日第一小法廷判決・民集 11 巻 1 号 170 頁，最高裁昭和 37 年（オ）第 444 号同 39 年 6 月 23 日第三小法廷判決・民集 18 巻 5 号 842 号，最高裁昭和 43 年（オ）第 1044 号同 48 年 6 月 7 日第一小法

延判決・民集 27 巻 6 号 681 頁）。

　　相当因果関係説は，民法 416 条は，相当因果関係説の内容により損害賠償の範囲を定めたものであるとする。同条 1 項は，相当因果関係説の原則を定めたものであり，同条 2 項は，相当因果関係を判断する際に基礎とすべき特別な事情の範囲を定めたものとする（我妻 1964, 118-120）。判例も，相当因果関係説を基礎としている（大審院大正 12 年（オ）第 398 号／同 12 年（オ）第 521 号同 15 年 5 月 22 日中間判決・民集 5 巻 386 頁）。

14　加害原因により生じた営業損害のうち加害者が賠償すべき範囲を論じるにあたり「賠償すべき営業損害の算定期間」と表現する方が正確だが，読みやすさを重視し，「営業損害の算定期間」と表現する。

15　加害原因がなかったならば得られたはずの売上高を合理的に直接推認できる場合には，過去の売上高を基準とするのではなく，その推計値を用いることも考えられなくはない。

　　たとえば，個々の受注売上の金額が全体の売上高に占める割合が高く，受注確度を合理的に管理しているような場合において，個々の受注予定金額にその受注確度を乗算して得られた金額（期待値）の合計額を加害原因がなかったならば得られたはずの売上高とする方法が考えられる。しかし，営業損害を受けた企業が自ら評価する受注確度のみから加害原因がなかったと仮定した場合に一定の確率で受注できることまでを合理的に推認できる場合は少ないと考えられる。また，受注確度が低いものは，そもそも売上を得られたはずと推認できるのか，という問題もある。このような方法が認められるとしても，受注確度を評価するための客観的な指標があり，過去の実績等からその指標と売上実績が相関していたと合理的に認められるような場合に限られるのではないかと思われる。

16　相当因果関係説の立場からは，特別な事情で生徒数が増加したような場合には，その事情について予見可能性がなければ，相当因果関係が認められず，基準とする売上高を調整しないのが妥当と考えられる。

17　営業損害の算定期間が長期にわたる場合には，計算の便宜のため，1 日単位または 1 営業日単位の売上を使用せず，月単位または年単位で計算することも考えられる。

18　同判決は，直近月を基準とすべき期間とした理由を述べていないが，当事者から基準とすべき期間に関する主張がなかったため，特に理由は述べずに，最も合理的と考えられる直近月を採用したことが考えられる。また，同判決は，直近月の営業日数を認定していないが，当事者から営業日数に関する主張がなかったか，事実認定はされていないが休業日のない店舗であったことを考慮して，暦日単位で営業損害を算定したものと推測される。

19　変動費率は，売上に対する変動費の割合であり，売上から変動費を減算したものが限界利益なので，変動費率と限界利益率とを合算すると 1 になる。

20　東京地裁昭和 53 年（ワ）第 7180 号同 59 年 10 月 30 日判決では，被告が最小二乗法により変動費率を求めるべきと主張したが，判決は，勘定科目法を採用した。

21　管理会計において費用を変動費と固定費とに区分する方法としては，勘定科目法，統計的方法，工学的方法（IE 法）があり，統計的方法には高低点法，散布図表法，最小二乗法がある（櫻井 2019, 257-259）。なお，統計的方法は，データの母数が少ないと，そもそも使用できない。また，工学的方法（IE 法）は，動作時間研究等を基礎としたもので，損害賠償請求のために新たに行うのは現実的でない。

22　東京地裁平成 23 年（ワ）第 37931 号同 25 年 11 月 20 日判決（【裁判例 7】）は，水道

光熱費は基本料金部分も多いことを理由に 70% のみを損益相殺の対象とした。30%
の部分を固定費，70% の部分を変動費と捉えたものと考えられる。

23　前掲注 12 参照。

〈**参考文献**〉

奥田昌道編．2011．『新版注釈民法（10）Ⅱ　債権（1）債権の目的・効力（2）』有斐閣。

於保不二雄．1972．『債権総論（新版）』法律学全集（20），有斐閣。

喜多村勝徳．2018．『損害賠償の法務』勁草書房。

櫻井通晴．2019．『管理会計（第七版）』同文舘出版。

中山信弘．2020．『著作権法（第 3 版）』有斐閣。

中山信弘．2019．『特許法（第 4 版）』弘文堂。

原口昌之．2020．『企業の営業損害の算定—裁判例と会計実務を踏まえて』新日本法規。

升田純．2019．『判例にみる損害賠償額算定の実務（第 3 版）』民事法研究会。

横張清威・伊勢田篤史．2016．『ストーリーでわかる　営業損害算定の実務—新人弁護
　　士、会計数値に挑む』日本加除出版。

我妻栄．1964．『新訂債権総論（民法講義Ⅳ）』岩波書店，1964。

Hongren, C., G. L. Sundem, W. O. Stratton, D. Burgstahler, and J. O. Schatzberg. 2013.
　　Introduction to Managerial Accounting Global Edition, 16th Edition.

第10章
補論：米国における
フォレンジック会計の実務

10.1. はじめに

　詐欺は，加害者と被害者だけでなく，われわれに影響を及ぼすものである。国際的な連携とフォレンジック会計士のような熟練した捜査人の協力があればこそ，国際的な詐欺の加害者と詐欺のスキームを発見し，防止し，最終的には抑止することができる。

　本章では，第1節で詐欺の法的要素とは何か，第2節でフォレンジック会計とは何か，第3節でフォレンジック会計士の目的と役割，第4節で米国におけるホワイトカラー犯罪の定義について学ぶ。第5節で不正を調査し，フォレンジック会計士や公認不正検査士（CFE）になるために必要なスキルとは何か，第6節でフォレンジック会計士のキャリア，第7節でフォレンジック会計士で価値のあるその他の証明書についても併せて説明する。

10.2. 問題の所在

　最初に次のことを想定してみよう。あなたは投資したい資金があるとする。ところが，最近の経済やインフレの変化により，現在の金利やリスクに懸念を抱いている。この悩みを友人に打ち明けると，平均以上のリターンが得られるユニークな投資機会があると教えてくれた。その友人は，あなたが投資資金を失うことはないことを保証してくれ，裏付けとなるマーケティング資料も提供してくれた。しかし，あなたはこの投資があまりにうますぎるのではないかと心配になる。つまり投資が正当なものか，詐欺なのか。それをどうやって判断したらよいのか。もし詐欺だとすれば，示された保証書や友人たちの体験談は，詐欺的商法を合法的に見せるためにどのような役割を担っているのであろうか。

　結論を先に言えばこの投資話は詐欺的なものであった。この投資を勧誘し

た MRI インターナショナル（MRI）という会社は，経験の浅い投資者をターゲットに，投資スキームを積極的に売り込んでいた（Deguchi 2018）。

　投資者を見つけると営業担当者は，強い売り込みを行った。高額の年間配当，高い収益率，損失リスクなしといった大げさな約束を提示して，個人を説得して投資させた。投資者にはわからなかったが，MRI はねずみ講以外の何ものでもなかった。

　こうした詐欺的手法はポンジ・スキームといわれるものである。ポンジ・スキームは，チャールズ・ポンジ（Charles Ponzi）にちなんで命名された。チャールズ・ポンジは 1882 年にイタリアで生まれ，その後米国に移住した。1919 年 12 月，ポンジは，米国と他の経済力の弱い国との間の為替レートの差を利用して利益を得ることを目的とした投資スキームを確立した。彼は，経済力の弱い国から IRC（International Reply Coupon）を購入し，経済力の強い他の国でより高い価格で交換すれば，実際に交換差益を得られることに気づいたのである。IRC は，加盟国であればどこでも現地の切手や貨幣と交換できる引換券である（Cambridge Dictionary n.d.）。たとえば，1920 年当時，イギリスで購入した IRC は $0.01（米ドル）であり，アメリカで $0.06（米ドル）と交換することができた（Postal Union, International Reply Coupon of 5 Pence n.d.; Ponzi scheme – National Postal Museum n.d.）。

　チャールズ・ポンジは，投資者の資金で経済力の弱い国から IRC を購入し，別の国で交換し，利益を提供することを投資家に約束した。その利益は，これらの交換で 100% もの利益を得ることができ，投資に対する損失のリスクもないことが保証されていた（Alexander 2022）。

　投資者が知らなかったのは，第 1 にこの種の投資スキームには購入と管理（国際購入，交換，撹乱など）に法外なコストがかかること，第 2 に投資者の需要を満たすだけの郵便クーポンがなかったことである（Alexander 2022）。1920 年当時，世界で利用可能な IRC は約 2 万 7000 枚であった。ポンジがビジネスを支えるために必要な資金を得るには約 1 億 6000 万枚のクーポンを交換する必要があったのである（Trex 2008）。

　チャールズ・ポンジは，約束どおり，投資者の資金を IRC の購入に使わなかった。その代わりに，彼は投資者の資金の一部を，満期を迎えたクーポンの当座の利息と元本の支払いに充てた。残りの資金は，彼の贅沢なライフスタイルのために使われた。政府の監査により，チャールズ・ポンジは，数

万人の投資者から 300 万ドル（米ドル）以上，今日のドル（CPI インフレ計算機，2022 年）で推定 4400 万ドル（米ドル）相当（監査額は後に 700 万ドル（米ドル）に更新された）の金を盗んでいたことがわかった（Alexander 2022）。

10.3. | MRI ネズミ講事件

> 本事例要約は，裁判資料（USDCN 2013；2015），裁判例テキスト（Takiguchi ex rel. Situated v. MRI Int'l Inc., 2014；United States v. Fujinaga, 2019），証券取引委員会提出資料（SEC 2014, 2017）および米国司法省記録（USDOJ 2019, 2022）に依拠している。

0% に近い金利と年利の普通預金に飽き飽きした日本の投資者は，より良いリターンが得られる新たな投資機会を求めていた。日系人のエドウィン・ヨシヒロ・フジナガ氏は，このチャンスに乗じて，1998 年に MRI インターナショナル（MRI）を設立した。MRI は，投資と医療回収のビジネスで，定期的な配当と平均以上のリターンを約束することを大々的に宣伝していた。2 年間で 6.0 ～ 9.6%（日本円換算），6.5 ～ 10.3%（米ドル換算）の収益率を謳っていた。さらに，投資家を呼び込むために，MRI は最低投資金額を低く設定した（1 万ドル，5 万ドル，10 万ドル，150 万円，750 万円，1500 万円）。最低投資金額を低く設定したことで，新規の投資家が MRI に慣れることができ，その後，担当者が追加で大口の投資を打診することが可能になった。

MRI の本社は米国ネバダ州ラスベガスにあるが，米国以外の多くの国から投資者を募っていた。フジナガ氏は日本を主な市場としていたため，2008 年に日本の金融商品取引法に基づく第二種金融商品取引業として登録された。これにより，MRI は国際部門を設立し，東京にオフィスを構えることができた。国際部門の責任者は，鈴木順三氏。鈴木順三氏は，MRI のアジア太平洋部門担当の取締役副社長であり，日本における MRI の外国人登録代理人でもあった。鈴木順三氏の息子であるポール・スズキ氏は，日本事業部長に就任し，MRI 証券の新規投資家勧誘を担当していた。鈴木順三，ポール・スズキの両氏は日本国籍であり，すべての新規投資に対して多額の手数

料が支払われていた。

　投資者に勧めた MARS（medical account receivables）という投資スキームは，(1) MRI が投資資金全額で医療機関から MARS を割引価格で購入し，(2) 保険会社から債権全額を回収しようとするものであった。(3) 投資家は毎年配当金を受け取るとともに，当初の元本が全額戻ってくるということになっていた。

　MRI の販促物や営業担当者は，投資者をさらに誘引するために，以下のような誇大かつ虚偽の宣伝を多数行った。「投資者への払い戻しを保証する」，「州政府の役割である預金制度で保証する」，「リスクはない」，「元本は保証する」等々。投資者の資金はすべて，独立した第三者機関であるエスクロー会社を通じて処理されるとした。会社は常に黒字であった。

MRI による虚偽の主張

　●**すべての資金は MARS に投資されるとしていたが，そのようにはなっ**ていなかった。MRI は，資金を受け入れた直後から，投資者の資金を個人的な支出を含む非投資的な活動に使用し始めた。

　●**金利と払い戻しを保証すると宣伝していた。**しかし，金利は市場や経済状況によって変動するため，将来のリターンを予測することはできない。

　●**州政府が，預金制度を通じて元本の保証を提供しているとしていた。**しかし，MRI が利用している預金制度を利用した投資や資金については，州政府は保証を行っていない。

　●**リスクがないとしていた。**しかし，すべての投資には，何らかのリスクが伴うことは当然である。

　●**資金は，独立した第三者機関であるエスクロー会社を通じて処理される**としていた。ところが実際の投資された資金は，投資者が選択した独立した第三者のエスクロー会社ではなく，MRI の銀行口座に送金されていた。すべての関連取引で利用されたエスクロー会社であるスターリングエスクロー社は，(1) 独立した会社ではなく，(2) 有効な営業ライセンスを保有しておらず（Deguchi 2018），(3) フジナガ氏の独断で金銭の払い出しのみを行っていた。

　●**MRI は利益を上げているとしていた。**2012 年 4 月，フジナガ氏は鈴木親子に対し，MRI が経営難に陥っており，満期を迎えた投資者の債権を弁済することができなくなる可能性があることを伝えた。それにもかかわら

ず，鈴木親子は，潜在的投資者や過去の投資者に対して，MRI が利益を上
げていることを伝え，新たな投資勧誘を続けた。

MRI の資金の軌跡

　あらためて MRI の資金の軌跡をたどってみよう。MRI は 1998 年から，
投資者の資金を約束どおり MARS の購入に全額使わず，MARS から一般・
運営資金に流用するようになった。2005 年には，MRI は MARS への出資を
完全にストップしていた。2010 年以降，スターリング・エスクローはフジ
ナガ氏から，新規投資者の資金の約 70 から 80% を先行投資者の元利金支払
いに充てるよう指示されていた。残りの資金は，運営費，MRI の給与，自
宅や車の購入を含むフジナガ氏の個人的な出費に充てられていた。2009 年
から 2013 年の間に，新規および再投資された資金のうち約 6 億 100 万ドル
が，MARS を購入しない既存の客からのクレームの支払いに充てられてい
た。この間に，MRI は MARS 以外の購入のために最低でも 1250 万ドルの
投資家資金を送金している。投資者の資金で支払われたフジナガ氏の個人的
な出費には，月 2 万 5000 ドルの養育費，ジェット機，個人用クレジット
カードの費用，ブガッティなどの高級車，ラスベガスの豪邸，他の州に所有
する複数の自宅などがある。

　フジナガ氏は，2012 年 4 月，MRI が満期を迎えた出資金を返済できない
ことを鈴木親子に知らせた。それにもかかわらず，鈴木親子は投資者に提供
する宣伝文句を変更しなかった。このような状況にもかかわらず，鈴木親子
は，ファンドが黒字であることを説明し，新規の投資勧誘を続けていた。鈴
木親子は，MRI の財務問題を隠ぺいするために日本の規制当局に提出する
年次報告書を改竄していた。

　2009 年から 2013 年にかけて，鈴木親子は MARS への出資を売却し，
2000 万円以上の手数料を得た。フジナガ氏と鈴木親子は，投資者に投資詐
欺の正当性と実行可能性について不安を与えないように，MRI の状況，関
連投資，財務の実情を故意に偽って説明した。彼らは意図的に，ねずみ講を
さらに永続させるために，新たな投資を募り続けたのである。フジナガ氏と
鈴木親子は，規制当局や他の投資者からの苦情を避けるために新規投資者の
資金を意図的に満期保有目的債券へと向かわせた。

　また，虚偽の顧客明細書を作成し，虚偽の投資・リターン情報を提供して
いた。規制当局に提出する報告書や財務情報も改竄した。このような，不正

検出を阻止するために努力をしたにもかかわらず，最終的に MRI は資金を使い果たし破綻した。その結果 MRI，フジナガ氏，鈴木親子についての日米両国における捜査が開始されたのである。

ペナルティ

捜査の結果訴追され裁判の結果フジナガ氏は懲役 50 年，執行猶予 3 年，返還額 11 億 2940 万 9449 ドル，没収額 8 億 1329 万 7912 ドル 65 セントを受けた（USDOJ 2019, 2022）。ジュン・フジナガ夫人は不正に得た利益として 233 万 3382 ドルの制裁金の支払命令（SEC 2017）。鈴木順三氏は 5 年の禁固刑と 3 年の監視付き釈放となったが，罰金や罰則は未定である（USDOJ, 2022）。ポール・スズキ氏は 5 年の禁固刑と 3 年の監視付き釈放となり，罰金や罰則はまだ決定していない（USDOJ 2022）。

事件の要約

MRI は，1998 年に日系アメリカ人であるフジナガ氏が，医療機関から医療用売掛金（MARS）を購入し，保険会社から売掛金を回収するという投資スキームを考案し，資金募集を開始した。フジナガ氏は投資者に対し，MARS から得られる収益は，売掛金の購入・回収に投じたコストよりも大きいと宣伝していた。また，保険会社からの回収であるため，この種の投資に伴う損失リスクはない。投資者は，投資した資金がすべて MARS の購入に充てられると約束していた。

MRI は，チャールス・ポンジと同様，投資者の資金を約束通り証券の購入に充当しなかった。その代わり，新たに受け取った投資者の資金の一部は，満期を迎えた証券の配当金と元本の支払いに充てられた。こうすることで，正当性をアピールし，クレームを抑制することができた。残りの資金は，営業経費や，東京にいるフジナガ氏（CEO），鈴木順三氏，ポール・スズキ氏の贅沢な生活を支えるために使われた。多くの投資者が MRI に人生の大切な貯金を奪われた。2013 年にねずみ講が崩壊したとき，フジナガ氏（CEO）と鈴木夫妻は約 1 万人の投資家に対して 15 億 6000 万ドル以上の債務を負っていた。

この事件から以下の疑問が提起されるであろう。1. 投資者の資金が合意したこと以外に使われた場合，なぜ詐欺と見なされなければならないのか？ 2. MRI のスキームにリスクがあることを投資者に知らせるべき警告サインや

「危険信号」は何だったのか？

詐欺という不正の構成要素

　詐欺は，個人が詐欺的行為に行ったり，他人の財産や権利を永久に奪うことを意図した不正な行為や計画に故意に参加した場合に発生する。個人または組織が詐欺の被害者となるのは，重要な事実に関して，言動を通じて意図どおりに騙されたり，誤解を与えられたりし，その不正な情報に基づいて行動した結果として損失を被った場合である。一般に，この種の犯罪は，金銭的利益を得るために人を欺く非暴力犯罪であり，ホワイトカラー犯罪と呼ばれる。詐欺は，ホワイトカラー犯罪を指す社会的な一般用語として使われている。詐欺という用語は，多くの種類の不正のスキームを指すために使用されている（Kim 2022）。

　詐欺とされる犯罪には，多くの種類がある。詐欺とは，一般的に被害者から金銭をだまし取る犯罪である（Kim 2022）。たとえば，経営者詐欺，郵便詐欺，なりすまし，投資詐欺，宝くじ詐欺などがある。各タイプの詐欺は，異なる手段で実行され，個人や組織など様々な被害者に対して行われる。加害者は，従業員，業者，被害者が知っている人，知らない人の場合もある。

　詐欺の種類はそれぞれ異なるが，詐欺が起訴されるためには，文書化されなければならない5つの重要な証拠要素がある：1. 重要な事実または関連する情報に関して虚偽の陳述をすること。2.「陳述の内容」が意図的に虚偽であるか，または関連する情報が虚偽であることを知りながら作成されたものであること。3. 虚偽の記載は，被害者を欺くことを目的としていること。4. 被害者が虚偽の陳述に依拠すること。5. 被害者が虚偽の陳述に依拠した結果，損害または損失を被ったこと。

　詐欺は被害者から金銭を奪うものであるが，窃盗とは異なる。これは，詐欺犯罪者が詐欺計画を実行し，隠蔽するための主要な方法論として，欺瞞を用いるからである。窃盗は，同意なしに他人の財産や物品を盗むことであり，詐欺の発生を証明するために必要な主要素である，加害者が被害者を欺くことを必要としていない。

　また，誤謬は誰にでも起こるからだ。たとえば，会計士であれば，計算のミス，数字の入力ミス，勘定科目の入力ミスなどをすることがある。勘定科目が間違っていることは，不正だろうか。いや，誤記は個人的あるいは組織を代表して，誤解を与えたり，隠したり，欺いたり，自己に有利になるよう

に意図したものではない。したがって，誤りが露見したときは，欺瞞的意図があるかどうかや，不正行為やその他の問題の可能性を示すパターンがあるかどうかを判断するために調査がなされるべきである。意図や欺く行為が特定されない場合は，不正ではない。

　MRIの場合，新規投資者を惹きつけたり，その多くは日本の高齢者である既存の投資家から追加資金を募ったりするためにマーケティング資料が使用された。これらの投資者は，平均以上のリターン，年間配当，元本全額払い戻し，ノーリスク投資の保証が約束され，多額の資金を投資するよう誘惑された。MRIが提供したマーケティング資料は，投資者の資金が実際にどのように使われるかを実質的に誤認させるように設計されており，偽りの約束は意図的に投資者を欺いた（United States v. Fujinaga 2019）。

　裁判中，フジナガ氏は，資金の不正使用はすべて間違いだったと主張した（Ferrara 2019）。フォレンジック会計士を含む捜査当局は，フジナガ氏と鈴木親子が何千人もの投資者から意図的に何十億ドルをもだまし取ったことを記録する証拠を作ることができた。その証拠によって，投資者の資金がいかに投資以外の活動に使われたかが明らかになった。この証拠には，請求書，送金，領収書，証言，証人喚問，電子メールなどが含まれる。また，フジナガ氏と鈴木親子は，MRIの悲惨な財務状況を隠し，不正な投資スキームを隠して，新たな投資を呼び込み，ねずみ講を永続させるために，重大な虚偽の宣伝資料を作成したという証拠も発見された。

スキームの分析

　MARSの投資スキームは，利益を生むように設計されていない。しかし，MRIは投資家にむけて，投資額の100％が有価証券の購入に充てられるとしていた。それではMRIは販売手数料，家賃，保険料，売掛金の回収費用などの営業経費をどのように支払うつもりだったのだろうか。

　MRIは，1998年に投資者の資金受け入れを開始した直後から，MARSの購入を行わず，投資資金を運営費に充当するようになった。MRIは，MARSの購入促進を続けてきたが，2010年までにMARSへの投資を一切行わなくなった。投資資金はすべて，満期を迎えた投資の利息や元本の支払い，営業経費，フジナガ氏の贅沢な生活のために使われた。

　フジナガ氏は，「事業費」という名目で，定期的に個人的な経費をMRIに請求していた。これらの経費には，裁判所命令の月額2万5000米ドルの養

育費，慰謝料，個人用クレジットカード，高級車，豪邸，その他の私有不動
産が含まれていた（SEC 2014, 2017；Takiguchi ex rel. Situated v. MRI
Int'l Inc. 2014; United States v. Fujinaga 2019；USDOJ 2019, 2022）。

　MRI の事業設計では，費用を投資者に転嫁することができないため，投
資者が費用を吸収する必要があった。投資者に対する約束や保証は，売掛金
の回収不能などの損失を投資者に転嫁することを許さないものであった。こ
の場合も，MRI は損失を吸収する必要があった。投資やその他の正当な収
益源がないため，MRI は資金繰りが悪化し，会社の実際の事業費用，利息，
現在の投資者に支払うべき元本を支払うことができなくなった。つまり
MRI は，利益を上げる投資会社として設計されていなかったのである。こ
れは，MRI が，有価証券の売買を行うすべての投資会社に義務付けられて
いるにもかかわらず，米国証券取引委員会（SEC）に登録されていなかった
ことからも明らかである（Takiguchi ex rel. Situated v. MRI Int'l Inc.
2014）。登録しなかったからといって，SEC の監督や規制から組織が免除さ
れるわけでない。また，SEC の規制を遵守しなかった場合の結果を免除す
るものでもない。

10.4. フォレンジック会計の定義

　金融犯罪が発生した場合，組織や警察などの法的機関は，多くの場合，複
雑な会計取引を調査するために，金融の専門家を招聘する。この金融専門家
やフォレンジック会計士は，金融フォレンジックの知識を必要とする。財務
フォレンジックに従事する人は，会計，監査，および犯罪捜査の専門知識を
持っている。彼らはこれらのスキルを使って，財務記録にある疑わしい活動
や不正行為を特定し，文書化する。フォレンジックとは，法廷で使用するの
に適した証拠を文書化する調査方法である（Black's Law Dictionary, 2nd Ed.
n.d.）。フォレンジック会計は会計の専門分野で，金融犯罪を調査し，その証
拠を法的に使用できるように文書化することに重点を置いている。

10.5. フォレンジック会計士の目的・役割

　詐欺はいたるところで発生している。公認不正検査士協会（ACFE）は，
2 年ごとに，世界で発生している不正の種類，不正を行う人，不正の被害者

などについてまとめた報告書を発表している。2022 年報告書では，詐欺被害の中央値は 1 件あたり 11 万 7000 米ドルである。米国ではこの平均値がやや高く，12 万米ドルであった。アジア太平洋地域ではもっと高く，12 万1000 米ドルである。

　米国における企業や政府は，不正の発生を認識し，その防止に向けた取り組みを強化している。このような不正に対する意識の高まりとともに，フォレンジック会計士に対するニーズは世界的に高まっている（ACFE 2022b; Bureau of Labor Statistics 2022）。同様に，フォレンジック会計の指導に対するニーズも高まっている。2019 年，米国公認会計士協会（AICPA）は，「フォレンジックサービスに関する基準第 1 号（SSFS 1）」を策定した（SSFS1 2019）。SSFS 1 の目的は，フォレンジック会計の分野に一貫性とガイダンスを提供することにある。SSFS 1 は，AICPA のすべての会員，会員事務所と従業員，公認会計士，会員ではないが AICPA の基準を参照する州会計士委員会の免許を受けている公認会計士事務所のすべてに適用されている。

　SSFS 1 は，フォレンジック会計士が調査を通して客観性と誠実性を維持すること，調査を行う際に個人的な感情と職務を遂行する義務のバランスをとることを要求している。不正行為または疑わしい活動が発生したと判断した場合，活動の被害者および目撃者のあいだで，何が生起したかの事実について根拠の曖昧な理屈を勝手に思い込んで相互共有している可能性があることも見極めておかなければならない。彼らの通報には，正義を急ぐ気持ちや偏った意見を生み出している可能性があるからである。また，通報しようとしない人においても，何も起きていないことを意味してはいない。

　フォレンジック会計士は，もし財務記録があれば，その記録からどのような偏差や傾向があるかを明らかにさせる必要がある。同様に，被害者たちや組織への配慮の気持ちにとらわれて，徹底的に調査した調査結果を報告する義務や責任に制約を加えてはならない（SSFS 1 2019）。

　フォレンジックとは，法廷で使用するのに適した文書化された証拠を提供することを意味している。フォレンジック会計士は，提供する結論や提言を裏付けるための十分な量の関連証拠データを入手する必要がある。収集した証拠と財務データは，実際に起こったことを物語ることができるようにしなければならない。これらの証拠は，クライアント，取締役会，または監査人などの利害関係者が調査する問題に関して，結論を出しておく。それが，将

来の法的手続きの根拠を確立するのに役立つことになる（SSFS 1 2019）。

　フォレンジック会計士は，不正が発生したかどうかに関する意見を提示することは禁じられている。フォレンジック会計士は，収集した事実とその証拠が不正や法律の特定の要素と一致するかどうかを証明することはできる。しかしながら，不正が発生したかどうかは証明できない。不正の有無を判断する責任は，フォレンジックサービスの提供者ではなく，法的事実を審理する審理者に残されている（SSFS 1 2019）。

　収集・評価されたフォレンジック証拠に基づくことによって，不正行為の場合に追求できるさまざまな補償措置がある。組織は，不正行為に関与した従業員を単に解雇することを選択することができる。また，法的措置をとることも可能である。ホワイトカラー犯罪の被害者は，民事訴訟を起こし，その損失の一部を回復することができる。また，当局と連携して，不正行為に関与した個人や組織を刑事告発することも可能である（O'Brien and Buzinkai 2022）。

10.6. ホワイトカラー犯罪の種類

　米国では，連邦捜査局（Federal Bureau of Investigation：FBI）と司法省が大規模なホワイトカラー犯罪を起訴するのが一般的である。FBI は 100 種類以上のホワイトカラー犯罪を起訴している。これらの主なものは，コンピュータ犯罪（サイバー犯罪），消費者犯罪，連邦政府プログラム内またはそれに対する犯罪，金融機関，医療機関，個人情報の盗難，税金詐欺，その他の種類のビジネス詐欺などである。2021 年までのホワイトカラー犯罪の起訴は長期的には減少が続いている。

　ホワイトカラー犯罪のリストでは，犯罪がどのように行われたか，または被害者が誰であるかによって，犯罪の種類をグループ分けしている。たとえば，医療保険詐欺であったり，患者が意図的に誤診されたり，病院から過剰な請求を受けたりしたものはすべての医療詐欺として 1 つのカテゴリーに分類される。2021 年に FBI が起訴した詐欺のトップ 10 は以下のとおりである：1. 有線・無線・テレビによる詐欺，2. 銀行詐欺，3. 郵便不正行為の詐欺未遂と共謀，4. 医療費不正受給詐欺，5. 犯罪の遂行または米国を詐取するための共同謀議詐欺，6. 公金，財産，記録詐欺，7. e メール詐欺，8. 証明書に関する不正行為および関連する活動詐欺，9. 脱税または租税回避

を企てること，10. 不正・虚偽記載（White-Coller Crime Prosecution for 2021 Continue Long Term Decline 2019）。

　ホワイトカラー犯罪の種類を見るもう一つの方法は，違反行為の種類による分類である。以下は，犯罪の広範なリストである（White-Collar Crime. n.d.）：独占禁止法違反，贈収賄，模倣品，経済スパイおよび企業秘密の窃盗，横領，環境法違反，不正行為（破産詐欺，コンピュータおよびインターネット詐欺，クレジットカードの不正利用，金融機関の不正，政府による不正行為，医療費不正受給，保険金詐欺，郵便詐欺，証券詐欺，電話・テレマーケティング詐欺），インサイダー取引，知的財産権の盗難・海賊版，キックバック，マネー・ロンダリング，公務員による汚職，脱税。

　ホワイトカラー犯罪を被害者と加害者の両方の視点から理解することで，これらの犯罪がどのように発生するかをより良く理解することができる。このようにホワイトカラー犯罪を理解すればするほど，犯罪を分析し，調査することができるようになる。調査は常に次のような質問から始まる。

1. あなたの雇用者は誰ですか？
　　　警察，取締役会，公認会計士事務所，経営者等ですか？
2. 事件の関係者は誰ですか？
　　　企業，従業員，業者，離婚詐欺，破産などの調査ですか？
3. 具体的にどのような調査や分析を依頼されているのでしょうか？
　　　財務諸表，銀行記録，税務文書，国際取引，株式ポートフォリオ，保険金請求，政府補助金などですか？
4. インタビューが必要なのは誰ですか？
　　　組織のメンバー，外部業者，民間団体，公務員など？
5. どのようなデータやソフトウェアが含まれますか？
　　　私有なソフトウェア，市販のもの，財務書類のような個人的な記録？
6. どのようなデータにアクセスするのでしょうか。
　　　会社の記録，銀行の記録，法的文書，従業員のファイル，業者との取引，保険金請求，納税記録など。
7. さらにどのようなデータへのアクセスが必要になると思いますか？
　　　個人記録や財務諸表，個人口座，電子メールなど。
8. データを分析し，この調査を行うには，どのようなスキルが必要な

のでしょうか？

10.7. 必要なスキル

　ホワイトカラー犯罪の捜査には，高度な会計の専門知識と捜査能力が必要である。さらに，フォレンジック会計士は，検知の分野で十分な経験を積む必要がある。公認不正検査士協会（ACFE）は，公認不正検査士試験の受験を許可する前に，かなりの教育要件に加えて不正の検出または抑止に関連する分野で最低 2 年の職業経験を積むことを要求している。ほとんどのプログラムでは，学士号，経験，および追加資格がともに必要であり，修士号も必要である。

　全米会計士委員会（NASBA）は，米国とその領土における公会計専門職のライセンスと規制のために州政府と協力する機関である。NASBA はまた，専門家や企業が違反をした場合に適用される懲戒処分や制裁を監督している。州委員会と NASBA が一体となって，資格のあるライセンシーのみが公認会計士業務を行い，彼らが州の法律，規則，規制に従い，職業上の基準に従って業務を行うことを保証している（Dustin 2012）。

　2017 年，NASBA はフォレンジック公認会計士（米国）になるために必要な教育要件の以下の基準を満たす必要がある（Elkins 2017）：基準 1.　会計またはファイナンスの学士号，基準 2.　フォレンジック会計または経営学の修士号取得者，基準 3.　米国公認会計士資格，基準 4.　フォレンジック会計資格，基準 5.　不正検査士資格（CPA 資格との併用が必須）。

　米国の法医学会計学位のほとんどは，修士レベルで提供されている。修士課程のフォレンジック会計・プログラムへの入学には，高度な会計理解，監査の知識または経験が必要とされる。さらに，法医学会計は犯罪の捜査を伴うため，批判的思考力，分析力，コミュニケーション能力も必要とされる。資格については，ACFE の不正検査士（Certified Fraud Examiners：CFE）が，世界中で認知されている証明書を提供しており，NASBA の教育要件の 5 つの基準を満たすために利用することができる。CFE の受験資格を得るためには，以下の基準を満たす必要がある：1.　ACFE への入会，2.　少なくとも 2 年以上の不正関連業務に関する専門的な経験，3.　学士，修士または博士，法務博士（または同等の資格）を含む，公認の高等教育機関で適格

な教育を受けた者，4. 適切な資格（CPA）は，教育課程の一部の単位に算入することができる，5. CFE 試験合格，6. ACFE 職業倫理規程を遵守することに同意すること。

　CFE に合格すると，不正検査士の資格を得ることができる。これだけでは，フォレンジック会計士になる資格はない。その区別を満たすために，NASBA が提示するすべての基準を満たす必要がある。

　フォレンジック会計の資格は数多く用意されている。各資格は，フォレンジックに必要な様々なスキルへの貴重な洞察を提供するよう設計されている。損失の見積もり方，訴訟サポートの提供，文書化，専門家としての責任などに焦点を合わせた認定プログラムもある（AICPA 2022b）。その他の認定プログラムでは，フォレンジックの基礎が学べる。これらはすべて，フォレンジック会計士のスキルを広げ，そのスキルを担保するものである。

　フォレンジック会計士や不正検査士は，捜査が必要となる犯罪に対して十分な備えをしておくことが重要である。彼らが直面するさまざまな犯罪に対処するためには，幅広いスキルと知識が必要である。不正検査士は通常，組織や個人による不正行為が検出された後に捜査に参加する。不正検査士は，不正の検出後，組織や個人の不正を調査することが多く，訴訟に発展することも想定し，疑惑のある部分を徹底的に調査することに重点を置いている。一方，フォレンジック会計士は，訴訟が起こることを想定して調査を行い，報告書を作成する（*What Is Forensic Accounting and Fraud Examination?* 2021）。

10.8. フォレンジック会計士の採用情報

　フォレンジック会計士の需要は拡大している。米国労働省労働統計局（Bureau of Labor Statistics 2022）は，フォレンジック会計士を含む会計士の需要は，2020 から 2030 年の間に 7% 増加すると予測している。フォレンジック会計士と不正検査士は，その専門的なスキルにより，資格のない同僚よりも最大で 34% 高い収入を得ている（ACFE 2022a）。フォレンジック会計士の給与は，年間 8 万ドルから 16 万ドルの間である（ACFE 2022a）。フォレンジック会計士の経歴を持つことで，以下のようなさらなる仕事の機会が生まれる：銀行，コンサルティング，株式会社，保険会社，内部監査，内国歳入庁（IRS），連邦捜査局（FBI），教授職，公認会計士事務所，監察

総監室，証券取引委員会（SEC），バリュエーションサービス。

　フォレンジック会計士は，国内外の法務当局と連携し，金融取引の追跡や証拠の文書化などを行い，正義を勝ち取ることができるようにすることになる。

10.9. 専門家組織

　米国における専門家組織は以下のとおりである。

1. **米国法医学会計委員会（ABFA）**：ABFA は，米国で最初に設立された法医学委員会および資格認定団体である。ABFA は，教育および知識とスキルの評価を通じて，フォレンジック会計を推進する目的で設立された。合格者にはフォレンジック会計の分野における認定証を授与している。

2. **公認不正検査士協会（ACFE）**：ACFE は，世界最大の不正防止団体である。ACFE は，5 万人を超える会員に不正防止教育とトレーニングを提供している。その使命は，リーダーシップ，トレーニング，教育を通じて，世界中の詐欺とホワイトカラー犯罪の発生を減らし，公認不正検査士の誠実と信頼を鼓舞することである（ACFE 2022b）。

3. **米国公認会計士協会（AICPA）**：AICPA は，公認会計士のための最も影響力のある専門的な会計組織である。42 万 1000 人以上の会員がおり，130 カ国以上の会計士を代表している。AICPA は，会員が一般市民とその雇用者に最高水準の専門サービスを提供できるように，教育資源，指針，および指導資料を提供している。AICPA は，新しい CPA が職業に就くことを可能にする統一 CPA 試験の開発と採点に取り組み，試験を最新の状態に保っている。また，各州と協力し，専門家内でのコンプライアンス問題を監視し，必要に応じて罰金，罰則，制裁を執行している（AICPA 2022a）。

4. **内部監査人協会（IIA）**：IIA は，1941 年に設立され，内部監査人に対してリーダーシップ，包括的な専門教育，開発の機会，その他専門的実践指導，認証プログラム，トレーニングを提供し，内部監査の分野を促進することを目的としている。IIA はまた，内部監査専門職の世界的な発信機関でか

つ認証された権威機関であり，この分野の指導者，主唱者，および主要な教育者として認められている（IIA 2022）。

5. National Association of Certified Valuators and Analysts（NACVA）： NACVA は，1990 年に，CPA やその他のビジネス・プロフェッショナルの仕事を支援するために設立された。NACVA の目標は，バリュエーション，金融フォレンジック，金融訴訟，その他さまざまな関連専門サービスを CPA やその他専門家に提供することである。これまで 4 万人以上の CPA にこれらの分野のトレーニングを提供してきた。会員は通常，Certified Valuation Analyst® （CVA®） または Master Analyst in Financial Forensics® （MAFF®） の 2 つの評価資格のうち一つのトレーニングを受けることになる。NACVA の Certified Valuation Analyst® と Master Analyst in Financial Forensics® は，Institute for Credentialing Excellence™（ICE™） の認証機関である National Commission for Certifying Agencies® （NCCA®） によって認証された資格である。NACVA によると，この 2 つの資格が，バリュエーションと金融フォレンジックの資格としては唯一，資格証明書 （credential） を授与されたものである（NACVA 2021）。

10.10.｜ 関東興産事件

　もう一つの不正事例を検証してみよう。関東興産株式会社（関東興産）は，2007 年から 2020 年の間に，横須賀，佐世保，沖縄付近に駐留する海軍の艦船から出る油性の廃水を処理・清掃するために，日本企業とともに米国海軍と国防省から約 1 億 2000 万ドル（米ドル）相当の契約を受け取った （USDOJ 2021）。関東興産は，海軍の艦船から油，消火剤，その他の汚染物質を含む排水を除去するために特別な契約を結んでいた（Coleman 2021）。これは処理と洗浄の過程でそれを荷船に保管し，洗浄した水を海に放流するというものである。海軍が関東興産に依頼したのは，船舶からの廃棄物や汚染物質の投棄が船舶汚染防止法（APPS）に基づき，日米双方の環境法で禁止されているためであった。また，日本の環境法では，海に戻す前にすべての排水を処理し，きれいにしなければならないと定められている。関東興産が請け負ったすべての工程は，排水の取り扱いや処理に関する適切な基準を満たすものであった。

　関東興産には，排水が適切に処理されていることを確認するため，半年に一度，洗浄水のサンプリングと検査を受けることが契約上義務づけられていた。サンプルは，日本の規制当局から認定された検査機関に提出され，検査が行われた。検査結果のコピーは，米海軍に直接送られ，審査された。関東興産の関係者は，米海軍と検査機関の関係者が知らないところで，台船の従業員にいくつかのタンクにきれいな水道水を入れるよう指示していた。このタンクは，半年に一度の実験室での検査に使用されるもので，廃水処理されたものではない。関東興産は，油性の廃水を適切に処理・清掃する代わりに，目に見える汚染物質だけを取り除いて海に戻した（USDOJ 2021）。

　米海軍の職員が，廃水を積んだ荷船から大きな緑色の油膜が流出するのを目撃したと報告したことから，廃水の取り扱いに関する懸念が表面化した。海軍犯罪捜査局極東支局は，他の連邦および国際法執行パートナーとともに，関東興産の調査を実施した。その結果，関東興産の従業員は，排水が契約通りに適切に処理されていないことを認識しており，関東興産の関係者が発覚を避けるために記録やテストサンプルを改竄していたことが判明した（USDOJ 2021）。

　記録とテストサンプルの改竄は，関東興産の関係者が米海軍国防総省の契約上の義務を満たしていないという意図的な決定を覆い隠すための戦略であった。彼らは環境法に違反し，環境詐欺を犯しただけでなく，記録を改竄し，米海軍・国防総省との契約に違反することで虚偽請求法にも違反したのである。関東興産の社長兼CEOである今橋宗次郎，伊福剛，山宮勇気の3人は，虚偽請求の共謀と，その他の罪のうち米国政府を欺いた数件の罪で起訴されている（USDOJ 2021）。

　すべての詐欺がそうであるように，関東興産の行為による影響は，加害者と被害者（米海軍）だけでなく，その他多くの被害者にも及んでいる。環境汚染防止法違反は，米国と日本との間における重要な戦略的同盟関係を緊張させた。また，海洋生物を危険にさらすことになった。不法投棄は，有害な化学物質にさらされる機会を増大させ，健康問題のリスクを高めた。このような犯罪を防止し，発見し，最終的に抑止するためには，国際的なパートナーシップの協力と，フォレンジック会計士のような熟練した捜査人の働きが不可欠なのである。

10.11. おわりに

　政府は，非常に長い間，ホワイトカラー犯罪を甘やかし，受け入れ，無視してきた。今こそ国民は目を覚まし，最も経済的な損害を与えるのは武装強盗や麻薬の売人ではなく，豪邸に住み，立派な履歴書を持つホワイトカラー犯罪者であることに気づくべきである。ホワイトカラー犯罪者はわれわれの年金を盗み，われわれの会社を倒産させ，何千もの雇用を喪失させ，数え切れないほどの人々の人生を台無しにする（Markopolos 2022）。

　ハリー・マルコポロス（Harry Markopolos）は，金融市場および法学会計の専門家であり金融詐欺の調査員である。彼は，バーニー・マドフ（Bernie Madoff）による50億ドル（米ドル）の資産管理ネズミ講事件を暴くのに役立つ調査を行い，有用な証拠を発見した（Markopolos 2022）。Markopolos（2022）によって示されたように，被害者だけでなく，企業や経済，そして数え切れないほどの人々の生活に非常に大きな経済的損害を与えるのは，ホワイトカラー犯罪者なのである。国内外を問わず，詐欺を阻止するための協調的な取り組みが不可欠である。不正に対する認識や不正の発生に対して許容しない対応の在り方を向上させるだけでは十分ではない。不正の防止や抑止を重視する文化を醸成することができるのは，フォレンジックサービス産業の発展やフォレンジック会計の専門職増大を通してのみである。

　一般に，金銭的な利益を得るために人を欺く非暴力的犯罪は，ホワイトカラー犯罪と呼ばれる。詐欺は，破産詐欺，政府詐欺，郵便詐欺，電信詐欺など様々な種類の詐欺を含むが，社会的にはホワイトカラー犯罪を指す一般的な用語として用いられている。ホワイトカラー犯罪には，主に，コンピュータ犯罪・サイバー犯罪，消費者犯罪，連邦政府プログラム内またはそれに対する犯罪，金融機関，医療機関，個人情報窃盗，税金詐欺，その他の種類のビジネス詐欺が含まれる。

　不正とは，誤謬誤りではなく，被害者を欺き，被害者に損害や損失を与えるために，重要な事実を意図的に虚偽を伝えることである。フォレンジック会計士は，データを分析し，スキームに関連する取引を調査する際に，詐欺の法的要素を考慮する必要がある。フォレンジック会計士は，AICPAがフォレンジックサービスのために定めた基準を遵守し，データがデータそのものとして自然に正しく理解できるようにすることが求められる。フォレンジック会計士は偏見を持たず，誠実さと客観性を持って職務を遂行する必要

がある。

　フォレンジック会計士は，金融犯罪を分析し，文書化し，追跡することができるように，高度な会計専門知識と調査スキルを持つ必要がある。フォレンジック会計のプログラムでは，フォレンジック・サービスの分野で働く資格を得るために，相当量の高等教育，実務経験，フォレンジック・トレーニング，複数の専門資格を取得することが要求される。フォレンジック会計士としての訓練を受けると，法執行機関，会計事務所，政府の役職，銀行，および多くを含む膨大な数の分野で仕事を得ることができるようになる。フォレンジック会計士資格を有する人材は，国内外の法執行機関と協力してホワイトカラー犯罪を調査し，抑止することができる熟練したプロフェッショナルである。

（コニー・オブライエン）

〈参考文献〉

Alexander, R. 2022. January 7. *Charles Ponzi: Natural born swindler. Biographic.org*. https://biographics.org/charles-ponzi-natural-born-swindler/.

American Board of Forensic Accounting (ABFA). 2022. *About us*. https://abfa.us/about/.

Association of Certified Fraud Examiners (ACFE). 2022a. Forensic accounting. https://www.acfe.com/career/career-paths/career-path-accounting/career-path-detail-forensic-accountant.

Association of Certified Fraud Examiners (ACFE). 2022b. Report to the nations: 2022 global study on occupational fraud and abuse. https://acfepublic.s3.us-west-2.amazonaws.com/2022+Report+to+the+Nations.pdf.

Association of Certified Public Accountants (AICPA). 2022a. *About*. https://www.aicpa.org/about/landing/about.

Association of Certified Public Accountants (AICPA). 2022b. Retrieved August 1, 2022. https://www.aicpa.org/search/forensic+accounting+certificates.

Association of Certified Public Accountants (AICPA). 2022c. Consulting. Retrieved August 1, 2022. https://www.aicpa.org/resources/download/statement-on-standards-for-consulting-services-no-1.

Basics of Forensic Accounting. 2022, June 21. Accounting.com. Retrieved August 1, 2022. https://www.accounting.com/resources/forensic-accounting-basics/.

Black's Law Dictionary, 2nd Ed. (n.d.). Forensic. In En-Academic.com. Retrieved June 30, 2022, from https://blacks_law.en-academic.com/searchall.php?SWord=forensic&from=en&to=xx&did=blacks_law&stype=.

Black's Law Dictionary, 2nd Ed. (n.d.). Larceny. In En-Academic.com. Retrieved June 30, 2022, from https://blacks_law.en-academic.com/33465/larceny.

Bureau of Labor Statistics. 2022, July 17. U.S. Department of Labor, Occupational Outlook Handbook, Accountants and Auditors, Retrieved https://www.bls.gov/ooh/

business-and-financial/accountants-and-auditors.htm.

Cambridge Dictionary. (n.d.). International Reply Coupons. In *Cambridge Dictionary*. Retrieved July 5, 2022, from https://dictionary.cambridge.org/us/dictionary/english/international-reply-coupon.

Coleman, J. 2021, February 18. *Justice Dept. Charges Employees of Navy Contractor with Allegedly Dumping Contaminated Water in Japan*. The Hill. https://thehill.com/policy/defense/539446-justice-dept-charges-employees-of-navy-contractor-for-allegedly-dumping/.

CPI Inflation Calculator. 2022. https://www.in2013dollars.com/us/inflation/1920?amount=3000000#:~:text=Value%20of%20%243%2C000%2C000%20from%201920,cumulative%20price%20increase%20of%201%2C361.48%25.

Deguchi, S. 2018, May 27. *Hedge fund fraud case study — MRI International*. Star Magnolia Capital. https://shinya-deguchi.medium.com/hedge-fund-fraud-case-study-mri-international-71b2c172f33f.

Dustin, D. 2012, April, 26. *Purpose and role of state boards of accountancy*. National Association of State Boards of Accountancy (NASBA). https://nasba.org/features/the-purpose-and-role-of-state-boards-of-accountancy/#:~:text=NASBA%20provides%20a%20forum%20for,their%20mission%20of%20public%20protection.

Elkins, J. 2017, March 30. *What does it take to be a forensic CPA?*. National Association of State Boards of Accountancy (NASBA). https://nasba.org/blog/2017/03/30/what-does-it-take-to-be-a-forensic-cpa/.

Ferrara, D. 2019. *Ex-Las Vegas businessman gets 50 years in $1.5B 'Ponzi scheme'*. Las Vegas Review-Journal. https://www.reviewjournal.com/crime/courts/ex-las-vegas-businessman-gets-50-years-in-1-5b-ponzi-scheme-1670888/.

Institute of Internal Auditors (IIA). 2022. *History*. https://www.theiia.org/en/about-us/about-internal-audit/history-of-the-iia/.

Kim, P. 2022, May 6. *White-collar crime: Non-violent crimes committed for financial gain*. Personal Finance. https://www.businessinsider.com/personal-finance/white-collar-crime.

Markopolos, H. 2022. *White collar crime quotes*. https://www.goodreads.com/quotes/tag/white-collar-crime.

National Association of Certified Valuators and Analysts (NACVA). 2021. *The Association*. https://www.nacva.com/files/Association_Brochure.pdf.

Ponzi scheme - National Postal Museum. (n.d.). *Smithsonian*. https://postalmuseum.si.edu/exhibition/behind-the-badge-case-histories-scams-and-schemes/ponzi-scheme.

Postal Union, International Reply Coupon of 5 Pence. (n.d.). Money Museum. https://www.moneymuseum.com/en/coins?&id=2756.

O'Brien, C., and D. Buzinkai. 2022. *Ex-Files, A payroll teaching case* (Unpublished manuscript submitted for publication). Albion College and Fairleigh Dickinson University.

Securities and Exchanges Commission (SEC). 2014. *Securities and Exchanges Commission v. Fujinaga, Case No. 2:13-cv-01658-JCM-CWH, (D. Nev. Dec. 2, 2014)*

(*"-01658-JCM-CWH"*) https://www.sec.gov/litigation/complaints/2013/comp-pr2013-201.pdf.

Securities and Exchanges Commission (SEC). 2017. *Securities and Exchanges Commission v. Fujinaga and MRI International, Ind et al., civial Action, Case No. 2:13-cv-01658-JCM-CWH, Litigation Release No. 23860 (D. Nev. June. 15, 2017)* (*"-01658-JCM-CWH"*) https://www.sec.gov/litigation/litreleases/2017/lr23860.htm.

Statement on Standards for Forensic Services No. 1 (SSFS 1). 2019. Available at: https://www.aicpa.org/resources/download/statement-on-standards-for-forensic-services.

Takashima, M., and K. Yamaguchi. 2022, May, 30. *Family arrested in connection with large COVID subsidy fraud*. The asahi shimbun. https://www.asahi.com/ajw/articles/14633332.

Takiguchi ex rel. Situated v. MRI Int'l, Inc., 47 F. Supp. 3d 1100 (D. Nev. 2014) https://casetext.com/case/takiguchi-ex-rel-situated-v-mri-intl-inc-1.

The Free Dictionary. (n.d.). Fraud. In *The Free Dictionary*. Retrieved June 30, 2022, from https://legal-dictionary.thefreedictionary.com/fraud.

Trex, E. 2008, December, 23. *Who was Ponzi -- what the heck was his scheme?.* Mentalfloss.com. http://edition.cnn.com/2008/LIVING/wayoflife/12/23/mf.ponzi.scheme/.

United States Department of Justice (USDOJ). 2019, May 23. *President and CEO of Las Vegas Investment Company sentenced to 50 years in prison for running $1.5 Billion Ponzi scheme*. https://www.justice.gov/opa/pr/president-and-ceo-las-vegas-investment-company-sentenced-50-years-prison-running-15-billion.

United States Department of Justice (USDOJ). 2021, February 17. *Japanese CEO and Employees Charged in Scheme to Defraud U.S. Navy and Dump Wastewater in Ocean*. https://www.justice.gov/opa/pr/japanese-ceo-and-employees-charged-scheme-defraud-us-navy-and-dump-wastewater-ocean.

United States Department of Justice (USDOJ). 2022, April 7. *United States v. Edwin Fujinaga, Junzo Suzuki, and Paul Suzuki (MRI). Case Number: 2:15-cr-00198-GMN-NJK* https://www.justice.gov/usao-nv/united-states-v-edwin-fujinaga-junzo-suzuki-and-paul-suzuki-mri.

United States District Court of Nevada (USDCN). 2013, September 11. *United States of America vs v. Edwin Fujinaga, Junzo Suzuki, and Paul Suzuki. Complaint for injunctive relief, disgorgement, penalties, and other relief for violations of the Federal Securities Laws and demand for jury trial. Case Number: 2:15-cr-198* https://www.sec.gov/litigation/complaints/2013/comp-pr2013-201.pdf.

United States District Court of Nevada (USDCN). 2015, July 8. *United States of America vs v. Edwin Fujinaga, Junzo Suzuki, and Paul Suzuki. Criminal Indictment. Case Number: 2:15-cr-198.* https://www.justice.gov/opa/press-release/file/1155601/download.

United States District Court Southern District of California (USDCSDC). 2021. *United States of America vs Approximately 3879.16242937 Bitcoin, seized from bitcoin address bc1q7rhc02dvhmlfu8smywr9mayhdph85jlpf6paqu. Case Number:*

21CV2103APJ JLB. https://www.courthousenews.com/wp-content/uploads/2021/12/usa-ishii-forfeiture.pdf.

United States v. Fujinaga, Case No.: 2:15-cr-0198-GMN-NJK, (D. Nev. Jun. 17, 2019). https://casetext.com/case/united-states-v-fujinaga-5.

What is a Collective Investment Scheme (CIS)?. (n.d.). Sturgeon Ventures. https://www.sturgeonventures.com/collective-investment-scheme-cis/.

What Is Forensic Accounting and Fraud Examination? (2021). TrendingAccountant.com. Retrieved https://www.trendingaccounting.com/2021/03/what-is-forensic-accounting-and-fraud.html.

White-Collar Crime. (n.d.). White-collar crime Legal Information Institute (LII). Retrieved https://www.law.cornell.edu/wex/white-collar_crime.

White-Collar Crime Prosecutions for 2021 Continue Long Term Decline. 2019, August 19. Trac Reports. Retrieved July 28, 2022. https://trac.syr.edu/tracreports/crim/655/.

索　引

人名

アーサー・レヴィット（Arthur
　Levitt）······················ 9, 18, 50
クレッシー（Donald R. Cressey）
　······························· 39, 98
バーニー・マドフ（Bernie Madoff）
　································· 272
ハリー・マルコポロス（Harry
　Markopolos）·················· 272
ブッシュ元大統領（George W. Bush）
　································· 50
ラリー・クランベリー（Larry
　Crumbley）···················· 16

英数字

10 の計画（President's Ten-Point
　Plan）························· 50
3Cs モデル（The 3Cs Model）········· 45
3 点セット ······················ 43
ABFA······················ 269
ACFE···················· 263, 267, 269
AI ···················· 130, 135, 136
AICPA············· 6, 18, 30, 104, 264, 269
APFS（Apple File System）········· 130
AU-C Section 240 "Consideration of
　Fraud in a Financial Statement
　Audit"（財務諸表監査における不
　正への考慮）·················· 104
best practices ····················· 50
Big Audit Firms ··················· 18
CAAT（computerassisted audit

techniques）·················· 128, 131
Certified Valuation Analyst®········· 270
CFO···························· 41, 192
Chief Executive Officer（CEO）レター
　····························· 64
COSO ······················ 80, 94
COVID-19 ····················· 32
CPAAOB························ 12
EnCase　　　　　　　　　　131
FTK Imager ·················· 130, 133
FTK Imager Light··············· 130
FVS······························ 2, 20
GAAP························ 29, 48
IDEA（Data Analysis Software
　IDEA）······················ 129
IIA ···················· 29, 53, 269
Integrity ······················· 92
IRC（International Reply Coupon）
　····························· 256
Jaccard 係数···················· 65
J-SOX 法······················· 86
KH コーダー··················· 64, 72
M&A ························· 165
MARS（medical account receiv-
　ables）······················ 258
MD&A···························· 38, 64
MRI ネズミ講事件··············· 257
National Association of Certified
　Valuators and Analysts（NACVA）
　························· 17, 269
NIST（National Institute of Stan-
　dards and Technology）········· 130

PCAOB ············· 11, 12, 28
POB ······················· 9
RASIC ···················· 78
SAS 第 99 号（AU 316）········ 11
SEC ················· 28, 263
SOX 法··········· 11, 25, 42, 50, 86
TATT ···················· 46, 67

あ

アーニングス・マネジメント
（earnings management）
····················· 49, 54, 70, 92
アーンアウト条項············· 181
青色欠損金················· 187
悪用（misapplication）········· 53

い

慰謝料···················· 196
委託費の支払··············· 114
一物多価·················· 166
逸失利益·················· 197
一般社団法人事業再生実務家協会
······················· 182
一般に公正妥当と認められた会計原則
（Generally Accepted Accounting
Principles：GAAP）········ 29, 48
一般に公正妥当と認められる監査の基
準····················· 195
一般に公正妥当と認められる企業会計
の慣行·················· 207
一般に公正妥当と認められる企業会計
の基準··············· 194, 207
因果関係·················· 195
インカム・アプローチ········· 167
インカムゲイン············· 168
印象管理（impression management）
······················· 65, 72
印象管理理論（impression manage-
ment theory）············· 66
インセンティブ・プレッシャー······· 39
インセンティブまたはプレッシャー

······················· 104
インダイレクト・レポーティング
······················· 20, 43

う

受取配当等の益金不算入········· 178
売上高および資産の過大表示
（Overstated Revenues and Assets）
······················· 34
売り手にとっての価値········· 166

え

営業損害·················· 197
エンロン社（Enron）······· 18, 42, 86

か

会計基準·················· 190
会計帳簿閲覧等請求権········· 212
会計帳簿提出命令············ 214
会計不正·················· 94
会社更生·················· 182
会社法···················· 77
会社法 423 条 1 項··········· 156
会社法 429 条 1 項··········· 160
買い手にとっての価値········· 166
外部調査委員会············· 191
価格···················· 165
価格決定申立制度············ 171
価格成立範囲··············· 168
価格調整条項··············· 180
架空の売上高および架空資産
（Fictitious Revenues or Assets）
······················· 34
架空の費用と負債の過少表示
（Fictitious Reductions of Expenses
and Liabilities）··········· 36
過失相殺·················· 157
課税目的·················· 171
仮装経理·················· 187
価値···················· 165
価値概念·················· 168

課徴金納付命令·················· 148
ガバナンス·················· 99, 136
ガバナンス体制···················· 94
株式買取請求制度·············· 170
株式価値···························· 167
株式価値算定······················ 165
株式譲渡益························ 178
株主価値···························· 167
株主代表訴訟······················ 153
監査基準···························· 190
監査基準書 2401「財務諸表監査にお
　ける不正の検討」··············· 29
監査等委員会設置会社········· 87, 157
監査の有効性に関する委員会の報告と
　提言（The Panel on Audit
　Effectiveness Report and Recom-
　mendations）····················· 9
監査役会設置会社············· 87, 88
監査役監査························· 82
監査役設置会社···················· 157
勘定科目法························ 247
鑑定································ 201
鑑定人···························· 208
還付································ 187
管理会計·························· 223

き

機会·············· 42, 102, 103, 111, 113
企業価値·························· 166
企業構造··························· 46
企業不祥事························ 94
企業文化·························· 92
期限切れ欠損金···················· 189
危険責任の法理···················· 159
基本合意書························ 179
キャッシュ・フロー·············· 166
キャピタルゲイン·················· 168
旧会社型·························· 186
共起ネットワーク················· 67
行政処分·························· 153
強制処分価値······················ 168

業務執行取締役···················· 192
虚偽記載······················ 29, 193
虚偽有価証券報告書提出の罪········ 203
金融商品取引法··········· 42, 77, 145

く

偶発債務·························· 176
繰越欠損金························ 178

け

経営資源·························· 171
経営者による財政状態，経営成績及び
　キャッシュ・フローの状況の分析
　（Management Discussion and
　Analysis：MD&A）··········· 38, 64
経営陣が共有する倫理的価値観（tone
　at the top：TATT）··········· 46, 67
経営陣の倫理的価値観（tone at the
　top）···························· 92
経営判断の原則···················· 149
計画と監督（planning and supervi-
　sion）···························· 5
経済的便益························ 166
『経済犯罪　実態調査 2020（日本分析
　版）』··························· 30
計算書類等閲覧等請求権··········· 212
計算書類等提出命令··············· 214
刑事責任·························· 153
刑事訴訟·························· 201
継続価値·························· 168
決定事実·························· 145
限界利益·························· 230
限界利益率························ 231
検証······························ 203
原則主義···························· 4
原本性···························· 127

こ

公益通報者保護法··········· 32, 85, 140
公開会社会計監督委員会（Public
　Company Accounting Oversight

Board：PCAOB）‥‥‥‥‥ 11, 12, 28

公共監視委員会（Public Oversight
　　Board：POB）‥‥‥‥‥‥‥‥‥ 9

貢献利益‥‥‥‥‥‥‥‥‥‥‥‥ 230

工作物責任‥‥‥‥‥‥‥‥‥‥ 159

更正‥‥‥‥‥‥‥‥‥‥‥‥‥‥ 187

公正な価格‥‥‥‥‥‥‥‥‥‥ 173

公認会計士・監査審査会（Certified
　　Public Accountants and Auditing
　　Oversight Board：CPAAOB）‥‥ 12

公認不正検査士協会（ACFE）
　　‥‥‥‥‥‥‥‥‥ 263, 267, 269

公表‥‥‥‥‥‥‥‥‥‥‥‥‥‥ 140

合理化‥‥‥‥‥‥‥‥‥‥‥‥ 105

コーポレートガバナンス‥‥‥‥‥ 75

コーポレートガバナンス・コード
　　‥‥‥‥‥‥‥‥‥‥‥‥‥ 75, 87

子会社株式及び関連会社株式‥‥‥ 37

固定費‥‥‥‥‥‥‥‥‥‥‥‥ 223

誤謬‥‥‥‥‥‥‥‥‥‥‥‥ 27, 53

コントロールプレミアム‥‥‥‥ 169

コンピュータ・フォレンジック‥‥ 125

コンプライアンス‥‥‥‥‥‥‥‥ 46

コンプライアンス体制‥‥‥‥‥‥ 79

さ

サーベンス・オクスリー法（企業改革
　　法）（Sarbanes Oxley Act of
　　2002：SOX 法）
　　‥‥‥‥‥‥ 11, 25, 42, 50, 86

再建型‥‥‥‥‥‥‥‥‥‥‥‥ 182

債権者保護手続‥‥‥‥‥‥‥‥ 175

債権放棄‥‥‥‥‥‥‥‥‥‥‥ 183

最高財務責任者（Chief Financial
　　Officer：CFO）‥‥‥‥‥ 41, 192

財産損害‥‥‥‥‥‥‥‥‥‥‥ 198

財産的損害‥‥‥‥‥‥‥‥‥‥ 196

財産評価基本通達‥‥‥‥‥‥‥ 171

財産評定‥‥‥‥‥‥‥‥‥‥‥ 182

裁判目的‥‥‥‥‥‥‥‥‥‥‥ 165

裁判例検索‥‥‥‥‥‥‥‥‥‥ 113

財務諸表監査‥‥‥‥‥‥‥‥ 4, 100

財務諸表不正‥‥‥‥‥‥‥‥‥‥ 45

債務処理計画‥‥‥‥‥‥‥‥‥ 188

債務不履行責任‥‥‥‥‥‥‥‥ 155

財務報告に係る内部統制‥‥‥‥ 190

債務免除‥‥‥‥‥‥‥‥‥‥‥ 183

債務免除益‥‥‥‥‥‥‥‥‥‥ 186

裁量（discretion）‥‥‥‥‥ 46, 49

差額説‥‥‥‥‥‥‥‥‥‥‥‥ 223

詐欺‥‥‥‥‥‥‥‥‥‥‥ 255, 261

差押え‥‥‥‥‥‥‥‥‥‥‥‥ 203

産業競争力強化法‥‥‥‥‥‥‥ 182

サンプリング‥‥‥‥‥‥‥ 17, 129

三様監査‥‥‥‥‥‥‥‥‥‥‥‥ 82

し

時価純資産法‥‥‥‥‥‥‥‥‥ 167

私鑑定‥‥‥‥‥‥‥‥‥‥‥‥ 211

事業型‥‥‥‥‥‥‥‥‥‥‥‥ 171

事業価値‥‥‥‥‥‥‥‥‥‥‥ 166

事業再生 ADR‥‥‥‥‥‥‥‥‥ 182

事業再生税制‥‥‥‥‥‥‥‥‥ 186

資金繰り表‥‥‥‥‥‥‥‥‥‥ 185

事後開示事項‥‥‥‥‥‥‥‥‥ 180

私財提供益‥‥‥‥‥‥‥‥‥‥ 189

資産の横領に起因する虚偽表示‥‥ 29

資産の過大評価あるいは費用および負
　　債の過少評価（Overvalued Assets
　　or Undervalued Expenses and
　　Liabilities）‥‥‥‥‥‥‥‥‥ 38

資産の流用‥‥‥‥‥‥‥‥ 28, 111

資産の流用による虚偽表示‥‥‥ 103

資産評価益‥‥‥‥‥‥‥‥‥‥ 189

自主規制‥‥‥‥‥‥‥‥‥ 144, 145

市場株価法‥‥‥‥‥‥‥‥‥‥ 167

姿勢・合理化（正当化）
　　‥‥‥‥‥‥‥ 41, 102, 103, 113

事前開示事項‥‥‥‥‥‥‥‥‥ 179

実務指針‥‥‥‥‥‥‥‥‥‥‥ 194

私的整理ガイドライン‥‥‥‥‥ 182

シナジー効果‥‥‥‥‥‥‥‥‥ 173

支配株主··· 169
支配権プレミアム··························· 169
司法取引··· 155
指名委員会等設置会社········· 87, 157
社外取締役··· 90
社会福祉法人····································· 97
社内権限責任規定（RASIC）········ 78
収益と資産の不正な分類（Misclassi-
　fied Revenues and Assets）········· 36
収益の早期計上（Premature Revenue
　Recognition）································· 36
収益弁済型·· 185
収集（collection）···························· 127
自由心証主義···································· 205
十分に目的適合的データの入手
　（sufficient relevant data）············· 5
取得（acquisition）··························· 127
状況··· 45
商業的損害·· 165
商業登記·· 175
消極損害·· 197
証券取引等監視委員会·········· 34, 146
証拠裁判主義···································· 202
証拠調べ·· 208
証拠保全·································· 129, 213
使用者責任·· 159
譲渡損益·· 177
証人尋問·· 208
情報開示の除外·································· 38
情報の非対称性·································· 91
職業的懐疑心（skepticism）··········· 10
書証··· 208
職権探知主義···································· 215
処分権主義····························· 201, 204
自力再建型·· 185
人的損害·· 196
信用毀損·· 196

す

スタンドアローン・イシュー········ 181
スポンサー型···································· 185

せ

清算型·· 182
清算価値·· 168
清算価値保障原則···························· 184
清算処分価額···································· 184
精神的損害·· 196
製造物責任·· 160
製造物責任法···································· 160
正当化······················ 41, 102, 103, 113
積極損害·· 197
折衷法·· 167
善管注意義務···································· 144
全行··· 184
選択··· 46
専門委員·· 201
専門家としての十分な注意
　（due professional care）················· 5
専門的能力（professional compe-
　tence）······································· 5, 44

そ

操業度·· 233
総合課税·· 178
総合検索·· 113
操作（manipulation）························· 53
捜索··· 203
相当因果関係説·································· 223
組織再編·· 165
組織再編税制···································· 177
組織再編対価の相当性···················· 179
組織再編比率···································· 170
組織法上の行為·································· 175
訴訟紛争解決サービス下部委員会
　（Litigation and Dispute Resolution
　Services Subcommittee）················ 13
その他有価証券·································· 37
損益分岐点分析·································· 231
損害賠償責任···································· 153
損金経理·· 188
損金経理方式···································· 188

た

第 83 条時価……………………… 185
代金弁済型……………………… 185
第三者委員会…………………… 192
第三者委員会調査報告書… 97, 106, 130
第二会社方式…………………… 186
ダイレクト・レポーティング……… 43
多重株主代表訴訟制度………… 158
タックスプランニング………… 182
棚卸資産…………………………… 34
単独法…………………………… 167

ち

忠実義務………………………… 157
中小企業活性化協議会………… 182
中小企業活性化協議会スキーム…… 182
調査・解析……………………… 129
調査委員会……………………… 190

つ

通報……………………………… 139
通報対象事実…………………… 141

て

訂正報告書………………… 63, 131
提訴請求………………………… 158
適格組織再編…………………… 177
適示開示………………………… 140
テキスト情報…………………… 59
適用指針………………………… 194
デジタル・フォレンジック（digital
　forensics）…… 123, 124, 128, 130, 131
デジタルデータ………………… 127
デューデリジェンス…………… 170
電子的証拠（electronic evidence）
　…………………………………… 126

と

同意……………………………… 184
動機・プレッシャー……… 101, 103, 113

倒産……………………………… 182
倒産処理………………………… 165
当事者型………………………… 171
当事者尋問……………………… 210
投資判断………………………… 145
トーン（*TONE*）……………… 67, 72
トーン・マネジメント（tone manage-
　ment）………………………… 70
特徴語分析……………………… 65
特定調停………………………… 182
独立当事者間価格……………… 173
取引規制………………………… 140
取引法上の行為………………… 180
取引目的………………………… 165

な

内部監査室……………………… 82
内部監査人協会（The Institute of
　Internal Auditors：IIA）
　…………………………… 29, 53, 269
内部者…………………………… 140
内部者情報……………………… 140
内部調査委員会………………… 191
内部統制…………… 42, 102, 103, 111
内部統制システム…………… 17, 20
内部統制報告制度……………… 42, 86
ナカリセバ価格………………… 173

に

二重の支出……………………… 107
日本公認会計士協会（JICPA）監査基
　準委員会……………………… 27
日本公認会計士協会監査・保証基準委
　員会…………………………… 43
日本版司法取引制度…………… 154
任務懈怠責任…………………… 141

ね

ネガティブ用語………………… 67
ネットアセット・アプローチ…… 167

は

配当還元法……………………… 167
配当所得………………………… 178
売買目的有価証券………………… 37
バスケット条項………………… 145
発生事実………………………… 145
反対株主型……………………… 171

ひ

非営利組織…………………… 97, 98
非強制処分価値………………… 168
非事業型………………………… 171
非訟事件………………………… 201
秘密保持義務…………………… 140
秘密保持契約…………………… 179
評価対象………………………… 166
評価方法………………………… 167
評価目的………………………… 170
表明保証条項…………………… 180
非流動性ディスカウント……… 170

ふ

フォレンジック………………… 263
フォレンジック・サービス…… 2, 19, 21
フォレンジックおよび評価サービス実
　行委員会（Forensic and Valuation
　Services：FVS）………………… 2, 20
フォレンジック会計（Forensic
　Accounting）………………… 1, 3, 16
フォレンジック会計士
　………………… 1, 5, 20, 255, 272
フォレンジック監査……………… 4
フォレンジック公認会計士…… 267
フォレンジック・サービスに関する基
　準第1号（Statement on Standards
　for Forensic Services No. 1：
　SSFS1）……………………… 2, 264
負債の除外（Omitted Liabilities）…… 38
不正……………………………… 272
不正監査………………………… 10

不正監査人………………………… 3
不正検査士（fraud examiner）……… 3
不正検査士資格………………… 267
不正検出………………………… 19
不正行為のメタモデル（Meta-Model
　of Fraud）……………………… 46
不正な財務報告（financial statement
　fraud）…………………… 28, 53
不正のダイヤモンド理論……… 44
不正のトライアングル理論
　……………… 39, 63, 98, 119
不正の氷山理論（The Iceberg
　Theory of Fraud）…………… 47
不正表示（misrepresentation）…… 53
不正リスク……………………… 123
不正リスク要因………………… 101
物的損害………………………… 196
不適切会計………………… 32, 53
不適切な開示…………………… 38
不適切な職員配置……………… 109
不法行為責任…………………… 155
フリー・キャッシュ・フロー法…… 167
プリンシプル・ベース……… 50, 51, 52
プリンシプル・ベース・アプローチ
　（Principles-Based Approach to U.S.
　Standard Setting）………… 50, 54
ブレイン・ストーミング……… 11, 18
プレパッケージ型……………… 186
プロセスマイニングツール…… 136
粉飾決算…………………………… 72
分配可能額規制………………… 177
分離課税………………………… 178

へ

米国公認会計士協会（The American
　Institute of Certified Public
　Accountants：AICPA）
　………… 6, 18, 30, 104, 264, 269
米国証券取引委員会（Securities
　Exchange Commission：SEC）
　……………………… 28, 263

米国法医学会計委員会（ABFA）···· 269
併用法·································· 167
別表添付方式························· 188
ペナルティ··························· 260
弁護士（trial attorney）············· 9
弁護士会照会························· 215
弁済計画····························· 182
変動費······························· 223
弁論主義·························· 201, 208

ほ

包括承継····························· 177
報告通報····························· 139
報償責任の法理······················ 156
法定開示····························· 145
法的整理····························· 182
法令順守······························· 79
簿外債務····························· 176
簿価純資産法························· 167
保護者からの徴収金··················· 109
ポジティブ用語························· 67
補償条項····························· 181
保全（preservation）················· 127
ホワイトカラー犯罪·············· 261, 265
ホワイトカラー犯罪者················· 272
ポンジ・スキーム····················· 256

ま

マーケット・アプローチ··············· 167
窓口通報····························· 139
満期保有目的の債券···················· 37

み

みなし配当··························· 178
民事再生····························· 182
民事責任····························· 153
民事訴訟····························· 201
民法415条1項······················ 156
民法709条···························· 158
民法715条1項······················ 159

民法717条1項······················ 159

む

無過失責任··························· 160
無形損害····························· 196

も

持分会社····························· 170
持分価値····························· 170
持分の払戻し························· 170
モニタリング·························· 87

ゆ

有価証券上場規程402条··············· 145

り

理事会議事録························· 110
リスクマネジメント···················· 79
リスクマネジメント体制················· 79
立証責任····························· 209
立証責任の転換······················ 193
両罰規定····························· 154
臨時報告書··························· 145

る

類似業種比準方式····················· 171
類似上場会社法······················ 167
累進税率····························· 178
ルール・ベース基準···················· 51

れ

レピュテーションダメージ············· 140
レピュテーションマネジメント······ 150
連邦捜査局（Federal Bureau of
    Investigation：FBI）··········· 265

わ

ワールド・コム社（WorldCom）
················· 18, 42, 86

執筆者略歴

中島真澄（なかしま・ますみ）　**編著者，序章，第 1 章，第 2 章，第 10 章訳**

　文京学院大学経営学部教授・大学院経営学研究科専攻主任・教授

　1994 年南山大学大学院経営学研究科博士後期課程単位取得。2010 年博士（経営学，南山大学）。明治大学経営学部・大学院経営学研究科兼任講師。マレーシア工科大学大学院 Azman Hashim 国際ビジネススクール博士審査委員会外部審査員。2017 年度科学研究費補助金審査委員表彰。

　主要著書

　『利益の質とコーポレート・ガバナンス』（白桃書房，2011 年）

　Earnings Management and Earnings Quality: Evidence from Japan, Hakuto Shobo Publishing 2015

　"Survey Research on Earnings Quality: Evidence from Japan," *Research on Professional Responsibility and Ethics in Accounting, 22*, 2019

　"Can the Fraud Triangle Explain Fraudulent Financial Statements? Evidence from Japan," *Journal of Forensic and Investigative Accounting, 13*(1), 2021

片山智裕（かたやま・ともひろ）　**編著者，第 6 章，第 7 章**

　片山法律会計事務所代表，弁護士・公認会計士

　1994 司法試験合格，1995 年東京大学法学部卒業，1997 東京地方裁判所・裁判官に任官し，裁判実務経験を積む。2003 年退官して弁護士登録，本間合同法律事務所パートナー，監査法人（旧中央青山監査法人）の実務経験を経て，2007 年公認会計士登録，弁護士業務を中心に据えて現在に至る。

　主要著書

　『収益認識の契約法務』（中央経済社，2017 年）

　『ケーススタディでおさえる収益認識会計基準―すぐわかる契約・税務のポイント―』（第一法規，2019 年）

　「組織再編と『公正な価格』の基本的な考え方」『会社法務 A2Z』2014 年 8 月号

　「M&A のプロセスと実務上の留意点」『会社法務 A2Z』2015 年 8 月号

　「会社法に基づく計算関係の実務の要点（全 8 回）」『資料版商事法務』No.454 ～ 461（共著，2022 年）

荻野好正（おぎの・よしまさ）　**第 3 章**

　コンチェルト代表，㈱ XIB シニアアドバイザー，㈱アールティ監査役，ほか

　1975 年静岡大学工学修士取得。1984 年シカゴ大学（The University of Chicago）MBA 取得。伊藤忠商事㈱，曙ブレーキ工業㈱代表取締役副社長 CFO を経て現在に至る。

　主要著書

　「企業のオペレーションにおける黄色信号」『管理会計学』*29*(2)（2021 年）

榎本芳人（えのもと・よしひと）　**第 4 章**

　厚生労働省勤務。文京学院大学大学院経営学研究科客員教授

1993 年東京大学法学部卒業，1994 年東京大学大学院法学政治学研究科民刑事法専攻経済法務専修コース修士課程修了。同修了後，旧厚生省（現厚生労働省）に入省。厚生労働行政に従事する中で，医療機関への指導監査等を経験し，フォレンジック会計に関心を持つ。

主要著書

『社会福祉法人の課題解決と未来の展望』（共著，同文舘出版，2021 年）

"Is the Accounting in Non-Profit Organizations in Japan Appropriate? A Focus on a Case of Medical Facility Fraud" *The Annals of Association for Risk Management System Studies*，(15)（危機管理システム研究学会，2017 年）

中村元彦（なかむら・もとひこ） 第 5 章

千葉商科大学会計専門職大学院会計ファイナンス研究科教授，公認会計士・税理士・公認不正検査士（CFE）

1998 年慶應義塾大学経済学部経済学科卒業，2015 年千葉商科大学大学院政策研究科博士課程単位取得退学。博士（政策研究）。

主要著書

『IT 会計帳簿論― IT 会計帳簿が変える経営と監査の未来―』（白桃書房，2018 年）

『中小上場会社の内部統制　実務上の課題と提言 』（編著，同文舘出版，2020 年）

金谷利明（かなや・としあき） 第 8 章

国税審判官。片山法律会計事務所所属（出向中），弁護士登録有資格者・米国公認会計士・情報処理安全確保支援士。筑波大学大学院非常勤講師

2005 年東京大学法学部卒業，2019 年筑波大学大学院ビジネス科学研究科法曹専攻修了。法務博士（専門職，筑波大学）。2005 年から自治体，IT 企業において法務・財務経理部門を含む様々な管理部門経験を経て現在に至る。

主要著書

「会社法に基づく計算関係の実務の要点（全 8 回）」『資料版商事法務』No.454 ～ 461（共著，2022 年）

神庭雅俊（かんば・まさとし） 第 9 章

銀座中央総合法律事務所所属，弁護士・中小企業診断士・公認会計士試験合格者

2005 年東京大学法学部卒業後，システム会社を経て，2009 年東京大学大学院法学政治学研究科法曹養成専攻修了。法務博士（専門職）。本間合同法律事務所，㈱地域経済活性化支援機構などを経て，現在に至る。

Connie Lynn O'Brien（コニー・オブライエン） 第 10 章

アルビオン大学（Albion College）会計学助教授

ウィスコンシン大学スーペリア校，メリーランド大学ユニバーシティカレッジ，ミネソタ大学ダルース校，カッツタウン大学，ミネソタ州立大学マンケート校を経て現職。米国公認会計士（ミネソタ州およびミシガン州）。博士（経営学，ジョージア州立大学）。

主要著書

"Can Pre-Employment Tests Identify White-collar Criminals and Reduce Fraud Risk in Your Organization?," *Journal of Forensic and Investigative Accounting*, *9*(1), 2017

"Cultural Influences on Ethical Decisions and Fraud," *South Asian Journal of Management 28*(3), 2021

フォレンジック会計
会計と企業法務との連携

▨発行日──2023年8月26日　初版発行　　　　　　〈検印省略〉

▨編著者──中島 真澄・片山 智裕

▨発行者──大矢栄一郎

▨発行所──株式会社 白桃書房
　　　　　〒101-0021　東京都千代田区外神田5・1・15
　　　　　☎03-3836-4781　🖷03-3836-9370　振替00100-4-20192
　　　　　https://www.hakutou.co.jp/

▨印刷・製本──藤原印刷

© NAKASHIMA, Masumi & KATAYAMA, Tomohiro
2023　Printed in Japan　ISBN 978-4-561-34229-8　C3034